21世纪普通高等院校系列教材

智慧金融1.0：互联网金融

ZHIHUI JINRONG 1.0: HULIANWANG JINRONG

主　编　吕秀梅

西南财经大学出版社
中国·成都

图书在版编目(CIP)数据

智慧金融 1.0:互联网金融/吕秀梅主编 .—成都:西南财经大学出版社,2019.8

ISBN 978-7-5504-4081-4

Ⅰ.①智… Ⅱ.①吕… Ⅲ.①互联网络—应用—金融 Ⅳ.①F830.49

中国版本图书馆 CIP 数据核字(2019)第 173396 号

智慧金融 1.0:互联网金融

吕秀梅 主编

责任编辑:冯梅

封面设计:杨红鹰 张姗姗

责任印制:朱曼丽

出版发行	西南财经大学出版社(四川省成都市光华村街 55 号)
网　　址	http://www.bookcj.com
电子邮件	bookcj@foxmail.com
邮政编码	610074
电　　话	028-87353785
照　　排	四川胜翔数码印务设计有限公司
印　　刷	郫县犀浦印刷厂
成品尺寸	185mm×260mm
印　　张	11.5
字　　数	246 千字
版　　次	2021 年 3 月第 1 版
印　　次	2021 年 3 月第 1 次印刷
书　　号	ISBN 978-7-5504-4081-4
定　　价	45.00 元

前 言

近年来，依托互联网技术，运用大数据、人工智能、云计算等科技手段，互联网金融在创新传统金融服务业态和模式的同时，在业务流程、业务拓展和客户服务等方面均得到了全面智慧化的提升，互联网金融在产品营销、风险控制、客户获取、金融服务等方面实现了智慧化。因此，互联网金融是智慧金融 1.0 阶段的产物。

互联网金融的本质是利用互联网金融科技经营信用和风险。本书通过对互联网金融的本质的认识，确立互联网金融作为服务实体经济的普惠金融的创新发展定位，把握互联网金融化与金融互联网化及其相互融合的创新发展趋势，遵循一切金融活动都应“踩油门”与“踩刹车”相互配合的原则，厘清互联网金融“从哪里来，到哪里去”的创新发展规律，引导互联网金融既不忘初心、坚持创新、普惠化创新发展，又去伪存真、管控风险、规范化健康发展。

本书共 8 章。

第 1 章是导论。本章主要介绍普惠金融与金融排斥的对立统一，传统金融为何难以实现普惠金融，互联网金融如何契合普惠金融。

第 2 章是互联网金融本质。本章从互联网金融的本质入手，分析互联网金融的本质属性、互联网金融创新的空间维度，厘清互联网金融是什么，可以在哪些方面进行创新，准确把握互联网金融的本质，确保互联网金融既普惠化创新发展又规范化健康发展。

第 3 章是互联网消费金融。本章从国内外消费金融的发展实践出发，梳理我国互联网消费金融发展的驱动力，重点分析我国互联网消费金融的资金端与资产端、需求场景、产品形态和服务模式，把握互联网消费金融智慧化创新发展的基本态势。

第 4 章是互联网公司金融。本章分析互联网金融如何解决中小微企业融资难问题，以及互联网公司金融的主要融资模式，把握互联网公司金融智慧化发展的新动向。

第 5 章是互联网供应链金融。本章研究互联网供应链金融的兴起原因，互联网供应链金融的资金端、资产端、业务模式和发展趋势，把握互联网供应链金融的多种服务模式。

第6章是互联网农村金融。本章研究互联网农村金融的需求场景、供给主体、产品形态及发展策略，把握互联网农村金融智慧化创新发展的基本态势。

第7章是互联网金融风控。本章研究互联网金融的风险特征、风险类型、控制方法及其在互联网消费金融、公司金融和供应链金融等领域的初步应用，探寻互联网金融如何智慧化控制风险。

第8章是互联网金融监管。本章从我国互联网金融的现状及问题出发，借鉴国际先进经验，研究我国互联网金融监管的思路、格局、体系和方法，确保我国互联网金融规范化和可持续创新发展。

与其他书籍相比，本书有如下特点：①视角独特。本书既不同于市面上泛泛地介绍互联网金融基本模式的理论书籍，也非单纯地实时介绍互联网金融总体或细分领域的发展情况，而是以互联网金融的本质为主线对互联网金融的理论成果与实践运用进行了系统梳理、聚类分析和场景展示，在把握互联网金融创新理论的基础上，分析互联网金融的创新发展。②理论创新。综合应用博弈论、系统工程、信息经济学等理论知识，运用案例研究、比较研究、理论研究等多种方法，通过对纷繁复杂的互联网金融现象的梳理，研究互联网金融创新的基本规律、原则要求和风险管控，阐述互联网金融的昨天、今天和明天，确立服务实体经济的普惠金融的互联网金融发展定位，从理论上回答了互联网金融应该如何智慧化创新发展和规范化健康发展。③实践结合。坚持“理论联系实际，从实践中来，到实践中去”的理论形成过程，分析大量的案例（案例均为近年来国内外涌现的各种互联网金融创新实践和风险事件），透过现象洞察互联网金融的本质，把握不同模式互联网金融创新的特点及风险，为互联网金融实践上智慧化健康发展和规范化健康发展提供了重要的决策参考。

随着人工智能、区块链、云计算、大数据、物联网、第五代移动通信技术（5G）等技术与金融的深度融合，智慧金融发展将进入新阶段：金融科技阶段。因此，金融科技即将成为智慧金融2.0阶段的产物。

目 录

第1章
导论

【学习目标】

熟悉普惠金融的含义，掌握传统金融难以实现普惠金融的原因，理解互联网金融契合普惠金融的原因。

1.1 普惠金融与金融排斥

1.1.1 普惠金融含义

2005年，联合国在小额信贷宣传时首次提出普惠金融（inclusive fiance），指出社会各阶层皆可能以合理价格获取金融服务。2006年，联合国在 *Building Inclusive Financial Sectors for Development* 中指出，每一个发展中国家应该通过政策、立法和规章制度的支持来建立一个持续的、可以为人们提供合适产品和服务的普惠金融体系。2010年，二十国集团（G20）形成普惠金融专家组和普惠金融全球伙伴，并发布创新普惠金融的原则。2012年，世界银行加入普惠金融全球伙伴。目前，尽管学术界对普惠金融还没有统一的定义，但含义基本相似，即普惠金融能够全面、高效、可持续地为有金融需求的各种企业和家庭提供金融服务。因此，普惠金融应使所有有金融服务需求的用户均能够以合理价格获取金融服务，金融机构能以合理收益可持续地提供服务，金融领域实现完全市场竞争，市场和政府能对金融机构进行可持续的审慎监管。

1.1.2 金融排斥含义

金融排斥（financial exclusion）是指长尾客户群被排斥在金融机构服务范围之外，无法从正规渠道获取金融服务，虽然这些服务是他们所必需的。金融排斥最早由地理学家莱申和斯瑞夫特（Leyshon et al.，1995）提出，旨在深入理解和分析金融不公平和金融歧视问题。当时，由于当地政府放松了金融监管，金融机构为降低成本而关闭大量少数民族居住区域的分支机构，使得该地区居民的社会和经济权利被剥夺，形成基于地理因素的金融歧视。后来，金融排斥逐渐被扩展到基于社会经济因素和金融服务市场因素的金融歧视，比如由于金融产品获取价格过高导致的价格排斥（price exclusion），风险评估程序设置不合理而导致的可及性排斥（access exclusion），金融产品附属条件过高而导致的条件排斥（condition exclusion），金融机构销售金融产品对目标市场的选择性放弃导致的市场营销排斥（marketing exclusion），申请者灰心预期导致的自我排斥（self-exclusion）。其中，自我排斥属于主动性金融排斥（voluntary exclusion），而其他金融排斥属于被动性金融排斥（involuntary exclusion）。近些年，金融排斥的主要障碍在地理可及性，比如农村地区的金融排斥仍比城市严重很多。要解决金融排斥问题，根本办法还是发展普惠金融，尤其在当下互联网时代，要充分发挥互联网金融的作用，利用互联网技术解决金融服务在时间上和地域上的限制，提高社会弱势群体和小微企业金融服务的可获得性。

1.1.3 我国普惠金融进程

党的十八届三中全会提出“发展普惠金融”，2014 年政府工作报告再次提出“发展普惠金融”，彰显出国家以实际行动服务社会公众、促进社会公平发展的决心。2016 年 1 月国务院印发《推进普惠金融发展规划（2016—2020 年）》，提出到 2020 年要全面建成适应小康社会的普惠金融服务与保障体系。

普惠金融是一种让弱势群体也能享受金融改革成果的理念，其核心是让社会的弱势群体，如农村居民、城市低收入群体、中小微企业等，能机会均等地获取金融服务；其目的是通过金融创新，为被传统金融或正规金融体系边缘化的弱势群体提供均等、优质的金融服务。普惠金融能体现出金融服务的公平性，是社会主义国家的应有之义，同时也是国家深化改革、完善金融市场体系的必由之路。传统金融是专业化、精英化的利益驱动者，出于成本和收益考虑，往往侧重于为国有企业、大型企业、富有人群等优质客户或高净值客户提供金融服务，很难覆盖到中小微企业、个体经营者、农户及普通居民等长尾客户。因此，长尾客户只能选择私人借贷、高利贷等非正规途径来满足金融需求，但因监管缺失导致成本高、社会风险大。尽管我国普惠金融已取得一定的发展，但东部、中部、西部地区的金融服务仍表现出明显的不平衡，中低收入群体仍缺乏金融服务，尤其在当下我国正处在经济增速放缓的新常态和全面建成小康社会的关键时期，传统产业和大企业面临产能过剩、库存压力大和经济效益低等突出问题，中小微企业和居民消费成为社会发展中最具活力的原动力。社会迫切需要通过发展普惠金融来解决这些拉动国民经济增长的新生力量的融资问题，并通过金融精准扶贫帮助广大农村和城市低收入人群通过创业、就业来脱贫致富，提高资源配置效率并增进社会福利。我国普惠金融的发展进程参见表 1-1。

表 1-1 我国普惠金融的发展进程

发展阶段	起止时间	主要特点
公益性小额信贷阶段	1990—2000 年	我国早期的金融扶贫体现了普惠金融的基本理念，比较典型的有中国扶贫基金会、扶贫经济合作社等，资金主要出自国际组织、社会捐赠和财政扶贫等，缺乏持续性供给
发展型微型金融阶段	2000—2005 年	资金实力较强的传统金融机构（农业发展银行、农业银行、农村信用社或地方性商业银行等），面向农户及下岗失业人员等有一定信用基础和偿还能力的弱势人群开展小额信贷业务，信贷目的不单是扶贫，还要兼顾促进就业，资金来源主要是社会公众存款
综合性普惠金融阶段	2005—2010 年	2005 年中央明确提出探索建立更贴近农民农村需要、由自然人或企业发起的小额信贷组织，于是为农户、个体工商户及中小微型企业等服务的小贷公司、村镇银行、农村资金互助社等机构不断设立
互联网普惠金融阶段	2010 年至今	互联网金融的发展使得服务群体从中低收入群体扩大到都市白领、中小微企业等群体。互联网金融为其提供开户、支付、结算、存款、信贷等服务，且网络化、移动化特征明显，线上线下并行，推动更具平等性、开放性、便利性、草根性的普惠金融体系的逐步形成

1.2 传统金融难以实现普惠金融

1.2.1 传统金融的含义

传统金融主要是指只具备存款、贷款和结算三大传统业务的金融机构，主要由商业银行发挥枢纽作用。我国传统金融主要服务于大企业和高收入人群，无法获取服务的中小微企业和中低收入人群只能通过高利息的非正规途径来满足金融需求。金融机构开展普惠金融工作必须以商业可持续性为前提，在向中小微企业和贫困弱势群体开展普惠金融服务的同时自身也要获得相应的利润，实现商业性和社会性的统一。普惠金融服务对象的弱质性决定了普惠金融具有客户覆盖广、单笔业务收益低、成本投入高、潜在风险大等特点，传统金融开展普惠金融服务不具有商业上的可持续性，因此难以实现普惠金融。

1.2.2 难以普惠的原因

（1）传统金融开展普惠金融难以实现商业可持续性。第一，传统金融难以满足众多客户多样化的金融需求。普惠金融覆盖面广，客户类型不同导致金融需求不同，为满足不同类型客户群体的多元化、多样性金融需求，传统金融机构需要从客户体验角度出发开展种类齐全、产品丰富的金融服务，这就导致在产品研发上花费很多时间、资金和人力。第二，传统金融机构难以解决普惠金融需要解决的地理性金融排斥问题。一方面，普惠金融需要传统金融机构布局更多网点，以覆盖农村等偏远地区，而传统金融机构的服务网点以物理网点为主，设备投入、管理运行、人工工资、场地租金等因素导致成本偏高。另一方面，农村等偏远地区受经济因素等影响，金融机构单笔业务金额较小，而传统金融机构处理单笔业务的成本却相对固定，所以实际盈利能力较弱。出于成本和收益的考虑，金融机构只能在偏远地区设置很少的物理网点，金融排斥依然存在。第三，传统金融机构开展普惠金融的风险太大。一是因为客户数量大使得风险事件发生的绝对数相对较大，风险管理难度自然提高，更何况普惠金融的弱质客户群体与传统金融机构的信息不对称程度更高，风险概率更大；二是因为业务种类多会增加业务风险，同时风险差异化管理会增加金融机构的风控难度；三是因为传统金融机构如果服务于偏远农村地区的客户，会使区域金融生态环境恶化，加上覆盖面扩大，容易引发更多风险。综上可知，传统金融机构开展普惠金融会面临运行成本高、单客收益率低和信用风险大等突出问题，难以实现自身的商业可持续性。

（2）传统金融机构难以将客户覆盖到普惠金融要求的广度。开展普惠金融服务意味着要以客户为重，尽量满足客户的各种金融需求，让其享受金融发展的成果。但由于普惠金融服务需要特别关照的中小微企业、蓝领工人、农民工、从事兼职创业的大学生等长尾人群却存在信用记录少、有效抵押品少、交易金额小等特点，难以实现规模经济，因此传统金融机构并不愿意为这类长尾客户群体提供金融服务，而是选择把有限的金融资源更多地向国有企业、大型企业和高收入人群配置。因此，传统金融机构在开展金融服务时往往会设置较高的服务门槛。如银行理财产品通常需要 5 万元起投、信托产品更是需要 100 万元以上，同时也为客户设置了线下风险评估、$T+1$ 或 $T+2$ 赎回等一系列规则；银行贷款除了要求优质抵押品外，往往还要求有机构或人员担保，办理信用卡还需有工资收入证明等，把大量长尾客户排斥在金融服务范围之外。所以，传统金融机构网点往往主要布局在中高端客户集中的经济发达的城市区域，而乡镇和农村等经济欠发达区域的金融服务网点则明显不足且还在逐渐减少，即便有一些网点，也只能提供存款、汇款等基本金融服务，服务覆盖面非常窄。由于弱势客户群体的偿还能力低，一些公益性的非政府组织、政策性担保公司以及商业性小额贷款公司、村镇银行、资金互助社等定位于专门从事普惠金融服务的微型金融机构，在资金得不到及时补充时往往难以持续经营，部分商业性小额信贷组织只有将资金投向收益较高的非普惠金融项目。总之，传统金融机构为长尾人群提供服务的种类较少且动力不足，难以满足长尾人群的金融需求。

（3）传统金融机构的经营原则无法契合普惠金融核心理念。盈利性和安全性的需要使传统金融机构设置了服务门槛以便提高单笔业务收益并降低风险，如贷款要有优质抵押担保，理财产品的认购设有额度的最低门槛，信用卡的发放要求申请人有比较高的稳定性工资收入等。然而，弱势群体普遍缺乏抵押品，且交易金额规模较小，很难达到传统金融机构的门槛要求，难以获得金融服务。普惠金融重点关注中低收入群体客户、农村等偏远地区客户、中小微企业客户等，这些客户的融资需求具有额度小、贷款频率高等显著特征，与传统金融机构只提供大额、长期贷款刚好相反。并且，这些客户的融资需求往往是应急性的，要求金融机构能够快速响应、及时放款，但传统金融机构由于长期养成的冗长业务环节及风险控制的需要，放贷流程需要较长时间，贷款获批下来的时候往往错过了普惠金融主流客户群体的最佳用款时间。正是这些因素，导致传统金融服务主要集中在传统的“大金融”，而中小微金融服务严重不足。与此同时，传统金融服务也导致这些普惠金融主流客户群体偏爱从非正规金融机构或非正规渠道融资，或有融资需求时也自觉地放弃了从外界融资的努力，造成自我金融排斥与金融抑制。

1.3 互联网金融契合普惠金融

1.3.1 互联网金融含义

互联网金融（internet finance）是利用互联网技术或移动通信技术来实现资金融通、信息中介、支付等功能的金融模式，是互联网时代金融领域表现出来的新特征、新技术、新平台、新模式和新实现形式。从形式上看，互联网金融可分为互联网金融化和金融互联网化两个方面，即互联网企业从事金融业务和传统金融机构通过互联网渠道提供金融服务。互联网金融只是我国的一种提法，国外叫在线金融（online-finance）或电子金融（e-finance），且早在20世纪80年代就开始出现，并引起了理论界广泛的研究关注和实务界大胆的实践摸索。随着2011年中国人民银行正式发放第一批第三方支付牌照，我国互联网金融开始被人们熟知，尤其是2013年余额宝的震撼登场把互联网金融推到了风口浪尖上，国内互联网金融发展如火如荼，互联网金融点对点借贷平台（P2P）、众筹、金融搜索、大数据金融以及传统金融互联网化等互联网金融模式不断涌现。互联网金融提倡公平与分享，能让中小微企业、个体工商户、在校大学生、蓝领工人、农民工、农户等正规金融体系之外的长尾客户借助互联网获得价格合理、便捷安全的小额金融服务，填补传统金融在小微金融服务方面的空白，解决金融排斥问题。而互联网金融从业机构借助互联网开展金融业务降低了信息不对称的风险以及交易成本，打破了时间和区域限制，提高了风险控制能力，能够实现自身的商业可持续性，对普惠金融的发展意义重大。

1.3.2 互联网金融契合普惠金融的原因

（1）互联网金融显著降低普惠金融业务的交易成本。在市场经济条件下，一项商业行为只有实现持续盈利才能存续下去。高昂成本是阻隔传统金融与长尾客户的天然鸿沟，普惠金融的发展依赖于金融服务成本的降低。互联网金融的最大优势在于成本低：一是互联网金融没有或者只有少量线下物理网点，能减少庞大而高昂的物理网点费用；二是互联网金融更多依赖互联网等技术而非人力来为客户提供金融服务，显著降低从业机构人力成本的同时，也减少了客户需要奔波到实体网点排队办理业务所需的时间成本和体力成本；三是互联网金融从业机构通过大数据分析和挖掘实现精准营销，从而降低了产品营销成本及信息生产与传播成本，互联网批量化处理能力还能降低业务拓展成本；四是互联网金融具有无中介、零成本和非垄断的特点，能够通过互联网实现金融"脱媒"，资金供求双方通过网络监控自动完成资金匹配、定价，最终完成交易，降低信息沟通成本；五是能借助网络监控技术，实时监控客户信贷风险，有效降低贷款风险及管理成本。因此，互联网金融从业机构可以在保障自身合理收益空间的同时以较低价格吸引广大长尾客户。以第三方支付为例，2013 年中国各类第三方支付业务总笔数达到 238 亿笔，其中线下收单 68 亿笔、线上支付 170 亿笔，如果全部采取传统的线下收单则需要 750 亿元的成本，但实际上全年只花了大约 250 亿元的支付成本，线上支付节约成本大概是 500 亿元。欧洲银行业在 2000 年测算的单笔业务成本中，营业网点、电话银行、自动取款机（ATM）的成本分别为 1.07 美元、0.54 美元和 0.27 美元，而网络银行仅 0.1 美元。阿里网商贷推出纯信用贷款，所有流程网上进行，单笔交易成本仅有 2.3 元，而传统金融需要2 000元左右。可以预见，互联网技术的发展势必带动客户的大量线上化，金融服务需求的碎片化特点明显，供需双方都可利用零散的时间和信息进行交易，有效提高交易频率并大幅降低交易成本。

（2）互联网金融有效缓解了困扰普惠金融发展的信息不对称。信息不对称是导致金融风险高、金融资源错配的根本原因。传统金融机构主要依赖企业财务报表分析、抵押担保、信用评分和关系型信贷技术等控制风险，而中小微企业及中低收入人群基本在中国人民银行征信系统没有记录，且缺乏有效抵押物，若线下人工收集信息则运行成本高、操作风险大，且很难保证信息获得的及时性和准确性；同时，广大长尾客户也不了解传统金融机构有哪些金融产品适合自己的融资需求，因而主动放弃向传统金融机构申请金融服务。资金供求双方的信息不对称导致了传统金融机构惜贷和长尾客户群体金融抑制的恶性循环。互联网金融在解决信息不对称方面有天然的优势。互联网金融通过大数据、云计算和社交网络等在法律和道德所容许的范围内捕捉个人或群体的各种信息，用于折射企业经营动态状况和虚拟化的行为轨迹，并据此进行风险定价。互联网金融从业机构可通过社区网络、平台交易信息等数据全面准确地掌握中小微企业、工商个体户、农户等长尾客户群体的信用状况和经营状况等，有效提高信息透明度，还能利用大数据技术深度挖掘和分析数据，从而判断客户的还款能力、还款意愿和持续经营能力等，解决了传统金融机构在低端长尾客户方面信用缺失的问题，也降低了对财务状况的依赖度。识别客户后，互联网金融从业机构可对贷款进行差异化定价，使各种信用的客户都能以合理的价格获得金融产品，体现定价的公平性。资金需求方可通过开放的网络平台搜索金融产品的期限、价格等信息，打破资金供需双方原有信息壁垒。互联网金融彻底颠覆传统的单纯依靠线下审核和评估来甄别客户信用的方式，使金融服务透明化、对等化，省去的担保与质押环节必将降低长尾客户的交易门槛，而“长尾效应”必将带来互联网金融从业机构的高收益。比如阿里网商贷的数据优势能解决阿里巴巴会员企业的信用状况、风险评估等问题，进行精准风控后能为会员企业提供信用贷款。

（3）互联网金融能服务普惠金融特别重视的广大长尾客群。互联网金融依托虚拟网络，能将金融服务延伸到偏远的落后地区和分散的弱势群体，突破时空限制，让不便于到线下物理网点办理金融业务的社会各阶层都能利用闲暇时间随时办理在线金融业务。互联网金融从业机构能对金融产品进行创新，通过货币基金整合网民闲散资金，在拓展金融服务边界的同时还降低了金融服务门槛，让普通老百姓的碎片化、个性化金融需求得到满足，实现了服务对象从大企业和高净值客户到普惠金融的转型。互联网金融实现了金融服务零门槛、零网点、T+0 赎回等一系列突破，从而使金融服务客户在客户分布和交易时间分布上得到显著拓展。在客户分布上，传统金融服务是锦上添花，主要向发达城镇、传统产业、国有企业、大型企业和40岁以上的富有人群提供比较单一的金融服务，而互联网金融是雪中送炭，主要面向偏远地区、新兴产业、中小微企业以及年龄在29岁以下的低收入人群，满足这部分长尾人群的多样化、差异化、个性化金融服务需求，使他们方便、快捷地参与金融消费体验。中国互联网络信息中心统计，截至2018年12月，我国网民规模达8.29亿，其中农村网民2.41亿，农村地区互联网的快速普及让金融服务覆盖面扩大成为可能。另据有关权威机构测算，在P2P、电商网贷等新兴融资渠道的驱动下，中小微企业的金融覆盖率有望从当前的低于20%扩展到2020年的30%～40%，即近3 000万家的融资需求将会得到满足。从交易时间看，传统金融机构主要在朝9晚5的时间内提供金融服务，而互联网金融从业机构打破时间上的约束限制，能全天候地提供金融服务。由此可见，互联网金融将从根本上改变传统金融的“二八”现象，成为无传统中介、无垄断利润、无交易成本、去中介化、泛金融化、全智能化、互补共赢的微型金融和草根金融的普惠金融。

（4）互联网金融能推动金融自主。金融自主体现为客户从被动接受向主动选择的转变，包括主动选择在何时何地通过何种渠道获得何种金融服务。互联网金融的出现让最普通的大众客户的诉求也能被金融机构聆听和重视，互联网与金融的结合本身就是一种创新，能够将客户的散碎时间与闲置资金进行整合、进行价值创造，能够利用网络快速对接客户需求，加速金融产品的推出。互联网金融真正实现了以客户为中心，把客户的诉求真正渗透到金融机构产品开发、服务流程设计、渠道改造、运营提升等各个方面。与此同时，互联网公司、创业者、通信运营商等新的从业者的加入也促使传统金融机构用更开放的心态去拥抱这些新的竞合关系，促使金融行业的竞争更加市场化，促使金融机构更加注重应变和效率。互联网金融的出现产生了明显的鲶鱼效应，迫使传统金融服务平民化，促进传统金融机构改革的同时也带来了创新，并且传统金融和互联网金融的相互借鉴有助于传统金融机构增强普惠大众的服务意识，也有助于互联网金融机构提高金融专业素养，从而共同为客户提供多样化、便捷化的金融服务。互联网金融具有透明化、开放性和高效率等特征，已经成为金融体系重要的组成部分。互联网金融与传统金融之间的客户群并不完全重叠，传统金融的客户服务主要是大企业贷款和富人大额贷款，而互联网金融针对目标客户群的服务更多的是中小微企业的短期拆借和为居民消费类提供小额贷款。传统金融业务以类银行的间接融资为主，而互联网金融以“脱媒”化的直接融资为主，它们发挥各自的优势共同为各类客户群体提供立体化、全方位的金融服务。

1.4　本书逻辑结构

为充分发挥互联网金融的普惠性优势，引导互联网金融朝着服务实体经济的普惠性金融方向创新发展，推动我国普惠金融发展战略的贯彻落实，本书遵循应用经济学的思想脉络，按照图 1-1 展开讨论。

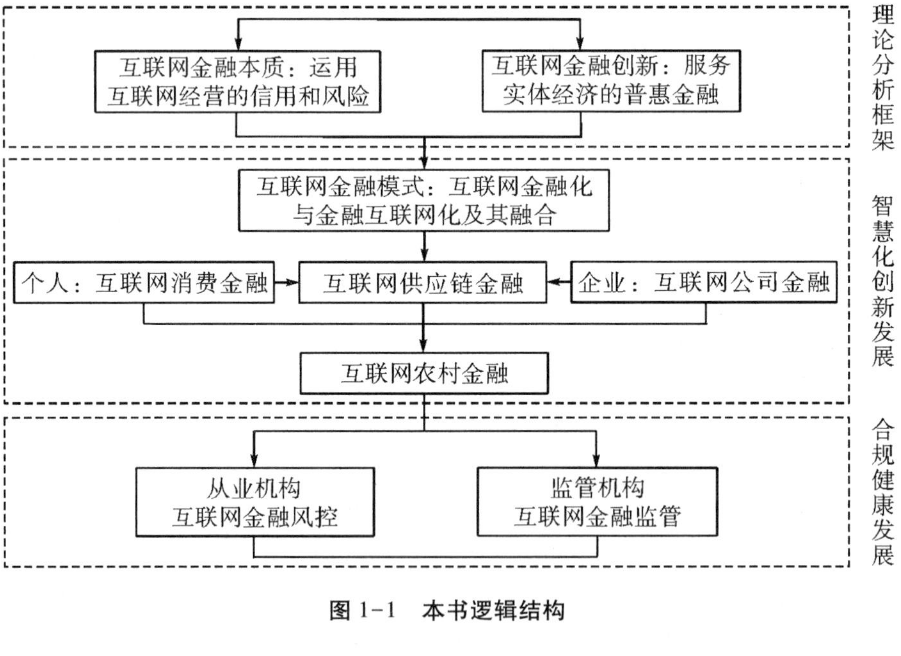

图 1-1　本书逻辑结构

第2章
互联网金融本质

【学习目标】

理解互联网金融的本质属性和创新发展空间，掌握互联网金融创新的理论基础，理解互联网金融创新的驱动力，熟悉互联网金融创新的组织载体和发展空间。

2.1　互联网金融的本质属性

2.1.1　互联网金融的本质是金融

为全面了解互联网金融的本质，不妨先从传统金融的本质入手。传统意义上的金融是指货币资金的融通，是与货币、信用和金融中介直接相关的经济活动的总称。其中资金融通活动的对象是货币资金，融通的形式是有借有还的信用形式，融通的机构是协调资金供需双方信息沟通的金融中介。货币是充当一般等价物的特殊商品，它通常被用来计量商品价值的大小（价值尺度），充当商品交换的媒介（流通手段），作为社会财富的一般代表被保存（贮藏手段），清偿债务、缴纳税金和支付工资资金（支付手段）、在世界范围充当一般等价物（世界货币）。信用是指经济上的借贷行为，它是以偿还和付息为条件的单方面价值转移。金融中介是专门从事货币信用业务的组织，包括银行和非银行金融机构。金融是现代经济的核心，通过金融活动，可以集中大量社会闲置资金，用于国家经济建设；通过金融活动，可以在各经济主体之间实现资金的互通有无，促进国民经济发展。金融中介资金融通规模的扩大或减小、资金融通成本（利息和金融中介服务费）的增加或减少等行为将引导社会资金流向符合经济发展要求的方面，流向经济形势好的方面，从而提高社会资金的使用效率，促进经济发展。金融资金的有偿使用，对用款单位形成一种外部压力，有利于促进其精打细算，讲求资金使用效益。银行等金融中介通过资金管理实现了盈利性、流动性和安全性的统一，提高了资金的使用效益。在一般层面上，金融主要涉及商品、服务贸易向未来收益的资金转移。在更高层面上，金融则通过动员储蓄、配置资本、风险转移进行资金融通，对实体经济发展产生影响。随着经济全球化、经济金融化、金融自主化日益加速，金融的呈现形式不断演进，但金融在制度和技术支撑下的本质却始终未变，即金融的核心在信用，任何形式的金融创新都必须以良好的信用为前提，而良好的信用则以金融服务实体经济发展为前提。脱离实体经济的金融创新，必将导致频繁的金融动荡，引发信用危机，动摇金融存在的根基。

互联网金融的本质是金融，它并未改变金融风险隐蔽性、传播性、广泛性和突发性的特点，互联网只是渠道和手段，而目的是服务和创新，是对销售渠道和获取渠道的创新。从用户需求的角度来看，互联网金融和传统金融一样，都是满足用户的支付、投融资和财富管理的基本金融需求。在支付领域，互联网金融通过网银支付和支付宝、财付通、微信支付等第三方支付方式为用户提供在线支付、转账及缴费服务，通过Q币、比特币等虚拟货币充当网上流量、具有标价及消费功能的支付媒介。在投融资领域，互联网金融通过网络平台进行金融产品创新、金融中介服务创新以及金融信息供应与服务，方便用户以更高的效率、更低的成本获得更适合自己需要的投融资服务。在财富管理领域，互联网金融通过大数据技术帮助客户进行基金、年金、理财、保险等产品的精准选择。由此可见，互联网金融尽管用新思维、新技术、新平台对传统金融进行了表现形式的变革，但它与银行、保险、证券等传统金融产品具有相同或相似的金融属性，并没有改变金融作为信用中介的核心特征，并没有改变经营信用和管控风险的金融本质要求，都需要通过杠杆进行资金的融通。所以，互联网金融的本质仍然是金融，互联网金融产品的开发设计、市场营销和风险控制仍要遵循传统金融的基本规律。

2.1.2 传统金融的帕累托改进

互联网金融属于金融的范畴，将金融功能与互联网功能创新结合，具有金融属性但又不能简单等同于传统的金融。它同时也具有互联网的属性、网络的属性、渠道的属性。互联网金融体现了适应商业模式、市场格局和客户消费观念的革命性变化和人们对普惠金融的渴望需求。金融本质在交易时不会改变，但交易渠道和金融科技创新却能引发金融交易的变革。互联网金融跨界融合了互联网与金融，并借助金融科技实现资金融通、支付等功能，是一种先进的新型金融，与传统金融在交易媒介、销售方式、风控方式、协议签订等方面均有明显的不同，是传统金融的帕累托改进（见表2-1）。

表2-1 互联网金融与传统金融的比较

比较项目	传统金融	互联网金融
获客渠道	线下物理网点及专业人员服务	通过网页、App等多种渠道办理业务
资格审查	专业人员实地审核或纸质资料审核	自动化采集搜索社交、电商、政府征信网站信息
结算方式	小部分转账结算，大部分以现钞存取结算	账户清算完全电子化，无现钞结算
服务方式	依靠实体支付完成	主要依靠网页和移动互联网完成
协议签订	当面签订纸质协议	远程签约电子合同
风险管理	专业人员线下管理、调查及收集信息实效性差	依靠大数据对资金进行实时监控和合规管理

传统金融中金融服务的价值链，最上游是金融机构，最下游是客户，金融产品或服务从机构到客户需经历基础设施、产品、平台、介质和场景等多个环节（见图 2-1）。从这条价值链的构造可以看出，传统金融机构普遍持有"官本位"思想，产品只是相对中后台的职能，主要依照内部规章制度进行设计。互联网金融则从互联网思维衍生而来，包括用户、云和端等要素，各要素相互之间动态构成多维生态系统。其中，用户是这个生态系统的核心，构建在云之上的数据服务和征信平台是基础设施，端则代表了大量的应用场景以及与场景紧密相连的产品。当从业机构发现客户在具体场景的金融需求后，就会研发个性化金融产品，并将产品嵌入各种具体场景中（见图 2-2）。对传统金融机构来说，"用户+云+端"的思维显得有点抽象；而对互联网公司来说，价值链的思维则显得过于陈腐。但从长远来看，两种思维的相互尊重和理解将是互联网金融与传统金融之间竞争与融合的必要前提。

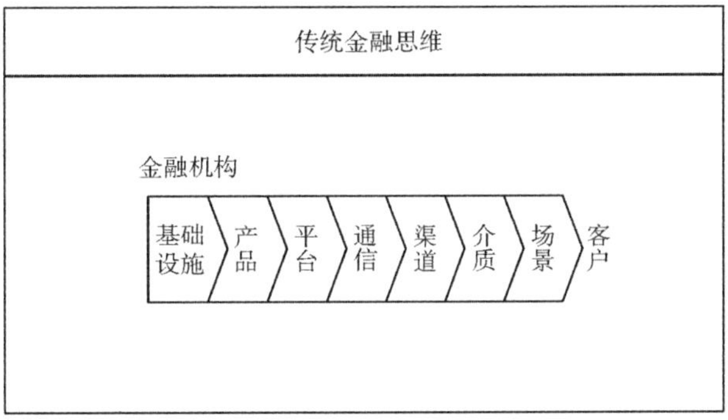

图 2-1　传统金融的价值链线性思维

资料来源：波士顿咨询公司。

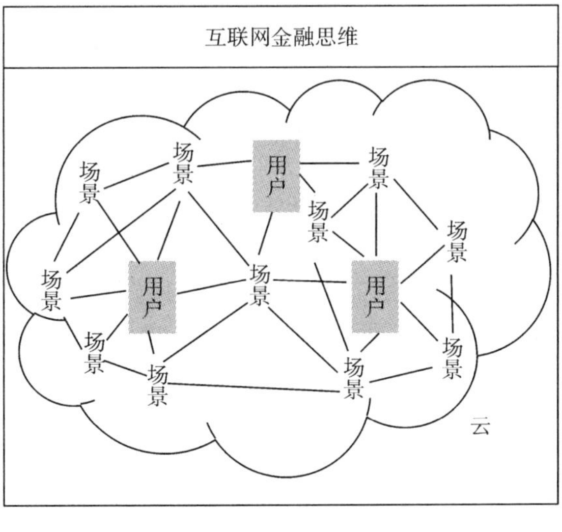

图 2-2　互联网金融的"用户+云+端"思维

资料来源：波士顿咨询公司。

信息不对称始终是金融行业中亟须攻克的难题，它带来的最直接影响是金融风险。金融服务本质上要求低成本、高效率地克服信息不对称，尽可能地消除或降低资金提供者和使用者两端信息的不对称。互联网金融化的最大优势是降低交易成本。传统金融服务网点增加了交易成本，技术与市场垄断增加了垄断成本，而客户大量无法满足的融资需求增加了寻租成本，交易期限单一性增加了机会成本，但互联网金融则可以显著减少这些成本（见表 2-2）。

表 2-2　互联网金融的成本优势

减少显性成本	互联网金融几乎无物理网点，降低了人力成本和配套设施成本，零边际成本可以为很多客户同时提供金融服务，效率高；客户在线交易不受时间、地域的限制，省去到网点等候的成本，客户间的直接交易降低了金融中介费
减少隐性成本	金融机构轻松获取客户海量信息，定位用户精准营销，信用评级控制风险，降低信用评级成本、交易维护成本、风险管理成本。客户通过互联网渠道轻松找到交易对象，信息充分且透明，降低了信息不对称的额外成本
减少机会成本	对金融机构而言，多元化的产品能够有效吸引客户，增加客户黏性，实现风险分散。对客户而言，多元化的产品能够满足客户的预防性、支付性、投资性多样化需求，避免产品单一带来的交易损失，且能方便客户足不出户自由决定持有时间，能随时赎回，减少了交易的执行成本
减少其他成本	互联网金融通过技术、市场和客户的充分分享，打破金融垄断，产品信息网络化扩散打破金融机构间的相互学习壁垒，金融产品同质化、市场开放化、客户分散化降低了垄断成本和寻租成本等。互联网金融填补了过去交易中的大量空白，也是一种降低成本的行为

互联网金融作为传统金融的重要补充，是互联网“入侵”金融。不是对金融本质的颠覆，而是一种形式上的创新；不是对市场的毁灭，而是对观念的彻底转变。互联网金融的可怕之处在于从终端拦截用户，当用户可以足不出户在手机上一键轻松理财、投融资和管理财富时，传统金融那种“大门一开，肥水自来”，坐等客户送钱上门的“板凳金融”必然会受到强烈冲击。

凭借“平等、开放、协作、分享”的互联网精神，互联网金融是实现普惠金融的重要组成部分。互联网金融带来了三大效应：第一，互联网金融凸显“长尾效应”。互联网金融主要为长尾客户提供服务，单笔交易金额小但交易数量大，因此碎片化的金融需求仍能带来规模化效应，政府的适度有效监管必会凸显长尾效应并进一步激发普惠金融市场潜力。第二，互联网金融放大“鲶鱼效应”。互联网金融通过第三方支付、融资、理财和金融脱媒对传统金融形成强烈冲击。第三方支付一端连接网联平台，一端连接客户，一定程度上切断了银行与客户的联系；P2P 网贷、众筹融资等融资模式拓宽了客户的直接融资渠道；余额宝 T+0 货币基金等低门槛理财产品创造了流动性与收益性可以兼得的新型金融产品；互联网金融对传统金融负债端存款份额的分流加速了金融脱媒。互联网金融倒逼传统金融机构改革，加速创新发展来满足客户的多样化需求。第三，互联网金融强化“马太效应”。虽然互联网金融企业能利用大数据分析与挖掘技术来降低获客成本，获取客户信用状况，改善信息不对称，从而提升风险控制能力和运营能力；但是，一切的前提是既有数据资源又有挖掘数据的能力，而这是众多中小型互联网金融从业机构的劣势。另外，大型的互联网金融企业良好的口碑使其获客能力及客户黏性更强，专业的运营及丰厚的资源使其竞争能力更强，因此很多中小型的互联网金融企业逐渐无人问津，步入被淘汰的困境。此外，互联网金融设置了人性化的虚拟场景，提高了客户体验和参与度，使个性化金融产品定制成为可能，而互联网金融的社交黏性能更广泛地联系各种客户，体现普惠金融的理念。

2.2　互联网金融创新的理论基础

2.2.1　金融创新理论

互联网金融创新是指运用以互联网、大数据、云计算为基础的信息技术和区块链、人工智能为核心的金融科技对金融业务重新塑造，实现互联网的金融化与金融的互联网化以及两化的融合发展。互联网金融创新形式包括经营理念创新、服务模式创新、商业模式创新、金融产品创新、金融技术创新和用户体验创新（见表 2-3），并通过互联网金融模式创新进行集中体现。从产业链的视角看，互联网金融可以分为基础设施、网络平台、渠道整合和应用场景四大核心环节，这些环节往往是互联网金融创新非常活跃的领域。其中，以支付和征信为主要内容的基础设施是最有可能产生颠覆性创新的领域；网络平台是互联网经济模式在金融领域的延续和创新；渠道整合则是互联网时代对传统金融机构核心资产的重新审视，也是互联网金融线上线下整合的重要阵地；应用场景是金融生活化以及“以客户为中心”的核心体现。

表 2-3　互联网金融创新的主要表现

主要创新方向	互联网金融创新的具体做法
经营理念创新	互联网金融创新首先是理念的创新，主要包括：①可以存在第三方支付平台的理念。互联网金融以第三方支付为入口拉开了金融创新的大幕。第三方支付像一根无形的红线连接着需求者、生产者、供应者、服务者，实现了购买者与供应商的直接交易，缩减了交易环节，节省了交易时间和成本，提高了交易的效率与质量，快速完成了用户的互联网金融交易。②互联网金融实现了金融业务的无分支网点。互联网金融不受时间限制、地域限制，没有客户的区分。只要上线，客户就可以获得一视同仁的服务。互联网金融不提什么微笑服务、VIP 服务。但服务过程都是人性化、个性化和无差异化的，也是快捷和安全的，充分体现了对客户一视同仁的普惠金融理念。③24 小时金融与市场全天候交易的理念。受运营成本、安全因素、劳动时间、业务量大小等多因素约束，传统金融的服务时间是行政化的，每天只有那几个小时，遇到节假日、公休日还会放假歇业。互联网金融所提供的金融服务是全天候的，用户可以在自己任何方便的时候通过互联网办理业务。④商业信用市场深化中不断发展的理念。在互联网金融的市场过程中，随着企业制度的合规化，监管水平的提高，行业自律的加强，从总体上看，互联网金融的市场还是健康发展的，诚信问题虽然需要加强，但没有恶劣到影响互联网金融的交易的地步。人们曾经对网上购物谈虎色变，担心交易的真实性、资金的安全性、商品质量的可靠性、售后服务的可能性和诚信经营的持久性，但这些疑虑通过互联网金融，尤其是第三方支付平台的保证，逐步得到了消除

表2-3(续)

主要创新方向	互联网金融创新的具体做法
服务模式创新	互联网金融服务模式创新主要体现为金融服务媒介的网络化，主要包括对接金融机构和非金融机构。①电商平台供应链金融、金融产品销售平台和金融流量分发对接金融机构。电商平台供应链金融是银行为电商平台的供应商提供供应链金融服务。金融产品销售平台是直接销售基金、保险等金融产品的平台，让客户投资理财。金融流量分发是利用互联网为客户的金融需求匹配金融机构。②对接非金融机构的金融中介服务创新有 P2P 借贷平台和众筹平台。P2P 网贷平台连接信息，提供中介平台，匹配资金需求者与供给者。众筹平台为有筹资意愿的发起人提供发布信息的网络平台，并通过实物预售或股权回报等形式募集资金
商业模式创新	传统金融机构主要通过表内业务和表外业务挣钱。表内业务主要是挣利差，低利率获取资金、高利率贷出资金，也就是做市商的概念；表外业务主要是收取手续费，如银行的各种手续费、券商承销按 IPO 承销额的一定比例提成。由于互联网金融与传统的金融模式的区别，中国人民银行等十部门发布的《关于促进互联网金融健康发展的指导意见》也定位互联网金融为信息中介，要求不能对产品提供增信、不能碰资金池，意味着互联网金融不能去挣利差收益，而收取服务费的老路对用户而言也不具有吸引力。因此互联网金融的商业模式需另辟蹊径，采取“羊毛出在猪身上”的做法，用免费的方式获取流量，不直接从入口挣钱，有了流量再从延伸或衍生的业务环节挣钱。以往企业触网是为升级服务模式，提高服务效率并促进产品销售，这本质上仍是一种营销模式的变革，但盈利空间有限，而互联网金融平台数据是各企业增加盈利的最佳方式
金融产品创新	互联网金融产品创新主要有两种模式：一是金融机构搭建网络平台，为客户提供投资产品和融资产品，比如网络银行、网络证券、网络保险等；二是通过电商平台植入金融服务，收集浏览和交易数据，挖掘客户需求的同时，借助大数据控制信用风险，发放小额贷款，如微商贷、京东白条等。互联网金融所创新的综合支付平台，第三方支付平台，网上理财，网上融资的产品与服务，都体现了互联网金融普惠金融的实质。这些产品与服务是在特定技术环境、经济环境、政策环境下创新出来的，是非金融企业创新出来的，是互联网企业创新出来的
金融技术创新	互联网金融的创新发展在很大程度上是由于移动通信技术、大数据技术、云计算技术、人工智能技术以及区块链技术和金融科技推动的结果。衡量互联网金融技术创新程度可通过智能技术应用、交互技术应用、数据计算应用和移动技术应用等方面进行衡量。包括智能技术应用程度衡量技术创新带来的操作的自助和简化程度；交互技术应用程度衡量技术创新中人机交互技术的引入和应用程度；数据技术应用程度衡量技术创新中新型数据的引用和新型数据处理方式的使用；移动技术应用程度衡量移动端的技术应用程度。互联网金融技术创新的具体做法详见前面对互联网金融创新动力的论述
用户体验创新	在互联网时代，用户往往记不住理念，忘不了体验。产品或服务好不好，不是产品或服务做了什么，而是用户体验到了什么。与传统金融相比，体验创新是互联网金融最显著的特征。体验创新是通过用户体验来衡量机构或产品的创新程度，比如操作便捷性、交互性、信息披露透明度、社交参与度等。互联网金融的体验创新具体表现为：①集购物、理财、融资于一身，增强用户体验。传统金融难以方便快捷地为客户多样化的金融需求提供一揽子金融服务。互联网金融弥补了原有金融的“短板”，使金融功能的多样性在互联网金融上很好地体现出来。互联网金融把关联性不是特别强的客户与生产商、供应商、服务中介的需求与供给串联起来，把互联网所特有的资源与金融嫁接的功能合并在一起，拉动了消费，搞活了市场，满足了客户，实现了高效率的兼顾、兼容和兼得。②创新了跨界经营。金融混业经营与互联网经济的跨界经营有着异曲同工之妙。跨界经营让原来毫不相干的元素相互渗透、相互融合，给品牌一种立体感和纵深感。跨界经营将互联网金融作为后盾。跨界营销的实质是多个品牌从不同角度诠释同一个用户的特征，跨界经营的创新与发展，增强了用户体验。③创新了客户关系管理。客户关系管理是企业利用信息技术和互联网技术来协调企业与顾客在销售和服务等方面的交流，从而提升其管理的效果，向客户提供创新的个性化服务的过程。传统金融由于数据和信息缺乏，要做好客户关系管理是很困难的事情。移动互联网和大数据技术为客户关系管理提供了有效的技术支持，可以精准地分析客户需求、交易情况、消费偏好及未来购买力，按照用户体验需求设计和提供个性化的金融产品及服务

互联网金融创新就是通过对互联网思维及其技术的运营，降低交易成本，减少信息不对称，改善风险管理水平，弥补传统金融不能很好满足中小微企业和普通居民金融需求的缺失，对传统金融垄断和监管的金融压制做出的一种积极应对。

2.2.2 金融中介理论

加迪波利（Cadbury，1992）认为，金融中介具有资产转换与风险分担、降低交易成本、减少信息不对称的功能，即资金在借入与借出的过程中存在规模经济，且能通过不同的资产组合增加流动性，分散和转移风险，而规模经营则可以降低交易成本。米隆和塞克尔（Millon et al.，1985）认为，由于金融活动存在着事前和事后的信息不对称，且分别可能产生逆向选择和道德风险，客观上也需要金融中介作为信息服务代理商来进行业务评估和过程监督以化解信息不对称风险。克勒蒙斯和麦德哈尼（Clemons et al.，2010）认为金融中介与金融创新有密切关系，全能型金融中介的创新水平往往低于职能细分型金融中介的创新水平，金融垄断往往抑制金融创新。这正好与我国的情况一致，正是由于金融垄断和金融压制导致了我国互联网金融的异军突起。传统大金融主要是股票、债券等直接融资和银行等间接融资两种模式。互联网金融为资金供需双方提供信息平台，是一种介于两种模式之间但更偏向于直接融资的模式，交易过程通过相关软件及计算机技术在线自动进行金融交易、风险定价、期限匹配。互联网金融本身扮演着信息中介的角色，不再需要经过其他金融中介，交易成本进一步降低，金融资源配置开始脱媒。

2.2.3 金融脱媒理论

金融脱媒亦称“金融非中介化”（financial disintermediation），最早由赫斯特（Hester，1969）提出，是指伴随着经济金融化和金融市场化的步伐，社会资金的融通由商业银行主导的间接融通转向商业银行的间接融通与证券的直接融通并重，资金在金融管制的情况下绕开商业银行体系实现资金输出方与需求方的直接对接。金融脱媒最初只是单纯的资本市场对商业银行功能的部分替代，一方面是企业通过发行股票、债券、商业票据和融资票据等直接证券筹措资金以减少对商业银行的依赖，另一方面是居民通过购买并持有股票、债券、保险及基金等直接证券寻求更高的投资回报和更多样化的资产组合。后来，随着信息化和网络化的发展，部分产业资金通过供应链金融的形式绕开商业银行的间接融资。一些业绩好的大集团公司则自办财务公司进行集团内部资金调配，这样进一步分流了商业银行的间接融资业务。而随着互联网的出现和广泛普及，基于互联网的金融脱媒具有方便快捷、成本低、收益高的显著特征，金融脱媒的力度进一步加大，包括P2P和众筹在内的互联网金融之所以如此火爆，正是符合了金融脱媒的大趋势和逻辑。应当指出的是，互联网金融本质上也没有真正完全脱媒，它只是换上了互联网这种高效率、低成本的隐形媒介而已。并且，由于虚拟货币短期内不可能取代法定货币，加之互联网金融这种开发体系在安全上具有先天的缺陷，必须依赖商业银行等传统金融中介的安全背书完成支付等流程，因此互联网金融也是一种没有完全脱离商业银行等的传统金融中介。

2.2.4 长尾效应理论

长尾效应理论简称长尾理论（the long tail），最早由安德森（Anderson，2004）提出。出于成本和效率的考虑，传统金融往往只关注重要的高端客户，在正态分布曲线上表现为只重视曲线“头部”的高净值客户，而忽略曲线“尾部”的广大低端客户，即所谓的帕累托“二八定律”，依靠20%的高净值客户带来80%的利润（见图2-3）。由于传统金融中存在信息不对称，中小微企业、三农、社区居民等“尾部”客户信用缺失和抵押物匮乏，同时交易额度小而传统金融运营成本高，所以长尾人群的金融需求不被重视。但是，虽然长尾市场的单笔交易金额较小，但数量巨大，长尾市场仍然有很大的盈利空间。面对传统金融难以覆盖的长尾群体，互联网金融却有着天然的优势。互联网金融具有门槛低、服务个性化和用户体验好等显著特征，通过客户在网上的交易及行为信息可动态发现客户需求，通过大数据等技术可获得客户信用状况并据此设计一些自动化的风险控制手段，低成本、高效率地为客户提供个性化的金融服务。利用互联网平台，互联网金融能充分聚集资金并用创新的个性化产品来激发广大处于“长尾”部分的客户的现实或隐性需求，开发和培育利基市场，显著提高广大中小微企业（见图2-4）和普通民众金融服务需求的同时，通过以小博大、集腋成裘获得自身的商业可持续性发展，践行普惠金融的真谛。

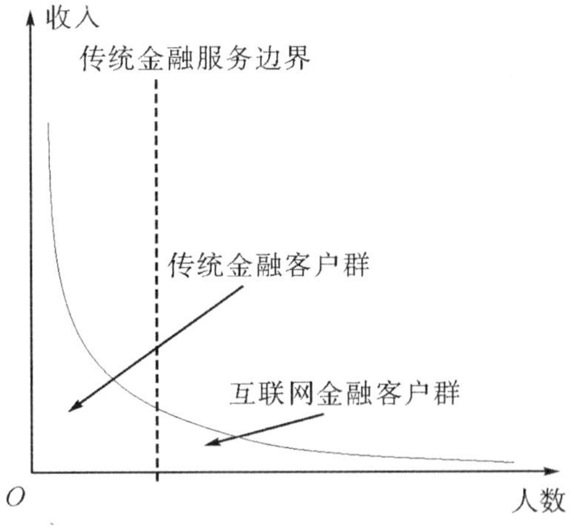

图2-3　帕累托“二八定律”

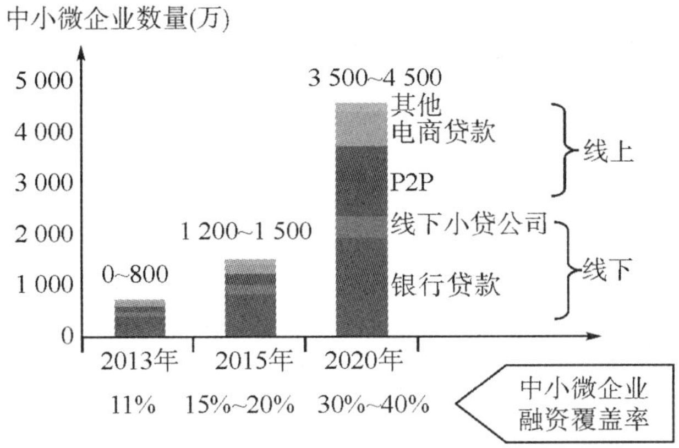

图 2-4　互联网金融提升中小微企业融资可获得性

2.3　互联网金融创新的驱动力量

2.3.1　金融压制是创新的土壤

互联网金融的产生有着深刻的时代和经济背景。从国际经验来看，互联网金融是电子商务发展到一定阶段后，技术进步和商业结算的必然产物。而互联网技术和移动通信技术的发展，反过来又推动了互联网经济的发展。金融作为实体商业活动的资金融通手段和支付结算通道，虽然受制于金融监管较高的准入门槛，但在电子商务、即时通信、搜索引擎、网络游戏等的互联网经济浪潮中也无法抗拒互联网的冲击，一些商业机构开始尝试借助互联网进行金融产品及服务的创新。1994 年导航浏览器（navigator）和 RAS 加密算法的问世解决了网络通信的安全问题后，世界上第一家网上银行（SFBN）1995 年在美国诞生，而后花旗等多家银行也纷纷成立了网上银行。与此同时，证券、保险、基金等行业也开始利用互联网技术提供在线金融产品及服务。

金融产品供给不足、中小微企业融资渠道狭窄是我国互联网金融蓬勃发展的重要驱动因素。长期以来，由于我国金融机构的审批、金融产品的审核和发行方面有严格的行业监管政策，因此我国在资金的供给和需求间出现了严重的结构失衡。在资金需求端，虽然国家投放了大量货币却不能顺畅地通过债券、股票等直接融资方式进入实体经济和中小微企业；在资本市场上，国有企业或大型民营企业比较容易获得资金，广大中小微企业很难获得足够的金融支持。在资金供给端，小储户只有把资金存入银行的单一通道，获得极低的利息收入，难以获得理财等更高收益的金融服务。资金供给与需求的结构性失衡，使得资金供给方和需求方均有突破传统金融束缚去寻找更佳渠道的需求，以重新整合资金供给与需求链条。这种需求伴随着互联网的广泛普及导致了互联网金融的异军突起。正是互联网金融具有的冲破传统金融束缚的作用，导致我国互联网金融的创新发展的活跃程度，无论其延伸的广度还是对社会的影响深度、程度都超过了国外的互联网金融发展。

传统的金融服务也在进行金融创新，但在互联网金融之前，没有革命性的突破。原因有三：一是体制的保护，传统金融缺乏金融创新的动力。二是商业银行把竞争的焦点集中在同业竞争。大的商业银行根本就没有竞争的压力，小的商业银行也是有想法没办法，沿着传统的路子走，很难拥有金融创新的冲动。三是一开始没有理会互联网所带来的革命性的冲击，也没有找到从互联网中找突破口的感觉，直到感觉到互联网金融已经是大势所趋才采取若干措施进行补救。客观地说，传统金融与互联网金融都存在比较优势，同样也存在不少劣势，这就需要传统金融、互联网金融各自在发挥优势的基础上进行更大的金融创新。这一次互联网金融的金融创新，是令传统金融，甚至监管当局感到非常突兀的，也是必然的。互联网金融创新是从互联网企业开始的，而不是由商业银行发动的。这种现象，值得深思，值得反思。

2.3.2 金融科技是创新的条件

互联网金融的创新发展很大程度是由以互联网为基础的金融科技引起的。一方面，金融科技从供给侧与需求侧改变金融。在需求侧，金融科技实现对客户的时刻相连，使动态跟踪并发现客户需求成为可能，极易以较低成本发现客户需求。在供给侧，金融科技会以数据为基础并借助科技手段实现金融产品和服务的创新，降低金融服务的成本并提升金融服务的效率，同时还能精准营销并管控风险，降低服务成本并提高服务效率。另一方面，金融科技带来的金融创新，既包括创新业务模式和应用，又包括创新业务流程和金融产品，对互联网金融的整个市场、从业机构和金融服务提供方式等都会产生重要影响。

（1）大数据技术。互联网平台能记录并保存几乎所有数据，因此数据类型丰富且量大。借助云计算、搜索引擎和大数据处理技术对这些数据进行深度挖掘和分析，可剖析出客户的金融需求、风险偏好及行为特性，据此设计出差异化的需求产品，并借助网络推送产品，进行个性化营销。由于人们在互联网上的失信行为也将被记录和挖掘到，因此人们不敢在网上“陌生世界”违约，这正是互联网金融在摆脱“熟人社会”后能够异军突起的重要原因。未来，基于大数据的信用体系不仅能运用于金融领域，还能运用于所有陌生人之间的场景。

（2）云计算技术。云计算是借助互联网来增加、使用或交互相关服务的模式，即通过互联网提供虚拟化的资源。对于互联网金融，云计算有两层含义：一方面，从客户角度看，云计算使移动互联和多屏互动成为可能，因为云技术的远程存储和信息处理降低了对终端的要求，实现了手机、平板电脑的移动互联，同时云平台是跨终端的存储与处理后台，实现了不同终端之间的多屏互动。另一方面，从金融机构角度看，云计算能显著降低运营与创新成本，因为云计算这一虚拟主机资源比传统IT系统更灵活，更具延展性，能轻松应对网络突发的“高峰”事件。另外，云计算可以帮助金融机构以较低的成本来创新和“试错”。

（3）区块链技术。区块链技术实际上是一种基于网上的去中心化和去信任化的分布式记账系统。采用分块的方法，区块链会将一定时间内的交易打包形成区块，并与上个区块链接起来形成“链”状，一旦某个区块被链接到区块链中则永久存储无法修改，而要创建一个新区块，需要检验区块中所有交易的合法性，还需检验区块之间数据的关联性，从而构建出一个纯粹的验证机制，使互联网金融活动简便且容易。区块链的这种验证机制能保证网络安全，无须担心数据被篡改，因此解决了互联网金融中信息不对称、环境不确定情况下的信任问题，可被广泛应用于支付结算、证券交易、数字货币等，有望成为互联网金融的基础设施。

（4）人工智能。深度学习在算法上的突破推动着人工智能的快速发展，人工智能对各行各业都会带来巨大变革和深远影响。将人工智能应用于互联网金融领域，传统的金融产品和服务方式将被机器模拟功能取代，人工智能代替互联网金融从业机构与客户沟通并及时发现客户需求，同时还能批量化且个性化地为客户提供金融服务。具体而言，人工智能的应用场景包括语音识别、图像识别、机器学习、实时风控、智能监控、智能运维、智能客服和生物识别等，这些应用将带来金融产品、金融服务、风险控制、投资决策、融资授信等多个方面的创新与变革。

2.3.3 客户改变是创新的导向

由于电子商务、社交网络和即时通信的逐渐普及，人们开始习惯在网络上做生意、交朋友，对网上交易从不习惯、不信任，到逐步习惯甚至依赖。互联网、移动互联网的普及已深刻改变了客户的金融意识和行为，消费者希望决定和主导自己获得的金融服务及投资决策。借助互联网技术，互联网金融尤其是移动金融突破了传统金融在时间和空间上束缚，扩大了金融服务的范围，满足了客户随时随地享受自己最需要的个性化金融服务的需求。首先是自主获取金融服务信息及决策。互联网金融弱化了传统金融机构在信息与产品方面的权威性和特许供应地位，消费者也可以主动获取信息，并根据自身感受推荐给他人，从而主导自己的决策。其次是自主选择交易时间。互联网金融将传统金融的八小时服务时间扩展至全天候，客户可自主决定何时交易。最后是自主选择接受服务的渠道。据有关部门测算，目前银行有近4成的销售与6成的售后服务和转账业务是通过网络渠道完成的，与2012年的2成和5成相比增长迅速。客户交易的线上化必将倒逼传统金融改革，比如金融服务生活化、服务客群扩大化、服务地域拓展化等。

2.3.4 监管包容是创新的环境

互联网金融的发展是监管套利的产物，监管套利是金融创新的重要动力，为互联网金融的创新与发展营造了宽松氛围。李克强总理在2014年政府工作报告中明确提出要促进互联网金融的健康发展，周小川曾鼓励金融领域的科技应用，潘功胜曾肯定了互联网金融在小微企业融资、百姓投资、金融服务水平、利率市场化等方面的积极作用。由此可见，中央决策层和监管层对互联网金融的创新发展是持包容态度的，得到政府层面正式认可后，互联网金融企业的参与热情明显提高，创新力度明显加大。不过，技术的创新导致全新的思维方式和商业模式在提高效率的同时，也将对原有的行业生态系统形成冲击。我国金融行业实行分业监管，获得金融牌照的机构受“一行两会”的监管。然而，互联网金融可以实现在同一平台上同时提供银行、证券、保险、基金、信托等金融服务，混业经营下存在监管套利。在创新发展的过程中，部分互联网金融产品游走在监管的真空地带或灰色地带，甚至部分超出了法律范围，比如部分互联网理财产品过度强调收益而忽视风险提示，部分互联网金融企业无资本金约束，部分 P2P 网贷平台设置资金池等，监管缺失增加了套利机会，出现与传统金融不平等竞争下的快速发展。现在回过头来看，正是前几年“野蛮生长”的网络借贷出现的问题最多，这反过来又连累了行业内一些商业模式先进的互联网金融平台的发展。所以，互联网金融创新发展必须以合规为基本前提。所谓合规就是符合行业生态协调发展的规则，它是商业利益和社会效益协调的产物。

2.4 互联网金融创新的组织载体

（1）草根创业公司。草根创业公司是互联网金融行业的先行者，互联网金融最初被称为“草根金融”就是因为这个原因。草根创业公司创建的互联网金融平台具有鲜明的特点，对互联网金融行业的成长和发展具有重要意义。其中，比较有影响力的互联网金融平台有人人贷、拍拍贷等。这些互联网金融平台的创始人都是自然人或者民营企业，没有金融牌照，也不属于地方政府管理的准金融企业。但这些互联网金融平台经过一段时间的发展，均得到了风险投资或者私募股权投资（PE）机构的认可，并获得大量社会投资，从而逐步成为比较规范的准公众公司。

（2）电子商务平台。电子商务平台是互联网金融的主要参与者，在互联网金融的创新中具有举足轻重的作用。甚至可以说，我国互联网金融的异军突起始于电子商务平台涉足互联网金融，典型代表是天猫、腾讯、京东和苏宁云商等。电子商务平台在互联网领域有海量的客户积淀、闭环的供应链优势和大数据优势，涉足互联网金融是服务客户交易快捷支付的需要，也是电商平台增加客户黏性的需要，同时也为电子商务平台的流量变现增加了新的经济增长点，这种基于真实交易的互联网金融产品创新及服务对互联网金融的健康发展具有积极的助推作用。

（3）传统金融机构。在互联网金融浪潮中，传统金融机构也一直在不动声色地进行互联网金融布局，并逐渐成为互联网金融创新的主体。从银行系统来看，除了传统业务的互联网化外，部分银行也推出了自己的移动支付、P2P 网贷、电子商务平台以及手机银行等。证券行业则很早就开始实行电子化集中交易，各个证券公司也纷纷推出了网上远程委托交易系统。网上保单销售和保险理财产品销售当前也在保险行业普遍采用。由于传统金融机构不缺创新能力和创新人才，更不缺金融资源的配置，在互联网金融合规化健康发展的监管约束下，积极运用互联网进行流程再造，其必将成为互联网金融浪潮中的大赢家。

（4）小微金融机构。小微金融机构是指小额贷款公司、融资担保公司、融资租赁公司、典当行和商业保理公司等非银行类金融机构。这类金融机构以自有资金和银行授信发放贷款或开展业务，主要满足中小微企业的融资需求。由于不能吸收公众存款和委托理财，因此不需要人民银行、银保监会、证监会等金融监管部门颁发许可证。小微金融的客户群体同时也是互联网金融的客户群体，因而受互联网金融的影响较大，所以只好积极主动去拥抱互联网金融。小微金融机构通过发放贷款、提供租赁物、收购债权形成的一定规模的权益类资产，是小微金融机构参与互联网金融的基础。此类机构除了通过互联网拓宽客户来源，最主要的是通过资产证券化和担保公司增信将债权资产进行分拆，转让给社会投资者，实现资产的流动性。

（5）传统实体企业。面对互联网金融的迅猛发展及其可期的美好发展前景，一些国有企业、上市公司、IT 企业和民营企业等实体企业纷纷发挥各自的优势，进军互联网金融。国有企业方面，开鑫贷、金开贷、众信金融等 P2P 平台都有国资背景。上市公司涉足互联网金融的就不胜枚举了，联想的“翼龙贷”、用友的“友金所”都是 IT 企业利用其在 IT 技术方面的优势进军互联网金融的典型代表。德信控股集团的“星投资”则是民营企业进军互联网金融的典型代表。传统实体企业涉足互联网金融的好处主要有两方面：一是通过互联网供应链金融和互联网消费金融等方式更好地服务自己的主业，扩大产品或服务的市场销路；二是在产能过剩的经济新常态下为传统实体企业转型升级寻找新的经济增长点。由于有实体交易形成风控闭环，传统实体企业进军互联网金融在金融风险的控制方面往往也有一定优势。

（6）电信通信企业。电信网络系统是支撑整个互联网经济的物理基础，电信运营商和服务商在客户获取、客户数据收集等方面具有天然的优势，涉足互联网金融是电信运营商和服务商延伸产业链，获取规模经济的有效途径。目前，中国移动、中国电信、中国联通等主要电信运营商和华为、中兴等主要电信提供商都先后将业务拓展到了互联网金融。如中国移动通过整合原有的手机支付和手机钱包推出了“和包”支付平台。用户开通和包业务，即可享受网上购物、充话费、生活缴费等在线支付功能。持有 NFC 手机和 NFC-SIM 卡的用户，将银行卡、公交卡、会员卡等支付结算集成到手机终端，还可以到便利店、商场、公交公司、地铁公司等特约商家线下刷卡消费。

（7）门户网站。门户网站也是互联网金融创新发展的主体之一。当前，百度、新浪、搜狐等门户网站都在探索自己的互联网金融模式。以百度为例，百度目前的互联网金融已有网络小贷业务——百度小贷、金融理财类垂直搜索引擎——百度财富、网络支付平台——百度钱包、网络基金投资平台——百度小金库等互联网金融产品。门户网站涉足互联网金融最大的好处是实现了流量变现，为网站过去单一的广告收入拓宽了利润新渠道。

2.5 互联网金融创新的发展空间

2.5.1 基础设施创新

支付和征信是互联网金融最主要的基础设施，也是互联网金融创新最活跃的领域。移动金融时代的支付充满活力，如英国巴克莱银行的“Pay-Tag”支付贴纸，只需将与银行卡绑定的贴纸贴在某个地方即可实现几十英镑内的小额支付，“b-Pay”智能腕带则是该行推出的又一款近场支付媒介。国内的支付创新主要集中在移动支付介质上，如近场支付、扫码支付、刷脸支付、光支付、虹膜支付、指静脉支付和声波支付等。传统支付的盈利方式为收取转账手续费，互联网支付业务的盈利方式为免手续费、支付入口化、盈利转移。在商户端，互联网支付深入商户交易管理，集成订单管理、用户管理等功能。基于积累的商户交易信息，互联网支付可以提供贷款业务，从虚拟账户沉淀资金利用中获得收入。在用户端，互联网支付通过提供多种商品的服务销售，从虚拟账户沉淀资金利用中获得收益。互联网支付的场景是多元化的，除转账和网购外，信用卡还款、话费和线下收单都是渗透率较高的场景。互联网支付倒逼传统金融机构的支付从利润业务转为成本业务。2015 年 9 月，招商银行成为首家转账免手续费的银行。互联网金融机构一旦进入金融清算市场，银联将失去清算业务定价权。互联网银行如果获得直接发卡权，费率结构将会产生巨大变化。鉴于互联网支付的美好前景，银行、通信运营商、第三方支付机构等都开始布局互联网支付。随着支付需求的移动化，移动支付发展空间巨大。

支付数据即将成为互联网时代的信用基础（见图 2-5），移动互联网和社交网络的快速发展必将带来数据种类、维度和数量上的大幅增加，信用评价将变得多元、即时和立体。传统征信主要是银行信用数据，数据来源单一，采集频率低；大数据征信的数据来源多元化，有来自信贷、司法、工商、税务、公安等第三方的数据，也有来自电商、运营商、社保、教育、职业、信用卡等用户提交的数据，还有网络行为、网际互联协议（IP）、社交网络等互联网数据，这些数据不但实时采集，而且采集的频率也很高。在数据挖掘方面，传统征信业务采取线性回归、聚类、因子分析、分类树等传统统计方法；大数据征信业务采取深度学习（deep learning）、网页排名（page rank）、神经网络（neural network）、射频（radio frequency）等综合大数据统计方法。在数据的使用方面，传统征信业务的数据使用范围有限，只有金融机构和小额贷款公司能够进入中国人民银行征信中心，主要将其用于贷款审批。而大数据征信对数据的使用场景十分丰富，如贷款额度、定价、雇主服务、反欺诈、租赁、定向营销等。

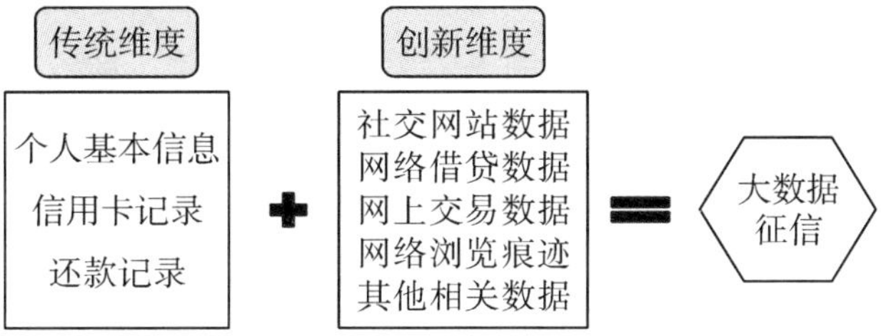

图 2-5　互联网金融基于大数据的征信体系构建

2.5.2　网络平台创新

网络平台是互联网金融从业机构提供金融服务的载体，是展示行为规则的虚拟场所，并从中盈利。一个优秀的网络平台往往采取合作共赢、先人后己的商业模式积累巨大的用户规模，并为其提供巨大黏性的服务。在获取客户方面，一些网络平台通过社交平台实现快速的客户累积，比如开心网初期只有 300 名用户，15 个月后增长 10 万倍，就是通过用户发布的照片、日记、游戏等吸引了大量亲朋好友。在增加客户黏性方面，一些网络平台为客户提供差异化产品或个性化服务。差异化体现在阿里巴巴旗下的淘宝、天猫、支付宝等都实行统一的账号及密码登录。个性化体现在产品推送上，通过大数据分析客户的浏览记录和交易记录等信息并挖掘出客户偏好，从而为其推荐适当产品，让长尾客户群也能像传统金融的高端客户那样获得个性化的产品和服务。支付宝与余额宝的搭配是互联网金融服务整合的典型。支付宝在原有的便捷体验下嵌入余额宝产品，使客户获得了更丰富的产品和服务。

网络平台催生债权、股权以及各类产权的在线直接撮合交易，加速了去中介化的金融脱媒进程。债权交易方面，P2P 作为中介平台直接撮合投融资需求，盈利从借贷利差、向融资者收取固定服务费用向关联业务收益转移。互联网金融与产业结合，通过产业内的其他业务获得收益，如消费金融通过销售更多的产品获益。经营业务之间开始混同经营，先通过低价甚至免费获客，再通过其他金融业务获取收益。而金融风险的漏洞也显著减少，投前采取数据风控和人工审核，投中采取风险分散，投后从基于抵押担保的风险控制扩展到基于数据的风险衡量和分散。运营模式采取纯线上或线上融+线下投。纯线上基于数据和模型完成信用评审，多用于消费金融、电商金融和供应链金融。线上融+线下投是 P2P 目前的主流模式，线上获取资金，线下人工搜集审核债权项目。基于零边际成本的借贷业务覆盖更多长尾人群，更多的小微投资、融资需求被满足。股权交易方面，众筹平台降低了投融资双方的信息不对称，促进了股权投资的去中心化和大众化。对创业公司而言，传统的风险投资基金中，有限合伙人（LP）的投资门槛高，需要投入 99%的资金，获取 80%的收益；普通合伙人作为专业投资人负责筛选标的，具备投后管理经验，需要向创业公司提供资源和辅导，投入 1%的少量资金，却要收取 2%~3%的管理费，以及基金收益的20%。基金的退出主要采取首次公开募股（IPO）、管理层收购或公司回购等方式。众筹采取“领投+跟投”模式，领头者是专业投资者，具备项目筛选和投后管理经验，向创业公司提供资源和辅导。跟投者是大众投资者，资金和能力门槛低，通过跟投方式进行小额分散投资。一旦“跟投者”获取固定收益，就会具有配资特征，成为“领投者”加杠杆的工具。

2.5.3 渠道整合创新

金融产品也是一种商品，与实物商品的渠道类似，金融产品渠道的核心价值在于金融机构有多个渠道提供金融产品和服务，客户能根据自身需求选择适当渠道获取金融服务。银行等传统线下渠道主要关注高净值客户，较高的投资门槛和较复杂的流程直接将资产规模较小的客户拒之门外。线上销售模式不仅打破了传统物理网点时间地域上的局限，还能以较低的营销成本为客户提供多样性金融产品，客户体验好。目前的金融产品中仅有少量以直销方式销售，其余仍通过银行、券商/保险、线下第三方及线上销售等方式出售，但线上销售具有取代线下之势（见表2-4）。线上渠道可充分挖掘长尾客户的金融需求，并以低门槛、无时间地域局限来为其提供个性化的金融服务，改变了原有的银行独大的格局；线上渠道还能降低营销成本并增加发行方收入。多样化的渠道不会增加发行方营销成本，且标准化的金融产品让发行者不用考虑价格体系统一化的问题。消费者可通过有优惠申购费的渠道来购买产品、获得实惠，而较低的门槛和便捷的服务也会增加消费效用。比如，基金网销的申购费率在0.3%~0.6%，而银行柜面的申购费率为1.5%，折扣显著。保险方面，保险产品的设计由电子商务中企业对消费者的交易方式（B2C）向消费者对企业的交易方式（C2B）转变，个性化增强，碎片化、场景化的小额高频消费产品增加。产品销售由个人推广和银行渠道销售转向互联网销售，与存保关联的场景正在成为保险销售的关键场景，并通过数据积累与挖掘实现了保险产品在不同用户间的差异化定价和个性化保险推荐。理赔开始由人工理赔转向网络理赔。证券方面，网络渠道的应用正全面铺开，比如采用股票雷达的账户跟投机制，采取百度“百发100”指数进行大数据选股，采取股票赢家等方式进行个性化选股，通过App等方式实现交易移动化。

表2-4　不同渠道竞争要素比较

渠道 比较项目	直销	商业银行	券商/保险	线下第三方销售	线上销售
网点	少或没有	有较多营业网点，地域面广	介于直销与银行之间	少	无
获客能力	略弱	较强	弱	服务高净值客户，用户规模小	门槛低、客户面广，用户导入快

表2-4(续)

比较项目＼渠道	直销	商业银行	券商/保险	线下第三方销售	线上销售
定价	优惠价	较高	直销与银行之间	优惠价	优惠价
产品服务	仅自己发行的产品	产品丰富，少专业化服务	产品丰富，且可专业化咨询	信托、直投产品为主	基金、保险、票据类产品等
成本	前期开发成本高	营销成本高，交易成本高	营销成本高	营销成本高	有规模效应，成本低

应当指出的是，互联网金融若仅依靠线上渠道则无法适用于所有客户群和场景，客户对实体渠道仍有一定的依赖性，特别是当产品复杂、买卖双方需要面对面交流的时候。因此，互联网金融与拥有丰富线下渠道的传统金融的跨界合作仍有必要，如微众银行与华夏银行、东亚银行、平安银行的合作（见表2-5）。反过来讲，传统金融与互联网金融的跨界合作则更为重要，毕竟金融渠道的互联网化是大势所趋。这一点对于拥有较多实体渠道资产的传统金融机构来说尤为重要。传统金融机构早已开展网络渠道的金融服务，几乎所有的银行、证券公司、保险公司等都有一定程度的网络渠道，但是网络银行或手机银行等基本都是将传统网点网络化，产品设计都是从金融机构角度出发而非客户需求角度。因此，传统金融机构需要加快实体渠道功能和布局的转型，将众多如转账等简单交易转向自动取款机或电子渠道，让物理网点人员有精力专注于销售、咨询等工作。并且，银行还需调整网点布局，转变当前单一大网点为多种便捷点，即通过“少量综合网点+大量便捷网点”的模式来扩大地域覆盖率，提升服务针对性和普惠性。

表 2-5　微众银行与传统金融机构的渠道整合

时间	合作对象	合作内容
2015 年 2 月	华夏银行	资源共享，并且在小微贷款、信用卡、理财、生态圈业务等领域合作
2015 年 4 月	东亚银行	充分发挥自身竞争优势，在信用卡、小微及个人贷款、客户推荐、理财等方面展开深度合作，实现共赢
2015 年 5 月	平安银行	秉承资源优化互补的理念，建立全面业务合作伙伴关系，在客户推荐、小微及个人贷款、理财、生态圈等领域合作，并提供各种增值服务，全方位满足客户多样化的金融服务

2.5.4　应用场景开发

“场景”本是影视用语，指通过人物行为反映剧情的多个过程。场景实际是对时间的占用，拥有场景就拥有用户的时间，就会轻松占领用户的内心。当“场景”这个词被移植到互联网金融时，用于说明金融的生活化，即金融并非独立于人们的生产生活，而是被融入具体的生产生活中，虽不易被感受到却时刻存在。例如，使用手机应用软件打车并在打车后直接通过手机进行支付并分享红包，查看电影排期并直接团购电影票，购买大型耐用消费品并直接分期支付等。互联网金融要扩张版图，或拓展目标客户群，或占据客户时间，或进入其生产生活场所。拓展目标客户群可扩大地域、年龄层、财富层等的服务范围；占领客户时间可利用很多应用场景，即流量入口，比如通过网络提供娱乐、沟通、信息获取和电子商务等活动占用客户时间，见图 2-6。

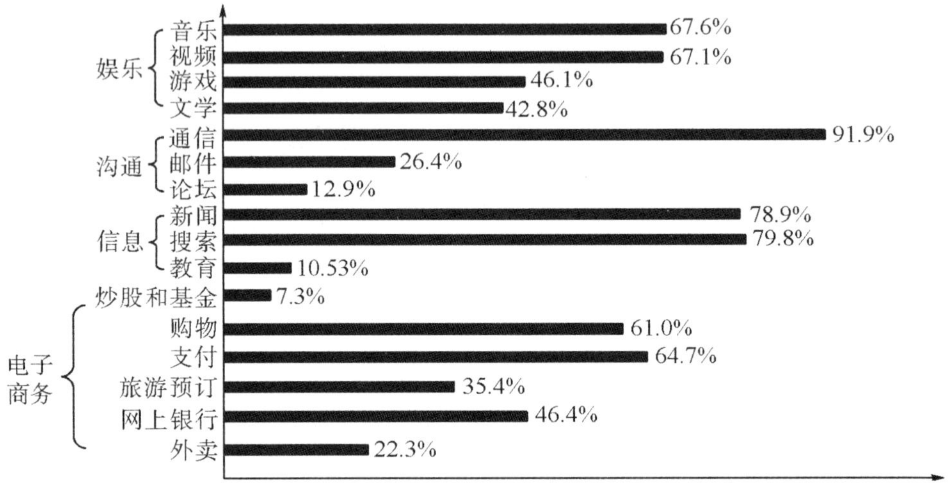

图 2-6　中国网民每周上网的时间分布（2011 年）

资料来源：根据央视新闻整理所得。

目前，以百度、阿里巴巴、腾讯（BAT）为首的互联网金融从业机构也主要围绕这几大领域展开客户时间的争夺（见表 2-6）。未来，场景争夺需要找准并切入客户生活的主场景，它既可能存在于线上，也可能存在于线下，从客户最基本的需求角度而非占据客户的时间角度来考虑场景争夺，比如零售、餐饮、订票、转账、交通以及重要节日或礼尚往来的发红包等，在此基础上叠加各种辅助应用。同时，传统金融机构也逐渐将金融产品与场景融合，因为单纯依靠产品本身很难实现差异化，将客户需求的产品融入具体场景中才容易被客户接受。所以，工商银行、建设银行等传统金融机构纷纷加入场景争夺，建立自己的电商平台，而平安集团则进军二手车和房产交易市场。

表 2-6　BAT 对客户时间的争夺

网络平台	娱乐	沟通	信息获取	电子商务
阿里巴巴	收购优酷土豆 16.5% 的股份； 收购穷游； 收购虾米音乐； 入股恒大足球俱乐部	收购新浪微博 18%股份； 收购陌陌； 推出来往聊天软件	收购高德地图； 收购 UC 浏览器	淘宝、天猫； 支付宝； 收购美团； 收购银泰百货 9.9%的股份

表2-6(续)

网络平台	娱乐	沟通	信息获取	电子商务
腾讯	腾讯游戏； 腾讯视频； 收购 Riot Games； 收购 CJ Games	QQ； 微信	腾讯微博； 收购大众点评 20% 的股份； 收购 58 同城 19.9% 的股份	收购京东 15% 的股份； 与 Groupon 合资高朋网
百度	爱奇艺； 百度影音； 收购 PPS； 收购千千静听	暂无	百度； 收购 91 无线	收购糯米网（团购网站）

第 3 章
互联网消费金融

【学习目标】

了解国内外消费金融发展实践，熟悉我国互联网消费金融生态，理解我国互联网消费金融的发展驱动力、资金端与资产端、需求场景、产品形态和服务模式等。

3.1 互联网消费金融的发展情况

3.1.1 我国消费金融发展的基本情况

消费金融是指为消费者提供的，以消费（不包括购房消费和汽车消费）为目的的贷款。自 2009 年国家启动消费金融公司试点开始，消费金融经历了三个阶段：2009—2012 年的起步阶段；2013—2017 年的发展阶段；2017 年至今的规范阶段，市场参与主体不断丰富，国家相关产业政策不断出台，消费金融进入规范发展阶段。

从现代经济增长理论和欧美国家经济增长实践来看，消费是国民经济增长的原动力，它对一国国内生产总值（GDP）的贡献占比往往高达 80%以上，我国 2018 年上半年最终消费支出对 GDP 增长的贡献率为 78.5%，主要原因是近年来中国经济进入新常态，国内基础设施建设需求减少，贸易出口受阻，消费成为拉动中国经济增长的主要依赖力量。事实上，近些年居民财富快速增长，利率水平下行加上国家政策刺激消费，社会保障体系更加完善，所以居民的消费能力和消费意愿逐年攀升。社会的消费理念已由勤俭节约和理性消费逐步变成提前消费和信用消费，越来越多的人愿意通过杠杆化消费追求物质享受和休闲娱乐，消费金融的发展迎来了历史性的机遇。在此背景下，国家出台一系列政策，大力鼓励发展消费金融，目的就是将消费金融作为一种新的融资渠道，以拉动内需，转变经济发展方式，推动消费升级。百融金服预计，到 2020 年我国消费信贷规模将达到 10 亿万元，行业发展潜力巨大。

除了宏观经济形势利好和政策红利刺激，中国消费经济的快速增长还应归因于近年来中国互联网经济引发的互联网消费快速发展。随着中国消费品零售线上渗透率的逐步提高，由互联网消费推动的信用消费规模必将迎来规模和渗透率的双重提升，未来互联网消费金融市场将保持强劲增长态势。互联网时代，大数据有助于掌握用户信用状况，互联网使物流可控，因此互联网消费金融市场风险可控，加上客户对市场的接受程度逐渐提高，消费信贷在未来增长潜力巨大。因此，各互联网巨头先后发力，瞄准消费金融市场。该市场在短短几年时间里，已经由开篇入场进入逐步规范和完善，并不断优化、扩展、求新求变的阶段。

3.1.2　国外消费金融发展的基本情况

首先是美国的消费金融实践。美国的消费金融市场线下网点覆盖率高、个人征信系统强大、审批效率极快。美国信贷消费市场主要有三类：一是金融机构，包括存款性机构、金融公司、信用社；二是政府、非盈利和教育机构，他们持有的是各类教育贷款计划下的学生贷款；三是非金融机构。美国历史上有消费金融公司、销售金融公司和商业金融公司三类，分别为购买消费品的个人、消费品的销售者、消费品的生产和销售方提供贷款，混合发展趋势使得业务界限模糊并逐渐形成大型消费金融公司。从美国消费金融行业市场格局看，市场格局由三家银行系（Citigroup，Chase，BoA）与三家独立消费金融公司（Capital One，Amex，Discover）占据主导地位。以 Citigroup 为代表的银行系主要以交易手续费取得收入，以 Capital One 为代表的独立消费金融公司则以跨期信贷利息为主要收入。

美国消费金融行业在发展中具有和中国不同的特点：第一，多样化的信贷产品，满足各类人群的贷款需求。非循环贷款包含了学生贷款、汽车贷款、耐用消费品贷款、个人无抵押贷款、个人资金周转贷款；循环贷款包含信用卡贷款、循环房屋净值贷款。第二，多元化、多层次的消费金融供给体系。商业银行具有网点多、客源广泛、品牌专业的优势。专业消费金融公司依托零售巨头，以分期吸引大量消费者。信用社具有税收优惠，为会员提供优惠信贷服务。非盈利及教育机构提供政策性贷款或公益性贷款。第三，多层次、完善的征信体系。目前，美国的征信体系覆盖全美 85%以上的人口，信息涵盖信用卡违约、社会不良记录、网购、社交等诸多方面；不同行业、企业间的信用记录可以共享，串联金融、消费、社交等各类数据；渠道涵盖线上和线下，彼此促进。第四，完善的行业法案及政策，包含 1968 年《消费信贷保护法》、1970 年《公平信贷报告法》、1977 年《公平债务催收作业法》、1999 年《金融服务业现代化法》、2001 年《爱国者法案》、2010 年《多福-弗兰克华尔街改革与消费者保护法》等。

其次是日本的消费金融实践。早在 20 世纪 90 年代，日本的消费金融行业就进入了成熟期。在日本大大小小的商业街、酒吧街、赛马场等附近都会找到 Promise 或者武富士（日本的消费金融公司）的广告牌与店面。进入店面后，递上身份证回答若干问题并签字，很快就可借到一笔现金，少则几千日元，多则数十万日元，这就是现金贷款。同样，在各大卖场里，也有各类办理分期赊购的柜台，这就是消费金融里的分期消费。日本的消费金融业务曾经非常繁荣，推动着日本经济快速发展，但是由于监管缺失造成消费金融公司发展畸形最终破产，给日本的消费金融发展留下了深刻的警醒。武富士公司曾是日本个人消费信贷行业的领头羊，2006 年日本最高法做出“超过《利息限制法》上限的利息全部无效”的决定，使得要求返还多交利息的客户一直在追要返还利息，导致其经营状况每况愈下，同年武富士和其他几家消费金融公司被法庭判定过度收取利息，贷款利息率的降低重创消费金融公司，武富士公司破产。

最后是欧洲的消费金融实践。欧洲是仅次于美国的第二大消费金融市场，占据全球25%的市场份额，消费占 GDP 的比重约 10%。欧洲消费金融公司主要面向中低收入人群全方位地提供专业金融服务。隶属欧洲的桑坦德已经成长为全球最大的消费金融公司，主要经营汽车、耐用品等多种消费金业务，其“漏斗”营销模式、智能化的信贷管理模式和全自动的审批模式已经被各种消费金融公司借鉴。

总体而言，无论哪国要发展消费金融，都需要政府的大力支持。就美国和日本而言，消费方面的法律法规相对完善，国家征信系统比较健全，行业的自律性也比较高，且各金融公司基本都全方位地开展消费金融业务；就欧洲而言，金融公司主要通过布局消费商品的经销商和零售商来扩大自己的业务版图，其发展历史、经验教训值得我国消费金融行业借鉴。

3.1.3　互联网消费金融的概念及生态

互联网消费金融是指通过互联网及移动互联网的技术手段，以小额、分散为原则，为中国境内居民提供以消费为目的的贷款。互联网消费金融本质上是以消费为目的的信用贷款业务，信贷期限一般不超过 12 个月，大部分信贷金额低于 20 万元。互联网消费金融由于借助了互联网、大数据、云计算等先进技术，使得消费金融服务更具普惠性，能够覆盖更多的中低端用户群体，也逐渐覆盖到了生活消费的各个场景，因而在多个方面与传统消费金融都有很大的不同（见表 3-1）。在消费金融服务中，每笔消费贷款金额越小，越需要依靠风控系统将授信流程标准化，这既是用户体验的客观要求，也是金融机构降低人工成本的主观需要。互联网消费金融由于充分利用了互联网技术，从而大大降低了零售业务乃至消费金融业务的人工成本。相比于银行至少两个星期的授信审批周期，消费金融聚焦更小额的信贷，并且一般遵循额度越小，审批速度越快的规律，互联网消费金融线上的小额消费贷款审批时间以分钟计。而且，消费金融通过互联网手段开展还可以沉淀数据，降低获客成本。

表 3-1　互联网消费金融与传统消费金融的比较

比较事项	传统消费金融	互联网消费金融
覆盖人群	有大额消费需求的人群以及进行信用卡消费的人群	“80 后”“90 后”为主的进行网购的人群
覆盖商品	消费品的消费信贷、信用卡消费信贷	电商平台等所有可消费信贷的商品

表3-1(续)

比较事项	传统消费金融	互联网消费金融
客户黏度	随消费的商品数量的增加而增加	随消费的商品数量的增加而增加
用户互动	用户对服务的感受更多是对资金整体的处理方式更为模式化，用户参与较少	用户对服务的感受随每一次消费商品数量的增加而加深，方式更为灵活多样
服务渠道	依托对传统金融商品或线下消费场景中的营销能力	依托互联网平台及在年轻人中高普及率的社交网络
服务形式	延迟支付以充分利用货币的时间价值，银行作为资金及资金信息的持有方、管理方，是传统业态中资金流通的必经渠道	敲碎商品的价值和使用价值，使之高频率、低额度地进行交换，架空了银行渠道，让市场来影响作为消费品价值一部分的资金价值的定价

从本质上讲，互联网消费金融与传统消费金融一样，都是为消费者提供金融服务，旨在通过加杠杆帮助消费者突破收入约束。一方面假如杠杆倍数不变，随着居民收入的增长，消费金融市场也会同比例扩张；另一方面完善的信用体系可以做到在风险可控的前提下给居民增加杠杆。因此，与传统消费金融一样，互联网消费金融也涉及金融服务的供给方和需求方、资金端和资产端以及为互联网金融提供配套服务的衍生组织，只是由于有互联网技术的广泛应用，从而使互联网消费金融的生态更加和谐（见图 3-1）。

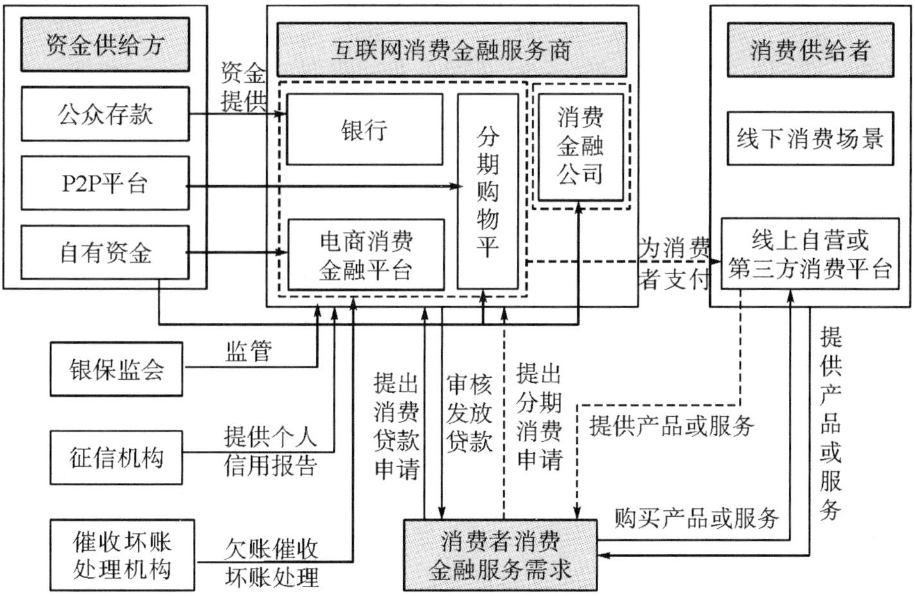

图 3-1 互联网消费金融生态系统

国内互联网消费金融主要由商业银行、电商平台、消费金融公司、网络分期平台、P2P 平台提供金融服务，外加提供配套服务的网络个人征信、数据提供、资产证券化等机构。互联网消费金融的需求方，除了传统消费金融可以覆盖的中高端稳定收入人群以外，还包括农民工等流动人口，以及大学生等中低端用户群体。互联网消费金融的资金端主要是供给方自有资金、同业借款、金融债券、资产证券化、同业拆借、小贷公司或者 P2P 平台，而传统商业银行从事互联网金融还可以利用自己吸收的存款进行消费放贷。互联网消费金融的资产端主要为消费贷款和小额现金贷款，并嵌入到居民吃饭、穿衣、旅行、娱乐、教育、医疗、美容等丰富的生活场景之中，及时切入跨境电商、智能穿戴、出境旅游、文化消费等新的消费热点。

3.1.4 互联网消费金融发展的驱动力

随着国家对互联网消费金融政策的支持、消费者观念的更新以及行业服务商对这一市场的争夺，互联网消费金融在近些年呈现出爆发性增长态势，2015 年互联网消费金融增长率达到 1 179.8%，2017 年中国互联网金融市场整体交易规模接近万亿元，环比增长达 128.6%。由于中国消费金融市场规模仍在持续扩大，但消费金融渗透率仍较低，未来互联网消费金融发展空间仍然很大。

我国互联网消费高速增长的驱动力主要来自以下几个方面：①互联网经济高速增长并向传统产业高速渗透。互联网技术的发展为互联网企业的快速发展提供了技术支撑和良好氛围，在加速业务模式创新的同时带来了经济的高速增长，渗入传统行业后也加速了传统模式的变革；互联网时代人们在消费、娱乐等多方面都有很大变化，为互联网企业探寻新的利益增长点提供了庞大的用户基础。②电子商务成为中国消费的全新增长点。电商平台多样化的商品与服务能满足各种消费者的消费需求，方便快捷安全的支付方式能增加用户体验，因此容易带动中国消费增长。一方面，电子商务及网络购物市场的增长快速培养起用户在线消费、在线支付的行为习惯，降低了金融互联网化过程中对于用户习惯的培养成本；另一方面，电子商务使得信息、商品、资金形成完整的闭环，伴随着交易规模的快速扩大，其所积累的数据量也在骤增，这为大数据在风险控制领域的应用提供了基础条件。③垂直场景深化拓宽了消费金融的覆盖范围。我国人群中 20~49 岁是主力消费群，而“80 后”“90 后”也是网购消费的中坚力量，进入职场的“90 后”的消费意愿逐渐被释放，他们更习惯网络购物和移动购物，以科技产品和智能产品为潮流需求，以家居家装、母婴消费为刚性需求，以医疗健康、娱乐旅游为生活品质需求。④互联网消费金融服务提供者日益丰富。从传统商业银行为消费金融主要提供者逐步演变成电商平台、分期购物平台、新型消费金融公司等丰富多样的提供者，为互联网消费金融的发展带来集聚效应。⑤个人征信体系的完善可提高居民杠杆消费比。在个人征信公司开始运营后，其下游消费金融对个人征信的应用将进入爆发期。目前国家批准 8 家公司开展个人征信业务并颁发牌照，以芝麻信用为代表的个人征信已进入下游应用领域，包括消费金融、住宿、出行等，并试点合作声誉良好的金融机构，比如商业银行、资质优良的消费金融公司。随着个人征信产业的成熟，居民负债消费比会进一步提升。⑥互联网技术发展和大数据时代的到来为消费金融的兴起提供了新的工具和模式。面对巨大的消费金融服务市场，各种服务模式及技术的变革拥有了更强的动力。随着移动互联网的全面普及，近场支付NFC、二维码支付等支付手段全面切入。大数据分析被广泛应用于银行、电商消费平台等消费金融服务机构，针对性、系统性的处理用户信用数据和开展信用消费风险管理。第三方支付与移动互联网的发展拓宽了互联网消费金融的端口，大数据技术的应用极大地降低了消费金融风险，共同促进了消费金融的发展。⑦国家政策大力支持互联网消费金融发展。近年来，国家先后出台了一系列文件和优惠政策鼓励电子商务和互联网经济发展，引导互联网金融合规化发展，支持互联金融开展互联网消费金融业务。

3.2　互联网消费金融的需求场景

3.2.1　场景的意义

场景对于互联网消费金融的最大好处在于获取客户和风险控制。随着金融准入政策不断松绑和技术门槛的降低，与衣食住行、娱乐、教育、健康等相关的各类交易场景天然融合的金融需求将更加容易被满足（见图3-2）。通过将金融流程和产品围绕交易进行重构，实现物流、信息流、资金流的交易场景化、动态化、可视化，将极大地提高效率，降低成本，并使得风险得到更好地控制。因此，场景将越来越成为金融服务的入口，而通过与场景的融合，金融将更加有温度。由于消费者碎片化分散，基于无分支网点的纯线上的互联网金融往往获客成本很高，有的互联网金融平台户均获客成本甚至高达1 000元以上。场景是“商圈”，是互联网金融切入的最佳入口，碎片化分散的消费者因场景而聚集，从而有利于互联网消费金融低成本地获得大量客户。互联网消费金融最重要的是对用户的信用把控，然而目前我国个人征信体系建设滞后，虽然部分电商平台可以借助大数据来控制风险，但由于不同的电商平台之间的信息孤岛以及消费者对电商平台的忠诚度低等原因，网络信贷消费的风险高企，所以电商平台出于对风险的严格控制，倾向于让消费信贷成为一种购物体验。由于场景是以人为中心的体验细节，因此其有助于消费金融的需求者与提供者互动，进行信息沟通，降低信息不对称，既让消费者明明白白地消费信贷，也让消费金融提供者放心地放贷，最大限度地降低了消费者的信用风险。应当指出，场景对消费金融虽有裨益，但不是关键所在。互联网消费金融在缺少需求场景的情况下，可以通过与征信企业合作降低信用风险，也可以与消费场景合作进行场景分享。

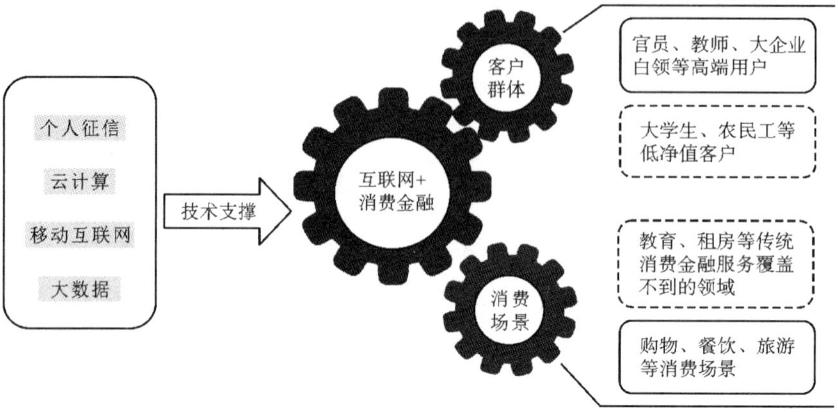

图 3-2　互联网消费金融的用户群体及消费场景

3.2.2　主要消费场景

近几年来，互联网技术特别是移动互联网技术打开了垂直消费市场的各种应用场景，相应地也使得互联网消费金融服务能够覆盖更广阔的用户群体，比如农民工等流动人口，以及大学生等中低端用户群体（见表 3-2）。在消费市场的结构方面，已从早期对工作生活中必需品的消费需求拓展成对娱乐休闲类产品的消费需求，消费金融市场前景可观。

表 3-2　互联网消费金融的主要场景

主要场景	需求描述
网上零售	2010 年网上零售仅占社会零售总额的 3.5%，但到了 2015 年，网上零售已占社会零售总额的 12.3%。同时跨境电商的崛起，不仅把零售的消费场景从线下转移至线上，同时把消费场景拓展至全世界。随着我国电商“买全球、卖全球”的加速推进，基于网购分期的互联网消费金融将迎来爆发式增长
母婴消费	随着二胎政策放开，新一波生育潮来临，同时由于中国居民消费观念的改善，中国母婴市场已突破 30 000 亿元，围绕母婴消费场景展开的母婴社区分享、母婴服务医疗、母婴家政、亲子游乐等同样会拓展互联网消费的金融空间
生活消费	移动网络平台把生活服务的碎片化订单和碎片化时间进行了点对点对接，并且结合基于位置的服务（LBS）等技术，解决了区域性、时效性的问题，截至 2018 年，生活服务线上到线下（O2O）市场规模超过 10 000 亿元。未来，各类互联网消费金融对垂直行业的深入挖掘，也将带来巨大的发展空间
大学生消费	现代在校大学生大多是“90 后”和“00 后”，他们追求享受和娱乐，熟悉互联网应用，喜欢网上购买品牌类、刚需类产品，是最容易接受互联网消费金融和进行杠杆化前提消费的互联网人群。目前我国大学生群体有 3 600 万人，客单价在 3 000~5 000 元，目标渗透率按 40%计算，其信贷规模就有近 600 亿元。但是由于在校大学生普遍无稳定收入来源，消费信贷的风险较高，所以像锦城消费金融公司这样的消费金融提供商选择为毕业生和毕业一年内的大学生提供贷款，贷款门槛为每月收入 1 500 元可最高贷款 10 万元

表3-2(续)

主要场景	需求描述
耐用品消费	耐用品通常指家电、家具以及计算机类、通信类和消费类电子产品（3C产品）等使用时间在1年以上、价值超过1 000元的耐用品。耐用品是刚走上工作岗位或刚搬新家人群的刚需，但由于这部分人群对耐用品的购买受收入约束较大，因而具备杠杆化信用消费的市场需求空间，所以往往也是互联网消费金融公司争取的主要业务场景。如海尔金融、马上消费等开展的家电分期、装修分期等；捷信消费金融公司则采取差异化的竞争策略，主攻二三线城市外来务工人员对耐用品消费的需求。

3.2.3 消费场景延伸

随着消费金融的渗透，细分消费场景更多选择以金融的形式完成，例如旅游、医疗、交通等，以校园通为代表的线下消费场景精准切入细分市场的消费金融模式(见表3-3)。例如去哪儿、驴妈妈、途牛、首付游等旅游平台推出了旅游金融分期消费，新焦点医疗消费金融成为医疗保险的一种补充，国内有少数医院都通过与银行合作推出了分期付费。而针对校园这一细分市场，校园通、分期乐、趣分期等注重线下场景消费模式的平台成为细分行业代表。学生收入来源少，但对手机、电脑等数码3C产品和旅游娱乐等项目表现出旺盛的消费需求，这一消费结构及消费特征将为消费金融在校园市场中提供巨大的机会。消费场景与消费者群体的划分越来越细，必然对相应的金融产品提出更高的要求。

表3-3 不同场景和人群的互联网消费金融细分

需求细分	职业				年龄				互联消费金融平台例子
	大学生	白领	蓝领	农民	“60后”	“70后”	“80后”	“90后”	
衣	网购分期	网购分期				网购分期	网购分期	网购分期	蚂蚁金服，京东金融
食	O2O分期	O2O分期							饿了么，去哪儿
住		装修分期	装修分期						链家金融
行				农机分期	汽车金融	汽车金融	汽车金融		星时贷，易鑫资本
教育	学费分期	学费分期							分期学，蜡笔分期
旅游					旅游分期	旅游分期	旅游分期	旅游分期	首付游，途牛金融
娱乐	网游分期	网游分期	网游分期						乐视，优酷

表3-3(续)

需求细分	职业				年龄				互联消费金融平台例子
	大学生	白领	蓝领	农民	“60后”	“70后”	“80后”	“90后”	
健康		美容分期	医疗分期	医疗分期				整形分期	宜人贷，平安银行
耐用品	3C分期	家电分期	家电分期	家电分期					捷信金融，海尔金融

3.3　互联网消费金融的产品形态

互联网消费金融本质上是以互联网为主要媒介向借款人提供消费贷款，或由借款人从互联网消费金融机构那里获得借款后消费，或由互联消费金融机构帮消费的借款人付款，但不管是哪种形式，借款人最终都要向互联网消费金融机构还本付息，只是前者的还款利率 r_c 往往要高于后者的还款利率 r_e 。而从还款的角度来看，不外乎一次性还本付息、分期还本付息和以偿债基金的形式还本付息三种基本情形。

3.3.1　一次还本付息

假设借款人的借款金额为 M ，借款的年化利率为 r ，借款期限为 t 年，到期的还款额 N 为

$$N = M(1+r)^{t} \qquad \text{式（3-1）}$$

如某人利用京东白条在京东商城购买了 1 000 元的 3C 产品，年化利率为 6%，半年一次还本付息；同时又用京东白条借了 1 000 元现金，年化利率为 18.0% ，半年一次还本付息。则两笔消费信贷到期的还款金额分别为 1 029.56 元和 1 086.28 元，计算过程如下：

$N_e = M(1+r_e)^{t} = 1\,000(1+6.0\%)^{0.5} = 1\,029.56$（元）

$N_c = M(1+r_c)^{t} = 1\,000(1+18.0\%)^{0.5} = 1\,086.28$（元）

3.3.2　分期还本付息

假设借款人的借款金额为 M ，借款的年化利率为 r ，借款期限为 t ，等额还款，每满一个月还款一次，则每期的还款额 P 为：

$$P = \frac{Mr}{1-(1+r)^{-12t}} \qquad \text{式（3-2）}$$

假定上例中的还款条款改为每月等额还款一次，则两笔消费信贷每月的还款金额分别为 374.11 元和 459.92 元，计算过程如下：

$$P_e = \frac{Mr}{1-(1+r_e)^{-12t}} = \frac{1\ 000 \times 6.0\%}{1-(1+6.0\%)^{-6}} = 374.11\ (元)$$

$$P_c = \frac{Mr}{1-(1+r_c)^{-12t}} = \frac{1\ 000 \times 18.0\%}{1-(1+18.0\%)^{-6}} = 459.92\ (元)$$

应当指出的是，这里只列举了还款时间与计息时间相同的等额还款分期。事实上，分期还有很多种情况，比如偿还频率与计息频率不同时的分期，均衡的分期后还有一个不规则的还款额，各期偿还额均不同的情况等。但总体来讲，都是利用货币的时间价值进行折现。

3.3.3 偿债基金模式

消费贷款的偿还也可通过建立偿债基金进行。借款人的利息按期偿还，本金在各期分别存入一定金额后到期再一并偿还。这种情况在大额购买耐用品的消费信贷中较为常见。

设借款人的借款金额为 M，借款的年利率为 r，借款期限为 t 年，假定借款人按偿债基金方式每年还款一次，偿债基金的年利率为 i，则借款人每年要还的款有两笔，一笔是存入偿债基金的款项 $D = \frac{Mi}{(1+i)^t - 1}$，另一笔为借款本金在该年的利息 $R = Mr$，于是可得借款人每年的还款额总额 S 为

$$S = D + R = \frac{Mi}{(1+i)^t - 1} + Mr \qquad 式（3-3）$$

如某人乔迁新居时向海尔消费金融公司申请了 10 年期的 80 000 元海尔智能家电组合，年利率为 5%，采用偿债基金法偿还，偿债基金年利率为 4%，则借款人每年存入偿债基金里的金额为 6 663.27 元，还借款利息 4 000 元，每年还款总额 10 663.27元。计算过程如下：

$$D = \frac{Mi}{(1+i)^t - 1} = \frac{80\ 000 \times 4.0\%}{(1+4.0\%)^{10} - 1} = 6\ 663.27\ (元)$$

$$R = Mr = 80\ 000 \times 5.0\% = 4\ 000\ (元)$$

$$S = D + R = 10\ 663.279\ (元)$$

应当指出的是，由于偿债基金还款与等额分期还款有些相似，所以在实际中往往把偿债基金形式也归入了广义的消费分期业务中。

3.4 互联网消费金融的服务模式

我国互联网消费金融市场正处于发展的起步阶段，以阿里和京东为代表的电子商务企业、网络分销购物平台以及 P2P 小额消费金融、传统消费金融、新型消费金

融公司都在布局互联网消费金融，从而形成了多元主体共存的局面。除了这些互联网金融供给主体，互联网消费金融还衍生出大数据征信、数据提供、资产证券化等消费金融配套服务组织。

3.4.1 传统金融互联网化

由于拥有资金和客户优势，传统银行占据了我国消费金融的存量市场，产品主要是信用卡和消费信贷，其中消费金融产品以房贷、车贷、信用卡为主，用户通过一张卡就可以覆盖所有消费场景。但近年来随着信用卡增速下降和消费者网络消费的兴起，银行传统的主流客群的增长已触及天花板，一些传统用户甚至转向互联网消费金融，因此以中国工商银行、中国建设银行为代表的传统银行开始积极布局网络消费的全产业链，利用电商平台抢占消费金融市场。在银行系互联网消费金融模式中，消费者先申请消费贷款，银行审核后即可发放贷款给消费者，贷款用于在银行自建的电商平台或其他电商平台网购产品或服务（见图 3-3）。

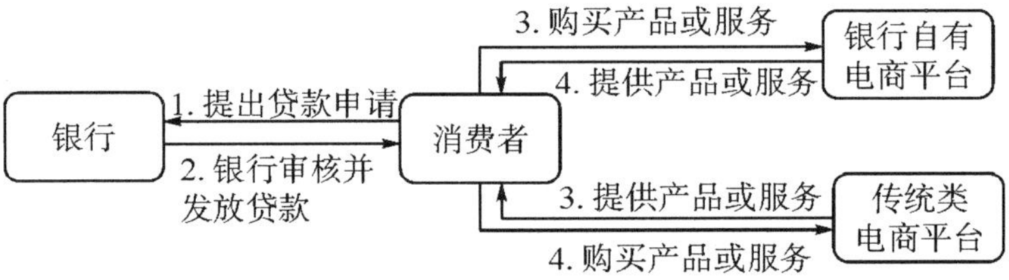

图 3-3 传统银行的消费金融互联网化

逸贷业务是中国工商银行为在“融 e 购”网上商城进行消费的用户提供的一种互联网信用消费信贷服务，用户可申请最低额度为 100 元的消费信贷，自选还款期限（最长不超过三年），该款互联网消费金融还支持借记卡和存折用户；中国建设银行信用卡用户在善融商务个人商城进行消费时，对于支持信用卡分期的商品，无须申请可直接通过上述方式支付，免息免手续费，手续比中国工商银行的逸贷业务更加简便，但还款期限都是固定的 12 个月（见图 3-4）。

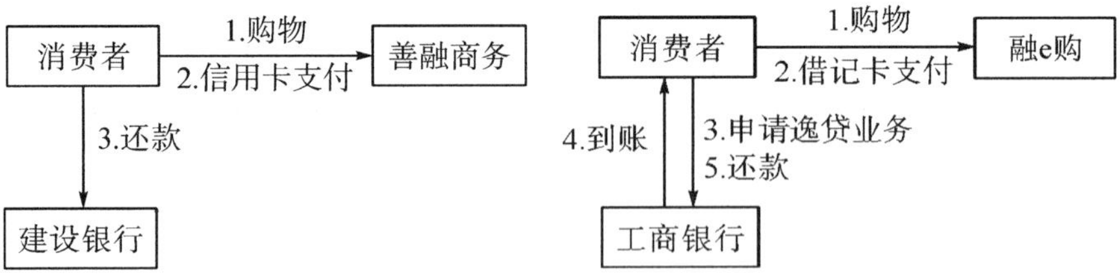

图 3-4 工行和建行互联网消费金融业务流程

传统银行开展互联网消费金融的另一种途径是通过战略入股互联网企业的形式抢占互联网消费金融的需求场景，典型代表是招商银行战略入股滴滴出行。打车出行是当前移动互联网时代最为重要的支付场景之一。滴滴出行官方数据显示，滴滴在出租车、专车、快车、代驾、巴士等业务中已有近 5.5 亿用户，年运送乘客 100 亿人次。招商银行战略入股滴滴出行以后，将与滴滴出行在资本、支付结算、金融、服务和市场营销方面展开全方位合作。滴滴出行的乘客不仅可以使用招商银行信用卡支付打车费用，还可享受招商银行提供的餐饮、电影等优惠券，滴滴出行的司机可在招商银行线下各分支网点注册并分期贷款购车。

消费信托是“互联网+信托”的一款创新产品，该产品既可用于理财，又可用于消费（见图 3-5）。信托公司发行的信托+理财产品一方面对接销售产品以满足客户的消费需求，另一方面又对接投资实现产品的保值增值。目前市场上消费信托产品已经有数十款，涵盖医疗养生、酒店住宿、海岛旅游、手机家电等领域。云南嘉丽泽健康度假项目是国内较早推出的信托理财产品，由中信信托推出，5 年期限。购买产品时，交付资金中的大部分被视为保证金，在到期时归还，剩余部分被视作服务消费费用，客户可获得云南某公寓 14 天的居住权等消费权益。

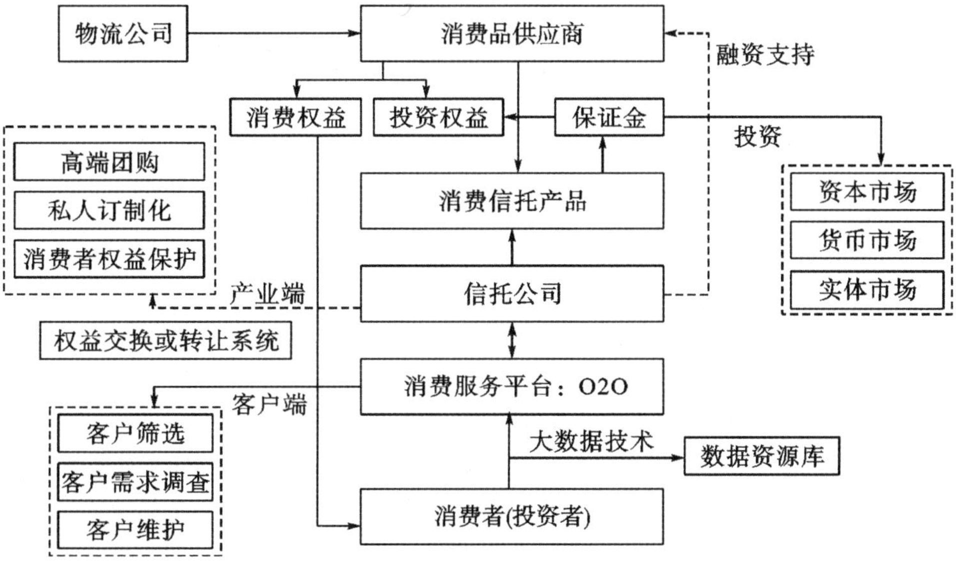

图 3-5　消费信托的业务流程

3.4.2　专业消费金融公司

消费金融公司是指经银保监会批准，在中国境内设立的，不吸收公众存款，以小额、分散为原则，为中国境内居民提供以消费为目的的贷款的非银行金融机构。由于是信用贷款，风险较高，因此银保监会要求消费金融公司注册资本不低于 3 亿元，且年营业收入不低于 300 亿元。消费金融的资金端主要包括股东存款、同业借款（但不能高于资本净额的 100%）、金融债券、资产证券化、同业拆借，资产端主要是消费分期和小额现金贷款。消费金融公司的主要出资人可能是商业银行，贷款利率中值在 10%~18%；也可能是产业公司，贷款利率平均在 14%左右。消费金融公司还可以做固定收益类证券投资，但投资余额不得超过净资本的 20%，这部分资产收益在 7%左右。按照 10.5%的资本充足率要求和 75%的个人信贷信用权重，消费金融公司理论上可以将杠杆放大到 12~13 倍。

消费金融公司的互联网消费金融主要是指消费金融公司接入互联网技术，积极推进渐进式改革，寻找消费金融线上线下过渡的模式。这一模式实现了消费信贷的电子化、网络化和信息化，为用户提供任意切换全渠道的服务场景，相对传统银行机构在获客、审批、风控等各环节的运营效率更高。消费者通过 App 或消费金融公司业务界面即可进行消费信贷申请，消费金融公司根据用户提供的信息进行线上自动审核或人工审核，为消费者线上线下消费、移动支付提供信贷资金支持，过程快捷（见图 3-6）。

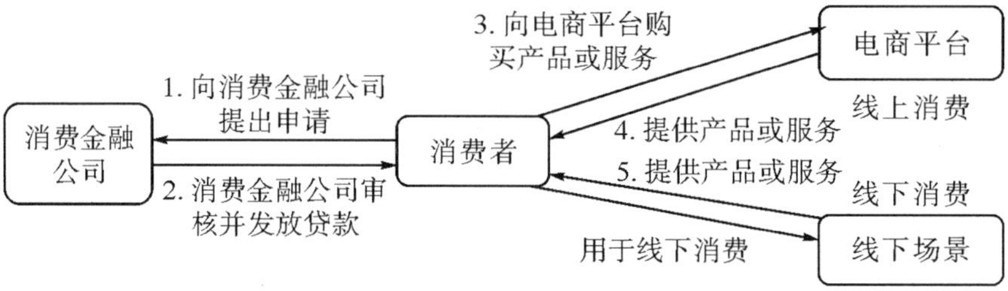

图 3-6　消费金融公司的互联网消费金融业务

（1）银行类消费金融公司。鉴于消费已成为经济新常态下拉动国民经济增长的重要动力及金融互联网化的发展态势，商业银行纷纷出资，作为主发起人设立或者参股消费金融公司以抢占互联网消费金融市场，向白领和固定收入阶层的日常消费及大额支出提供线上线下消费场景的信贷支持（见表 3-4）。银行类消费金融公司依托银行强大的客户基础、专业的风险控制能力、充足的资本金等优势，发展迅猛，招联消费金融公司就是典型代表。招联消费金融公司由招商银行和中国联通公司各出资 10 亿元组建而成，目前主推零零花、好期贷两款产品，消费信贷业务全部通过线上申请，极速审批，快速到账，信用在额度内循环（见图 3-7）。除了通过手机 App 招联金融渠道外，零零花还入驻联通网上营业厅，消费者可直接通过该产品分期购买手机；好期贷入驻支付宝平台，芝麻信用分达到 700 分的用户，可以在线申请 1 万元以内的消费贷款。

表 3-4　我国银行系消费金融公司的基本情况

银行	城市	注册资本	公司名称	成立时间	股权结构
中国银行	上海	最初为 5 亿元，现扩为 8.89 亿元	中银消费金融公司	2010 年 6 月	中国银行（40%）；百联集团（21%）；陆家嘴金融发展有限公司（13%）；中银信用卡（香港）（12%）
北京银行	北京	最初为 3 亿元，现扩为 8.5 亿元	北银消费金融公司	2010 年 3 月	北京银行（29%）；利时集团（15%）；桑坦德消费金融有限公司（20%）

表3-4(续)

银行	城市	注册资本	公司名称	成立时间	股权结构
成都银行	成都	3.2 亿元	锦程消费金融公司	2010 年 3 月	成都银行（51%）；马来西亚丰隆银行（49%）
PPF 集团	天津	3 亿元	捷信消费金融公司	2010 年 12 月	捷信集团（100%）
兴业银行	福州	3 亿元	兴业消费金融公司	2014 年 12 月	兴业银行（66%）；福建泉州市商业总公司（24%）
招商银行	深圳	20 亿元	招联消费金融公司	2015 年 4 月	招商银行子公司永隆银行（50%）；中国联通（50%）
湖北银行	湖北	3 亿元	湖北消费金融公司	2015 年 4 月	湖北银行（50%）；TCL 集团（20%）；武汉商联（15%）；武商集团（15%）
邮储银行	广州	10 亿元	中邮消费金融公司	2015 年 11 月	邮蓄银行（61.5%）；新加坡星展银行（12%）

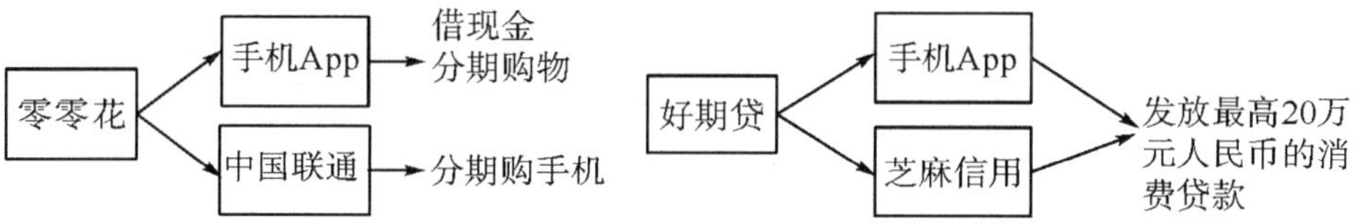

图 3-7　招联消费金融公司的业务流程

（2）产业类消费金融公司。一些行业的核心企业涉足互联网消费金融主要出于两方面的考虑：一是通过金融手段给消费者加杠杆刺激消费，减少企业库存压力；二是为企业寻找新的经济增长点，毕竟国内消费金融市场远未饱和，核心企业可以凭借渠道优势和信息优势在消费金融市场分一杯羹。2013 年年底，中国银监会修订了消费金融公司的出资人限制，允许上一年营业收入超过 300 亿元的非金融企业发起设立消费金融公司，国内海尔、苏宁、重百等工商企业积极响应，四大产业系消费金融公司先后成立（见表 3-5），公司重心是让金融支持主业还是让主业培育金融却各有选择。海尔消费金融的重心是运用金融支持主业，虽然市场上开业的所有消费金融公司都可以提供家电分期服务，但显然海尔的消费金融服务利率优惠，甚至有零利率产品。海尔消费金融推出的第一款产品“0 元购”（无首付、无利息、无手续费），就是在大力推广海尔的智能家电。国内消费金融目前在智能冰箱的市场渗透率只有 1%，智能空调和洗衣机只有 5% 和 4%，海尔试图通过消费金融来率先抢占这个市场。苏宁消费金融公司和马上消费金融公司的重心却是通过主业培育金融，通过消费信贷扩大股东单位的百货、家电、超市和小商品批发业务规模的同时，进入消费领域为股东单位拓展新的经济增长点。产业系消费金融公司虽是传统企业参与出资，但公司组建恰逢我国互联网金融迅速发展之时，所以一开始就充分接入了互联网技术手段。海尔消费金融推出的是线上个人消费信贷 App，用户无纸化申请，公司线上快速审批，用户最快一天可获得授信，可取现 50%，或者用户在海尔线上商超和线下 3 000 多家零售店使用。苏宁消费金融公司的互联网消费金融主要是苏宁会员用户在苏宁云商门店和苏宁易购上使用的“任性付”，包括线上直接贷款的“任性付-灵活用”和“任性付-分期”两款业务。马上消费金融全部采取手机 App 在线上渠道获客，60%的业务审批依靠金融科技的 FICO 风控系统自动审核，另外 40%的业务由人工审核，从而实现了风险与成本的平衡。

表 3-5 消费金融公司的互联网消费金融业务比较

类型	招联消费金融	海尔消费金融	苏宁消费金融	马上消费金融
简述	由招商银行和中国联通联合发起成立	由海尔作为大股东发起成立	由苏宁作为大股东发起成立	由重庆百货公司作为大股东发起成立
获客	以线上渠道为主，通过移动 App 获客。学生分期产品“零零花”通过联通网上营业厅获客。白领分期产品“好期贷”入驻支付宝平台获客	以移动 App 为主获客，无纸化申请，线上快速审批，用户一天可获得授信，可取现 50%，或者在海尔线上商超和线下 3 000 多家零售店使用	在苏宁云商门店和苏宁易购可用 App“任性付-灵活用”在线直接贷款，用“任性付-分期”进行消费分期	全部通过移动 App 获客，无线下网点
审批	引入支付宝芝麻信用分作为准入门槛，芝麻分超过 700 分可直接线上使用授信额度	根据消费数据主动授信，线上商城一键支付使用，同时开通线下零售门店申请	苏宁会员在线申请，然后基于风控技术授予申请人信用额度	60% 的业务依靠 FICO 风控系统自动审核，40% 的业务由人工审核

3.4.3 电商平台消费金融

如今的消费金融市场上，电商已成为重要的参与者。电商平台消费金融具有两大优势：第一，经过多年经营，每家电商都在自己的生态圈中积累了大量的活跃用户，在消费场景中提供金融服务顺理成章，电商企业通过消费金融+商品零售一站式服务增强用户的黏性；第二，电商拥有会员用户海量的交易数据，基于大数据风控模型，电商相比传统金融机构能够以更低的成本和更高的精度来考量用户的风险水平。与现金流、物流、数据流天然紧密相连的大数据是互联网金融可变现的重要资产，数据积累+模型分析可直接降低信用风险，构建出的“商业—金融”生态圈具有超强竞争力，典型代表是京东白条和蚂蚁金服。电商平台消费金融通过平台为客户提供商品分期消费或小额消费贷款，获客方式为线上站内营销，风控方式为基于大数据的纯线上风控（见图 3-8）。电商消费金融的资金端主要是电商平台自有资金、供应商的货款延期支付、资产证券化、网络银行、小额贷款公司等，资产端的消费分期借款利率大多在 6%左右，现金贷款利率为 14%~18%。

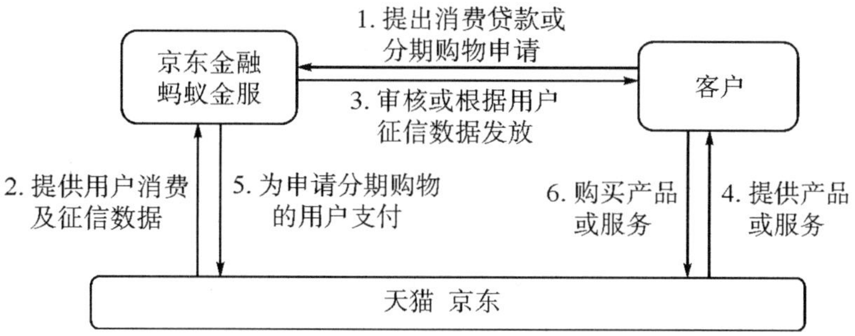

图 3-8　电商平台互联网消费金融业务流程

京东消费金融的主打产品是京东白条。京东白条由京东集团旗下子公司——京东金融开发，可为用户提供信用赊购服务。京东白条功能与传统信用卡非常类似，但本质上还是有区别。京东白条在京东会计账户上记为应收账款，属于赊购模式而非放贷模式；资金来源方面，京东金融用自有资金垫资，同时延期支付货款给供应商；京东为获得流动性，选择打包应收账款进行资产证券化（见图 3-9）。截至 2017 年 2 月 28 日，京东白条应收账款债权资产余额约为 185. 37 亿元，总合同数为 35 724 762 笔，其中单笔合同最大剩余应付货款余额为 3. 48 万元，平均单笔合同金额为 407. 81 元。2015 年 9 月，“京东白条应收账款债权资产支持专项计划”在深交所挂牌，成为首支在深交所挂牌的互联网消费金融资产证券化产品，迄今已发行 34 期。京东白条使用简单，任何京东会员都可以主动申请，京东金融的大数据风控模型根据交易数据库授予申请人一定额度后，客户就可以在京东商城分期购买产品。该交易数据库涵盖整个京东生态体系的数据，不仅包括京东商城、京东金融、京东到家的交易数据，还包括京东参股企业或者合作伙伴的数据，例如途牛网、饿了么等，应用场景也已逐步拓展到线下。京东白条在 2015 年“京东 618”大促销期间的日均交易额环比增长 240%，京东白条订单数量占比 8%，可见京东白条对京东电商业务的促进效果十分显著。由于京东白条被计入应收账款，企业不用垫付资金，客户最高授信额度为 1. 5 万元，客户可购买除黄金、首饰之外的所有自营商品，并享受 3、6、12、24 期，总费率分别为 1. 5%、3. 0%、6. 0%和 12. 0%的分期服务。

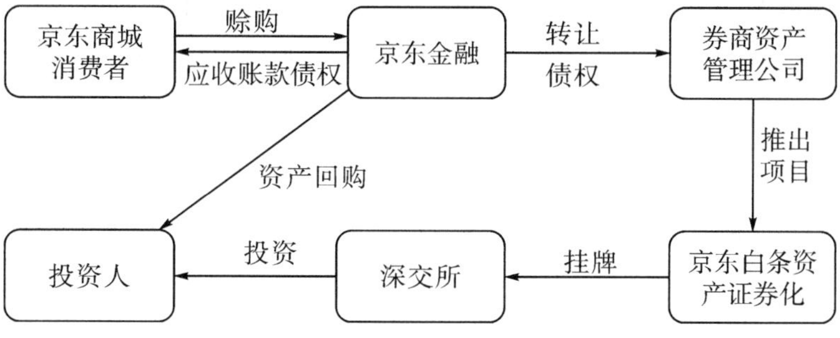

图 3-9　京东白条的资产证券化流程

2015 年以来京东白条还推出了“白条+”系列产品，全面打通线上消费场景的同时，促进了京东与不同领域的消费企业深度合作，将自身的消费金融业务拓展到线下场景（见表 3-6）。旅游白条作为首款“白条+”产品，将旅游中的交通、住宿等具体环节都融入消费金融，让部分人群可选择分期等方式解决旅游资金问题，使旅游出行真正做到了“说走就走”。京东金融与自如合作推出的租房白条，成功地将白条对接到租房这一消费金额较高（每月房租均在千元以上）、违约风险相对较低（用户不付房租即算作退租，房源重新进入租房市场）的消费场景中。租房白条改变了传统房租缴付模式，缓解了应届大学毕业生及青年白领的资金压力，解决了目标用户初入职场的经济拮据与大城市高额的房屋租赁价格之间的矛盾。用户选择京东白条租房子，在支付方式里选择白条分 12 期支付，首付仅为一个月租金+服务费。根据每月短信提醒，通过绑定用户的银行卡按月还款即可。

表 3-6 京东金融“白条+”的主要应用场景

场景名称	内容
电商场景	在京东商城平台上为用户提供赊购服务，一次授信，额度循环使用
校园场景	作为校园生态的衍生，关注大学生创业，以及与培训相关的消费金融服务等
旅游场景	与首付游合作，为用户提供消费信贷产品
房产场景	满足租房、装修等消费需求，一次授信，分期还款
教育场景	与教育机构合作，为消费者提供购买培训项目的消费贷款
购车场景	与第三方机构合作，促进二手车购车消费

蚂蚁金服的消费金融依托的是阿里电商平台和支付宝（见图 3-10）。2014 年 7 月，蚂蚁小贷联合天猫商家推出天猫分期购。与京东白条相似，天猫分期购的用户也可以在信用额度内直接分期购买商品，天猫分期由蚂蚁小贷向商家全额垫付，用户向蚂蚁小贷分期还款，授信额度由阿里征信评级确定，用户可购买天猫商城部分商品，并享受 3、6、9 期，手续费分别为 0、4.5%和 9.0%的分期服务（见图 3-11）。在天猫分期的基础上，蚂蚁金服联合天猫、淘宝卖家推出花呗分期业务。花呗分期主要开展网购分期赊购业务，使用方式类似于京东白条。用户通过花呗购买商品，资金由蚂蚁小贷垫付，蚂蚁小贷的资金来源主要是自有资金、股东借款、银行借款以及发放资产支持证券（ABS）及资产支持票据（ABN）。每个支付宝用户都可以申请开通该业务，蚂蚁金服基于自身的风控模型和用户在阿里生态圈中的交易数据授予申请人花呗信用额度，分期购买的商品占用蚂蚁花呗额度。蚂蚁花呗的使用渠道不局限于阿里系电商平台的分期业务，还包括百度糯米、一号店、国美在线等 40 多家合作电商平台以及线下签约的超市和便利店。蚂蚁花呗的还款方式是当月借下月还，还可以是分期还款，与传统的信用卡消费模式更加类似。除了满足用户线上购物借款的蚂蚁花呗外，蚂蚁金融还推出了蚂蚁借呗满足用户在线直接消费

贷款。600 分以上的芝麻信用分用户可开通支付宝借呗，依据信用分数的不同获得 1 000～50 000 元、最长期限为 12 期的消费直接贷款。蚂蚁借呗的资金主要来源于阿里旗下的网商银行。

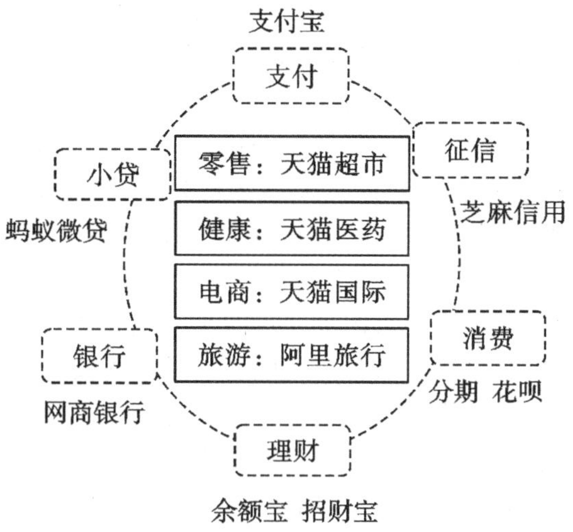

图 3-10　蚂蚁金服互联网消费金融生态

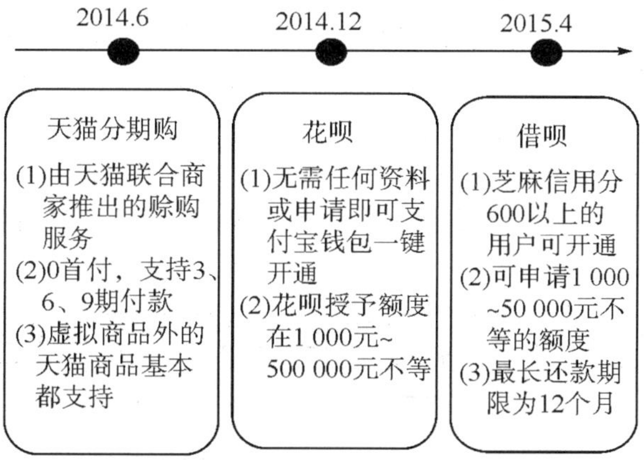

图 3-11　阿里互联网消费金融业务

3.4.4　网络分期购物平台

网络分期购物平台是近些年才出现的一种消费金融模式，是中国普惠金融的典型样本——互联网公司通对线上人群的细分，推出适销对路的消费金融产品。网络分期购物平台覆盖的人群通常是传统金融机构没有触及的大学生、蓝领等无信用卡人群，通过用户线上交易行为的数据沉淀和新技术运用提升金融服务效率，并与知名购物网站或线下购物中心合作，向消费者提供线上线下分期购物或小额取现服务。平台资金端为自有资金、P2P 资金、资产证券化资金。平台的营销方式侧重于地面团队，风控方式侧重于线下面签，典型代表是分期乐。

针对校园人群准确切入，核心品类为3C、轻奢品及品牌产品，覆盖线上线下全消费场景，解决衣食住行的消费需求。分期乐与京东在消费前端合作，利用京东成熟完备的采购供应链为分期乐用户提供低价的商品，利用京东自建的仓储物流体系保障及时、准确的货物送达，利用京东的战略投资进行创新并为客户提供消费金融和理财方面的服务（见图3-12）。在消费金融方面，分期乐为消费者提供充值、提现和分期购物服务，从而获得债权（见图3-13）。一是提供校园一卡通充值和手机充话费，客户无须排队就可直接充值还能享受最长40天的免息期；二是为年满18岁的大学生提供取现业务以满足其小额现金消费需求，现金直接打进银行卡，可45天内随意还或分期还并按天计息；三是提供3 000元以内的小额消费借款业务，高校经理审核身份信息后可在48小时内到账；四是提供分期赊购商品，最长还款期限为24个月；五是分期购物与取现服务形成的分期乐信用钱包可提供最高1万元，最长40天免息的信用额度。在理财方面，分期乐通过桔子理财将债权转让给其他金融机构或网贷平台，或者资产证券化后销售给投资者，实现了分期乐的资金回笼，既转移了消费金融服务的违约风险，也丰富了资金来源渠道，形成了一个自产自销的资金闭环（见图3-14）。爱定存是桔子理财旗下的一款定期存储的理财产品，3月期、6月期和一年期的年化收益率分别为9%、11%和13%左右。1元起投，借款人按时还款，投资者能每月获得利息收益，到期收回理财本息，100%本息保障。爱活期是桔子理财旗下的一款活期理财产品，支持随存随取，1元起投，按日计息，产品年化收益率为7%~8%，新用户投资年化收益率可达9%。桔子理财的智能分散投资系统将每笔投资打散分配，让客户用一笔资金就能投资多笔债权，分散投资风险；桔子理财也因为拥有分期乐真实、小额、分散的债权资产，平台坏账率优于业内平均水平。

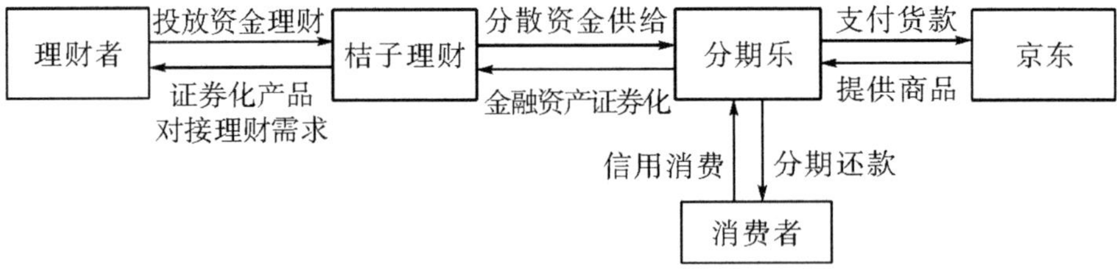

图3-12　分期乐横跨理财端与借款端的商业模式

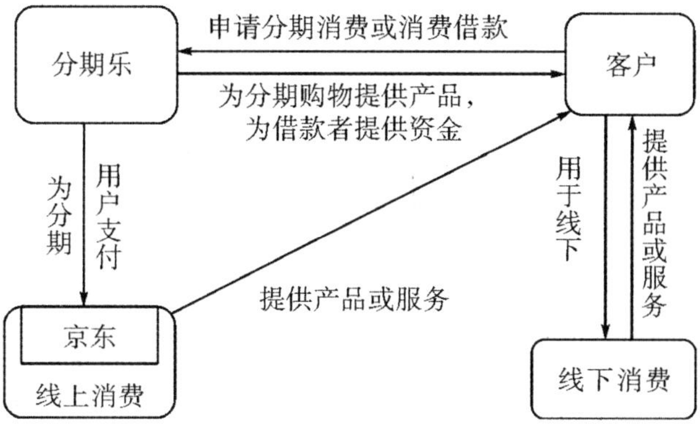

图 3-13　分期购物平台互联网消费金融业务流程

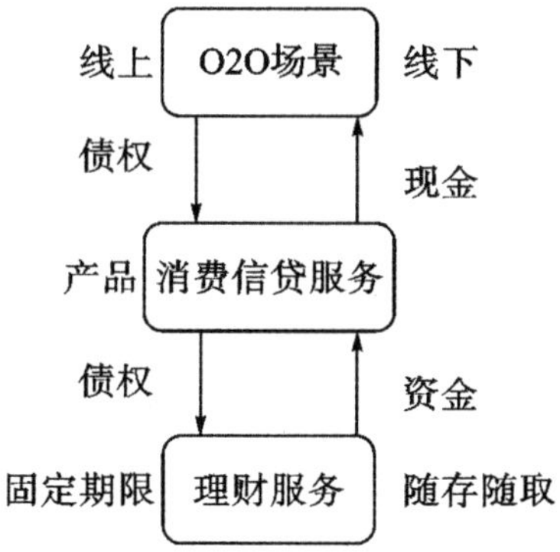

图 3-14　分期乐资产端与资金端联结

3.4.5　垂直平台消费金融

随着技术进步和金融牌照门槛的降低，一些垂直行业的龙头企业或平台纷纷利用自己的交易优势和特定场景的获客优势试水互联网消费金融，成为近年来互联网消费金融逆袭的独特风景。团购、房产、汽车、旅游等垂直行业的大公司利用其对特定领域交易环节的把控和用户数据积累，涉足消费金融有天然的优势，如房地产中介行业的链家、在线旅游的途牛、汽车领域的易鑫等垂直平台（见表 3-7）都植入了互联网消费金融并取得了良好的前期效果。

表 3-7　垂直细分平台的互联网消费金融比较

平台名称	途牛金服	易鑫资本
细分领域	旅游中介	汽车中介

表3-7(续)

主要优势	途牛在开展旅游业务时掌握旅客护照、签证、工作单位、收入证明等丰富而真实的信息，金融服务的获客和风控成本低	线上有易车、京东、腾讯的巨大流量优势；线下有 10 000 多家合作经销商，近 2 000 人的线下终端团队，在 300 多个城市布有服务网络
产品设计	针对旅客在旅游时一次性占用资金较多的问题推出了首付游、旅游分期、出境金融等诸多金融产品，使旅游出行真正做到了“说走就走”	一方面利用自有资金开展汽车融资租赁业务，另一方面采取金融超市的轻资产模式，从网贷平台、银行等机构获取产品
发展势头	途牛消费金融 2015 年上线，一年来发展较快，途牛披露其主打的半年期旅游分期消费金融产品至今坏账率仍为零	平台上已有 1 000 多种金融产品，对 200 万元、10 年期内的购车融资可当天放款，在不到 1 年的时间里已有近 50 亿元交易额，发展前景非常好

3.5 互联网消费金融的关键能力

互联网消费金融发展的关键能力在于资金成本、获客能力和风控能力。

3.5.1 资金成本

从出借利率看，资金成本的高低决定了平台借贷利率的高低，出借利率又决定了平台出借人的质量，从而决定整个借贷的质量；从市场份额看，较低的出借利率可以赢得更广阔的市场份额。

首先，降低资金成本成为互联网消费金融平台盈利能力提升的重要抓手。各类互联网消费金融平台之间资金成本差异比较明显，因此只有通过积极拓宽资金渠道，才能有效降低成本。通常而言，银行主要通过吸收公众存款获取资金，资金成本为 1%~3%；其次是消费金融公司，主要通过银行和同业拆借获取资金，同业拆借的资金成本为 3%~8%；电商平台等主要通过股东注资、银行借款和 ABS 获取资金，而 ABS 的资金成本为 3%~10%；垂直平台和 P2P 小额消费平台等的主要资金来源于 P2P，资金成本较高，为 7%~20%。

其次，融资成本上升，发行消费金融 ABS 成为主要融资手段。随着金融去杠杆深度发展，金融市场流动性趋于紧张，倒逼融资成本上升，所以消费金融 ABS 的发行金额直接由 2016 年的 1 006.9 亿元增长到 2017 年的 4 396.1 亿元，发行总量也由 56 支增加到 154 支。2018 年各机构已经开始面临资金成本大幅上升的压力，发行消费金融 ABS 成为非银行系的主要融资手段。

最后，优质平台依靠良好的口碑和公信力能够获得低廉的资金。消费金融业务的快速发展对资本的消耗较为明显，从消费金融 ABS 产品优先级利率来看，银行系与阿里、京东等具备较好公信力的平台可以获得更加低廉的资金，以较低的利率获得较多的资金注入（见图3-15）。

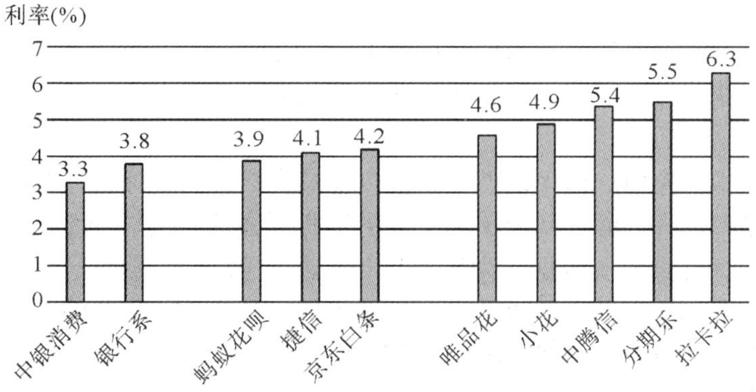

图3-15　消费金融ABS产品有限级别利率平均值

3.5.2　获客能力

从获客成本看，不同企业因获客能力的差别，付出同等成本所取得的用户规模不同，获客能力强的企业可节省获客成本。通过精准营销新客户、优化设计黏性老客户，可提升获客能力。

一方面，互联网红利结束，快速提升的获客成本直接考验各类平台的运营水平和能力。总体来说，获客渠道主要有两类：一是线下渠道，通过大型展会、沙龙、户外广告和各类促销获取客户；二是线上渠道，通过电商平台、视频广告、自媒体、垂直媒体、网络精准广告投放等方式获取客户。对不同类型的消费金融平台，获客渠道和偏好程度各不相同。尽管线上获客成本不断增加，但P2P小额消费平台、电商平台等主要采取站内营销方式，比如宜人贷2017年四个季度通过线上方式促成借款额比例不断增加；网络分期购物平台更注重线下推广和线上营销兼顾来获客；银行与消费金融公司的获客渠道相对狭窄，短信推广较为普遍。

另一方面，主要通过精准营销、提高复购率和优化产品设计等手段降低企业获客成本。①精准营销。电商平台具有流量和消费场景的天然优势，可以基于自身平台有效获取用户。对于其他第三方平台来说，深入合作垂直消费分期场景和流量平台变得尤为重要。通过合作大数据公司获取精准的用户画像，进行精准客户的群体营销。②提高老用户复购率。提升优质老用户的用户体验，通过增加其贷款额度和分期期数等，增加老用户的复购频率。通过引导老用户循环多次借贷，使新增贷款额度中获客成本为零，变相降低获客成本，用户多次借贷是增加盈利的有力手段。③优化产品设计。优化借贷产品设计方案，由一次性的借贷产品过渡到高黏性的循环多次产品上。循环额度产品，如微粒贷等因其一次授信循环使用的运作模式，对整个平台的风控控制能力提出了更高要求，但同时提升了用户体验，有助于老客户的多次使用。

3.5.3 风控能力

从风控能力看，风控能力的提升可降低消费金融平台的坏账率，从而降低企业成本，提高企业收益。同时，反欺诈技术的应用和大数据风控模型的完善有助于降低风控成本。

反欺诈技术的应用。信用模型的改善，以及客户结构中优质老客户占比的提升，从而降低坏账率。一方面，基于不断扩大的数据来源来训练及优化信用模型，包括历史放贷数据、自身平台数据、中国人民银行征信数据及其他合作场景的数据等；另一方面，筛选优质老客户，通过引导多次借贷，可拉低整体坏账水平。

优化大数据风控模型。消费金融领域坏账形成原因中，欺诈风险显著高于信用风险，而当前国内反欺诈领域技术逐渐走向成熟。一方面，通过图像、人体识别等人工智能技术能鉴定借款人真实身份；另一方面，通过大数据模型和算法能够发现欺诈行为，相较于信用模型的自我搭建，反欺诈模型更多地依赖于外部合作平台。

第 4 章
互联网公司金融

【学习目标】

理解互联网公司金融的融资形式，熟练掌握互联网公司金融的比较优势，熟悉互联网公司金融的战略选择，理解互联网公司金融的模式创新。

4.1　我国中小微企业融资的主要形式

4.1.1　我国中小微企业融资的主要来源

从资金来源看，中小微企业的融资方式分为两种，内源融资和外源融资（具体见图 4-1）。

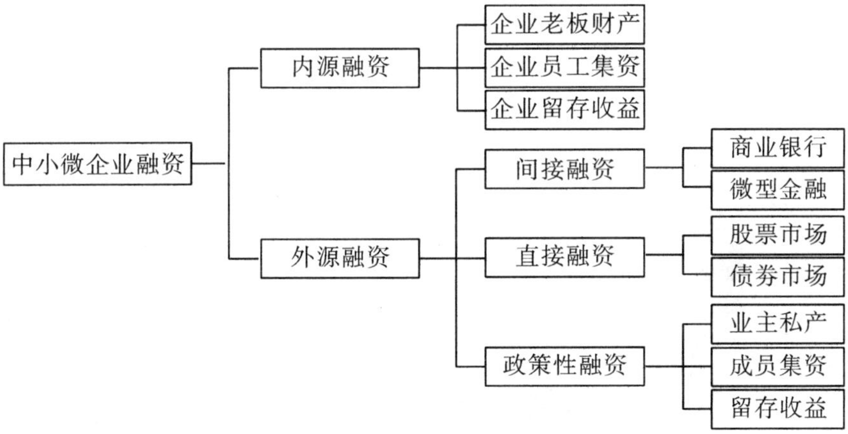

图 4-1　中小微企业融资的主要方式

（1）内源融资。内源融资是指企业通过自有资本或业务盈利来融通资金。内源融资有如下方式：一是来自盈余留存，需要企业增加利润收入，同时减少红利支出；二是出售应收账款，即企业将自己的应收账款出售给商业保理公司，尽早实现资金回笼以应对企业资金流动性不足的问题，出售应收账款时往往有一个较大的折扣，所以企业出售应收账款的融资成本较高；三是票据贴现，需要企业将未到期的票据在支付贴现利息后贴现给银行获得资金；四是典当资产获得资金；五是租赁融资，它是企业轻资产获得固定资产使用权的一种间接融资安排，包括经营租赁、售后租回和融资租赁等形式。内源融资自主性较强，且风险较低，是众多企业在发展之初融资时的必要选择，但这种方式的融资额度受自身盈利和红利股利分配制度的局限，很难跟上企业发展的资金需求。

（2）外源融资。外源融资是指企业从外界获得资金支持，比如通过股票市场或债券市场等金融市场进行直接融资，或借助银行等中介机构进行间接融资，以动态满足发展过程中的资金需求。比较而言，外源融资规模更大，效率更高，方式更加灵活。

外源融资包括股票、风险投资、天使投资等股权融资，银行、债券等债权融资，其中，银行贷款是很多企业的首选（见图 4-2）。各种外源融资中，银行贷款审批严格，手续烦琐冗杂，无法满足中小微企业的急迫需求，且利息成本高；从直接融资来看，股票和债券市场对企业盈利和财务等方面要求都很高，即使是三板和四板也很难让中小微企业符合申请条件和审批制度，因此直接融资比率低于 1%；民间借贷快捷高效要求低，但贷款利率是中小微企业无法承受之重；内部股权融资可以通过稀释股权引入合伙人，财务风险较低但管理风险较大；天使投资基金（Angel）主要投资处于种子期的企业，企业的商业模式或者产品尚没有完全成型，投资的金额一般在 500 万元以下，但一般企业很难引起投资人注意；风险投资基金（VC）主要投资于成长期企业，企业的商业模式或者产品基本成型并已取得一定成绩，但是企业自身资源不足以支撑企业的战略发展，风险投资基金投资的金额一般在 500 万元到 5 000 万元，但非高新技术企业很难吸引风险投资的注意；私募股权投资基金（PE）主要投资于成熟期企业，企业已经获得一定成功但希望通过融资上更高台阶，投资金额较大、投资周期较短。总体来说，外源融资不是当前中小微企业的首选融资方式。

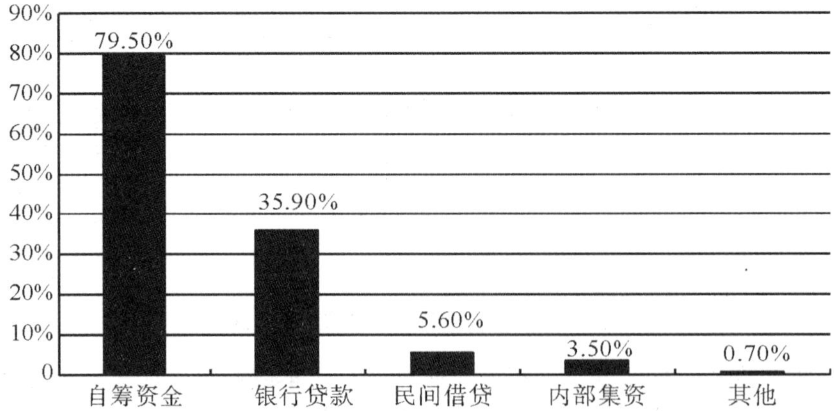

图 4-2 中小微企业外源融资选择

资料来源：《2013 中国中小企业融资调查报告》。

4.1.2　企业全生命周期与融资方式选择

初创期靠内源融资。处于初创期的企业，其生产经营规模还未扩大，所需资金额度不会太高，主要通过自有资本、盈余留存、出售应收账款、票据贴现、融资租赁和资产折旧等内源融资方式获取资金。

成长期靠间接融资。企业在经历初创期后，急需扩大资金规模，因此需求的资金额度较高，单靠自身很难满足，可通过间接融资这一外援融资方式获取资金。盈利状况较好的企业可从银行获取贷款，盈利欠佳的企业很难通过银行容许的抵押担保，只能借助民间借贷等方式在支付高利率后获取资金。虽然全国很多地方政府都成立了中小微企业担保互助融资基金，但企业仍需具备一定规模的资产和抵押品，一定水平的资信状况，同时我国信用评估体系还不健全，中小微企业很难达到融资基金要求的融资条件，因此无法通过这种方式获得贷款。

成熟期靠直接融资。处于成熟期的企业，其资产实力雄厚，盈利能力和偿债能力都大幅提高，所需资金数额也进一步放大，直接融资才能满足。直接融资方式是指中小微企业不通过融资中介方而直接从资金所有人那里获得融资，实现资金供需的直接对接，常见的是股票市场和债券市场。但实际上，较高的股票发行门槛实际上是把广大中小微企业拦在了主板之外；创业板、中小板只为高新技术企业提供直接融资服务，大多数中小微企业实际上进不了这两大板块进行融资；新三板虽然进入门槛低，但融资活跃度也低。

4.2　我国中小微企业融资难

4.2.1　我国中小微企业融资的主要困难

一是融资缺口大。目前我国很多中小微企业管理混乱，资信状况差，信息披露机制不健全，这增加了银行等金融机构的审核难度和审核成本，因此金融机构难以在短期内快速准确地辨别相关信息的真实性，只有通过抵押、质押、担保等方式来降低信用风险，这样既增加了中小企业的贷款成本，又降低了贷款发放的概率。我国中小微企业融资中近 8 成是通过内源融资的，而经营状况和盈利能力均欠佳的中小微企业很难满足融资需要。

二是融资渠道狭窄。虽然中小微企业的融资渠道多样，但有效的融资渠道却极少。在证券市场方面，我国主要定位于大中型企业，中小微企业上市融资的条件要求非常高，中小微企业很难获得上市融资的资格，所以不能有效填补其资金缺口。在中小企业板、创业板和新三板方面，只有非常优质的中小微企业才能够挤入，因此其在解决融资难题时发挥的作用有限。在票据融资方面，《中华人民共和国公司法》规定，满足3 000万元的净资产和近 3 年利润能支付 1 年债券利息的盈利条件，才能公开发行债券，而这远远超出了大部分中小微企业的经营实力范围。

三是融资成本高。首先是银行的贷款利率高。若按6%的银行贷款利率来看，算上银行放贷的硬性条件成本，比如购买银行理财产品，增加银行存款等，实际借贷成本可能达到12%。其次是民间借贷成本高。近9成中小微企业无法从银行获取贷款，只能转向民间借贷，而民间借贷的平均年利率超过25%，应急的高利贷利率甚至高达40%，急需资金时只能饮鸩止渴，即借高利贷，最终很多企业因无法承受高昂的融资成本而倒闭破产。

四是融资风险高。由于我国中小微企业的准入门槛较低，企业资金实力较差，企业在面对激烈的市场竞争时容易被淘汰，平均存活4~5年，所以若给中小微企业融资，本身风险就非常高，还可能因为信息不对称而存在逆向选择和道德风险。金融机构通过增加贷款抵押物、提高融资贷款利息以及采取第三方担保等方式来避免或减少借款人贷前逆向选择，将厌恶风险的大部分中小微企业拒之门外的同时，剩下的投机型中小微企业却可能存在严重的贷后道德风险，只能违规将借贷资金投资于高收益但高风险的项目中。于是在实际状况中，金融机构通常采取拒绝中小微企业的贷款融资需求来避免与减少道德风险和逆向选择带来的损失。另外，我国中小微企业自身较差的抗风险能力也会导致融资风险高。

4.2.2 我国中小微企业融资难的主要原因

融资难、融资贵一直是制约中小微企业发展的重要因素，究其原因，主要来自需求侧的中小微企业、供给侧的金融机构和外部信用环境三个方面。

第一，从需求侧看中小微企业方面的原因。一方面，中小微企业抵押难和担保难。中小微企业的可抵押物少，抵押物折扣率高，中小微企业还要面临评估部门高昂的收费和烦琐的手续。另外，中小微企业难以找到合适的担保人，效益好的企业为后期发展的独立性和稳定性考虑不愿给人作保，也不需要别人担保，经营效益一般的中小微企业的担保人资格又不被银行承认，因为他们抗风险能力差，一旦某一家出问题很容易连累一批企业，所以这种担保机制只是单方面对银行的资金安全比较有益。另一方面，中小微企业财务制度不健全，经营状况不透明，信息披露不及时、不充分，致使银行等金融机构惜贷，中小微企业很难获取贷款。

第二，从供给侧看金融机构方面的原因。商业银行主要服务于高净值客户和大中型企业，中小微企业很难获得同等待遇，并且现有的审核流程也无法满足中小微企业短、频、快的融资需求。贷款用途方面，银行信贷主要用于企业补充流动资金和固定资产更新等方面，而针对企业长期发展的融资非常少，并且国内也无特定机构专门为中小微企业提供融资服务。因此，中小微企业往往倾向于选择资金成本更高的民间借贷。民间金融是传统正规金融的有效补充，但大多以非正规形式存在，难以向金融资本转化，作用有限。同时，各种民间金融组织良莠不齐，内部管理落后，金融监管乏力，导致民间金融发展受限。

第三，金融市场环境方面的原因。金融机构方面，目前征信主要依赖中国人民银行的征信系统，而很多中小微企业在该征信系统中信用记录缺失，信息不对称让众多传统金融机构很难为中小微企业提供融资服务，存在金融排斥。资本市场方面，准入门槛直接将很多中小微企业拒于股票市场门外，债券市场规模小且未全面启动，难以及时满足中小微企业的融资需求。

4.3　互联网公司金融助力中小微企业融资

4.3.1　互联网公司金融有融资比较优势

从组织形式看，互联网公司金融在资金融通、金融资源转移、信息提供等方面优势明显，能有效帮助中小微企业融资；从服务模式看，互联网公司金融在贷款额度、贷款利率、审批依据、办理周期、业务流程、抵押担保、融资成本等方面有明显改善（见表4-1）。因此，互联网公司金融在为中小微企业提供融资服务方面有明显的比较优势，归纳起来主要包括以下五个方面。

表4-1　互联网公司金融与传统金融的融资模式比较

比较项目	互联网公司金融	传统金融
贷款额度	中小微企业自主设定，能否达成取决于市场上供给资金的分散投资者	金融机构决定，通常不能满足企业资金需求
贷款利率	市场竞价或协议利率	基准利率加风险溢价
调查手段	大数据、云计算进行自动审批	实地考察、企业财务报告人为判断
调查内容	通过数据挖掘得到的真实经营情况	抵押资产、资产质量
办理周期	快速高效，最快几分钟就能审批下来	时间较长，往往要几个月才能审批下来
业务流程	企业在网上就能够详细了解到产品和信贷信息，流程顺畅，主要通过在线进行	企业要反复跑银行咨询产品和信贷信息，流程烦琐，主要依靠人工线下操作
抵押担保	一般无抵押担保要求	要求抵押担保
融资成本	大大降低或消除了传统金融服务中的各种成本，融资成本低，且企业贷款前就可以明码实价计算得出	信息收集成本、交易成本、贷后管理成本，还有吃饭送礼等灰色成本，融资成本高
成功概率	只要企业在平台上留下的数据分析结果符合量化分析系统的审核要求即可获得贷款，获得贷款的成功率高	企业对贷款业务、贷款产品、政策法规不甚了解，容易遭到拒绝贷款
贷后监管	系统自动化监管	贷后持续监管成本高，能力不足
还款方式	按日计息，随借随还	在约定的时间还款

第一，大数据降低信息不对称。公司金融服务的信息不对称包括两个方面：一是企业对金融机构缺乏了解。二是金融机构不了解企业的资信状况和融资需求，导致传统金融机构在寻求中小微企业融资信息上成本高企，不愿意大规模开展金融服务。互联网公司金融利用大数据、云计算、云存储等技术大大缓解了这种信息不对称问题。传统金融机构虽然累积了庞大业务数据，但数据往往经调查获取，零散无时效性，且分析能力有待提高。而互联网金融的数据来源于客户行为的网络留痕，数据具有连续性和即时性，并且互联网企业的数据分析能力很强，互联网企业能根据需求快速筛选数据，挖掘数据，可多角度、全方位地了解企业的生产情况、销售情况、盈利情况和信用登记，分析企业具体的贷款需求信息，低成本地让更多企业获得更多信贷机会。

第二，互联网降低金融服务成本。首先，互联网金融通过网上理财产品及保险、基金等金融产品销售和受理客户信贷业务申请，金融服务的获客成本低；其次，互联网融资平台一般没有传统融资模式所有的资料费、手续费、交通费，客户的信息收集和处理费用低，金融机构只要在前期搭建好交易平台、客户信息收集模型及分析模型，后期收集和处理信息的边际成本就将随着规模的扩大逐渐趋于零，且交易成本更低（见图4-3）；再次，网络渠道的金融服务大幅降低借贷双方的交易成本和时间成本；最后，在网络交易前，从业机构可通过大数据掌握客户信用状况，控制信用风险，在网络交易后，从业机构借助风控系统实时监控风险，减少了物理网点在交易前后投入的大量人力和物力成本、运营成本，降低了交易前后的风险管理成本。

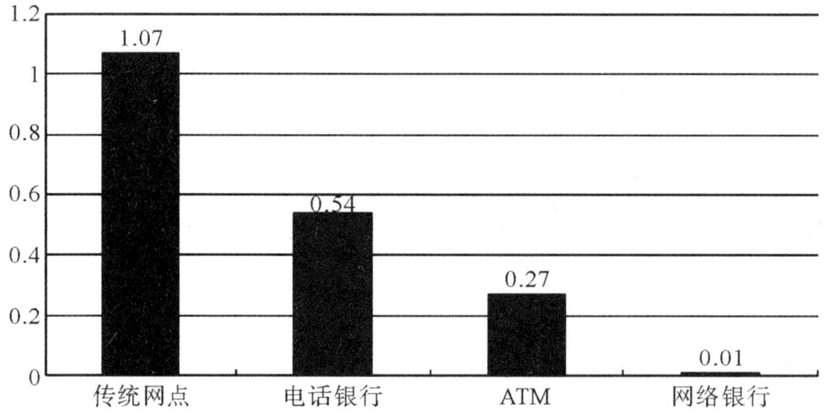

图4-3　几种融资模式的业务费率比较

第三，互联网提高金融服务效率。在传统金融服务中，客户要经过贷前审核才能获取信息，不仅要提交身份证明、收入证明等一系列材料，还需经历实地考察和漫长审核的过程，这无法解决中小微企业紧急频繁的资金需求问题。互联网金融借助互联网技术和大数据技术让金融服务不受时间地域限制，贷款手续简便，还能实现快速放贷，P2P 网贷等融资模式还能满足中小微企业的个性化资金需求，契合了中小微企业“短、小、急、频”的融资特点。此外，云计算技术有助于大数据的分类管理和访问，金融机构通过云存储技术可将大数据保存在网络存储器中，可随时从中获取数据用于分析和挖掘，极大地提高了数据的使用效率。

第四，互联网解决信贷配给问题。为控制风险，传统金融机构紧缩信贷供给或提高利率，这一信贷配给现象将众多中小微企业排除在外。当经济衰退，或者利率上升、投资减少，或者存在道德风险和逆向选择，都会加剧信贷配给现象。电商融资、众筹模式以及 P2P 模式等互联网融资平台的资金信息公开透明，他们依靠自身评价模型对客户的经营与交易进行大数据分析挖掘，达到一定条件即可放款，而中小微企业能否获得贷款取决于大数据的分析挖掘，人为因素只是最后的一道风险控制关口，排除极端情形而已。在开放的市场面前，所有的借款人的机会都是平等的，不存在信贷配给问题。

第五，拓宽了企业的直接融资渠道。传统金融为中小微企业提供的直接融资渠道非常有限，而互联网金融的众筹、P2P 平台则大大拓宽了中小微企业的直接融资渠道。从 P2P 的运作模式上看，通过 P2P 网贷平台审核的资金需求信息被发布在网贷平台上，投资者选择合适的项目后投资，进而实现资金在供需双方的融通。众筹则是指通过众筹平台审核的项目被发布在众筹平台上，投资者可查看资金额度、投资回报等项目详细信息，然后依据自己的喜好将资金直接投入到自己看好的项目之中。所以，P2P 和众筹都是直接融资模式，不管是哪一种融资模式，互联网金融平台在融资环节中充当了信息中介的职能，因此又极力淡化中介在促使交易达成中所起的作用，只负责审核项目、公布信息。由于互联网金融提供了多种形式的具有直接融资特点的模式，因而能解决直接融资市场不发达的部分问题。

4.3.2　填补了传统公司金融服务的空白

一个企业的生命周期通常可分为初创期、导入期、成长期、成熟期和衰退期五个阶段，由于企业在各个阶段的发展水平、经营环境不同（见表 4-2），企业的金融需求也不同。我国传统金融机构易受国家政策影响，商业银行等机构主要为大型企业服务，发放大额贷款，虽然也会发放小额贷款，但需要抵押物或担保人，信用贷款量非常少，因此对中小微企业的金融服务非常少。互联网金融能为中小微企业提供小额金融服务，既可获悉其信用状况，又能为其提供咨询服务，还能为其设计融资方案，让中小微企业根据实际状况弹性选择贷款金额和期限。互联网金融充分发挥自身的大数据优势，高效审批、快速放贷，为缺乏抵押担保的中小微企业提供了融资便利，既填补了商业银行的服务空白，又充分体现了互联网金融服务实体经济的普惠金融理念。

4.3.3　互联网公司金融发展的战略选择

由表 4-2 可以看出，传统金融的优势在企业成熟期和衰退期，为企业提供传统的债权和股权融资，而在企业真正需要资金支持的初创期、导入期和成长期等企业急需金融支持的起步阶段，传统金融出于风险控制的需要，所以业务较少覆盖这个阶段的企业，这反倒是互联网金融展示自身优势的地方。互联网公司金融发展宜采取“利基战略”，即规避与市场上的强劲对手的直接竞争以免遭受损失，而选择被强劲对手忽略的但仍有获利基础的小市场发展。之所以小市场也能获利，前提条件是采取“利基战略”的互联网金融提供者对目标客户有充分了解，且能够充分满足借款公司的金融需求，若根据客户需求提供增值服务还可获得额外盈利。互联网技术使互联网金融具有低成本、高效率和便捷性等优势，大数据技术使互联网金融在征信和风险控制方面具有优势，因此互联网金融既会吸引更多借贷公司的参与，又能弥补传统金融机构在中小微企业融资服务方面的空白，有效缓解中小微企业的融资难问题，特别是初创期的中小微企业，支持“大众创业、万众创新”，在企业最需要资金的困难时期帮企业渡过难关。同时，它充分利用自身在利用“软信息”方面的比较优势，降低了金融服务成本，实现了自身的商业可持续性。

表 4-2　企业全生命周期的金融服务需求

生命周期	初创期	导入期	成长期	成熟期	衰退期
时间长度	1 年左右	1~3 年	3~10 年	10 年以上	
经济指标	无收入或低收入；负营业利润	收入增加，利润低甚至为负数	收入高增长，利润高增长	收入增长放缓，营业利润增长	收入及营业利润急剧下滑
营业历史	无	很少	一些	营业历史可用于估值	充足的营业历史
融资类型	起步创业	天使投资	经营融资	企业 IPO 和再融资	退市并购
估值方法	天使或 VC 思维	多元化相对估值 P/X	PEG 后 P/S	P/E	
融资方法	众筹融资、P2P 借贷	众筹融资、P2P 借贷、天使投资	电商小贷、渠道融资、P2P 借贷、天使投资	传统股权融资或债权融资	企业并购重组
提供机构	互联网金融为主	互联网金融为主	互联网金融为主	证券公司、商业银行、基金公司、投资银行	证券公司、商业银行、基金公司、投资银行

设 F 和 E 分别为公司金融服务的提供者和需求者，它们以各自利益的最大化进行理性决策，F 的选择策略为（贷款、拒贷），E 的策略集为（还款、赖账）。在信息不完全对称的条件下，F 对 E 的信用调查费用为 S，单位贷款成本为 c，E 还款的统计概率为 P。F 向 E 提供的贷款金额为 D、利率为 i，E 用 F 提供的资金支持

去进行投资或经营的预期回报率为 r（$r > i$）；设 L 为 E 拖欠本息时会造成 E 的市场声誉损失、F 对 E 的逾期罚款或担保物被强制执行、担保公司对 E 进行罚款等经济损失。应当指出的是，如果 E 选择赖账，说明这时应该是 $r < i$，所以无须考虑借款企业的潜在收益或损失，借款企业的收益为 0，金融机构对情况调查后便会做出拒绝的决策。由此可得表 4-3 所示的 F 和 E 的博弈支付矩阵。

表 4-3　　金融机构与借款企业的博弈支付矩阵

		金融机构 F 的策略	
		放款	拒绝
企业 E 的策略	还款	$D(r-i)$，$D(i-c)-S$	$-D(r-i)$，$-[D(i-c)-S]$
	赖账	$Dr+D(1+i)-L$，$-D(1+i)-cD-S+L$	0，$-S$

不过，表 4-3 所示的支付矩阵只是考虑了 r 和 i 之间的数值大小关系。实际上 F 和 E 之间的博弈关系是一种长期的动态博弈，F 和 E 都会根据历史信息修正自己的决策。结合信贷市场违约率往往在 1%以下的真实情况，可以认为，即便是 $D(r-i) < Dr + D(1+i) - L$，E 的最优策略还是还款，这时 E 的期望收益为

$$E(E) = P[D(r-i)] + (1-P)[Dr + D(1+i) - L]$$
$$[Dr + D(1+i) - L] - P(2Di - D - L) \qquad \text{式（4-1）}$$

在式（4-1）中，令 $E(E) = 0$，得

$$P^*(r,\ i,\ L) = \frac{D(1+i+r) - L}{D(2i+1) - L} \qquad \text{式（4-2）}$$

式（4-1）表明，借款企业的期望收益与还款概率 P 呈反向变动关系，借款企业的还款概率越小则收益越大，只有当借款企业的实际还款概率 $P < P^*$ 时，预期收益为正，借款企业才会选择还款。

对式（4-2）分别关于 L、r 和 i 求一阶偏导，得

$$\begin{cases} \dfrac{\partial P^*}{\partial L} = \dfrac{D(r-i)}{D(2i+1) - L} > 0 \\ \dfrac{\partial P^*}{\partial r} = \dfrac{D}{D(2i+1) - L} > 0 \\ \dfrac{\partial P^*}{\partial i} = \dfrac{D[D(1+2r) - L]}{D(2i+1) - L} < 0 \end{cases} \qquad \text{式（4-3）}$$

式（4-3）表明，企业违约成本越高，企业项目投资收益越高，金融机构放贷利率越低，企业的还款意愿就越强，还款概率就越大；相反，如果企业借款的违约成本越低，企业借款从事投资或经营获得的报酬率越低，金融机构的放贷利率越高，借款企业的还款意愿就越低，还款概率也越低。

由式（4-3）可计算出金融机构的预期收益为

$$E(F) = P[D(i-c) - S] + (1-p)[-D(1+i) - cD - S + L]$$

$$= P[D(1+2i)-L]-[D(1+i+c)+S-L]$$

式（4-4）

在式（4-4）中令 $E(F)=0$，得

$$P^{*}(c, S)=\frac{D(1+i+c)+S-L}{D(2i+1)-L} \qquad 式（4\text{-}5）$$

式（4-5）表明，金融机构的预期收益与借款企业的还款概率呈正向变动关系，借款企业的还款概率越大，金融机构的预期收益就会越高。只要借款企业的还款概率 $P>P^{*}$，金融机构的预期收益就会大于0，金融机构就乐意放贷。

对式（4-5）分别关于 c 和 s 求一阶偏导，得

$$\begin{cases} \dfrac{\partial P^{*}}{\partial c}=\dfrac{D}{D(2i+1)-L}>0 \\ \dfrac{\partial P^{*}}{\partial S}=\dfrac{1}{D(2i+1)-L}>0 \end{cases} \qquad 式（4\text{-}6）$$

由式（4-6）可以看出，若单位贷款成本越高，则金融机构对借款企业的调查成本越高，从而会要求更高的还款概率；单位贷款成本和对借款企业的调查费用越低，则金融机构对借款企业的还款概率要求就越低，借款企业就越容易获得贷款。

综合 $P<P^{*}$ 和 $P>P^{*}$ 的要求，若要金融机构愿意向借款企业提供资金支持和借款企业能够顺利向金融机构还贷，实现（金融机构放贷，借款企业还款）的博弈均衡，这就要求借款企业的还款概率 P 满足

$$P^{*}=\frac{D(1+i+c)+S-L}{D(2i+1)-L} \leqslant P \leqslant \frac{D(1+i+r)+-L}{D(2i+1)-L}=P^{*} \qquad 式（4\text{-}7）$$

式（4-7）成立的条件是 $cD+S<Dr$，并且 c 和 S 越小、r 越大，金融机构放贷，借款企业还款的博弈均衡越容易满足。这就揭示了为什么成长初期的企业很难从传统金融机构获得融资，因为企业规模小，贷款金额 D 小，还款频率高，从而导致单位贷款成本 c 高；同时由于企业成长阶段的财务政策还不够健全，企业缺乏专业的财务团队进行企业财务报表、资产管理等公司金融活动，金融机构对借款企业放贷前的调查成本 S 很高，所以只有极少数收益 r 比较高的企业才能满足式（4-7）的条件，从金融机构获得贷款并守约还款。但这种情况在互联网时代得到了很好的改变，大数据挖掘极大地降低了金融机构获取企业全方位信息的调查成本 S，而自动化的线上全程动态信用评分、欺诈监测和业务操作大大降低了金融机构单位贷款的成本 c，因而金融机构能够低成本、精准地满足各类借款企业的个性化金融服务需求。

4.4 互联网公司金融的模式创新

4.4.1 电商金融模式

电商金融模式是指借助电商平台对商户的经营信息、销售业绩以及信用状况进

行详细记录，通过大数据分析商户信贷风险，评价企业贷款项目，据此来决定是否为该企业提供信贷支持。电商平台的企业信息可以在很大程度上反映企业信用和还贷能力，实现对中小微企业的无抵押、无担保贷款，为中小微企业创造从生产、销售、融资到结算的“商业生态圈”，既满足中小微企业的融资需求，又能有效增强整个电商平台的用户黏性，形成电商平台与商户互利共赢、良性发展的局面。目前的电商金融模式主要有三种：一是直接放贷，电商平台旗下的小额贷款公司通过电商平台直接向商户发放贷款，如蚂蚁小贷；二是与银行合作放贷，电商平台为银行提供商户资源和平台数据，帮助银行确定企业信用额度，银行在电商平台的协助下执行贷款审核与贷款发放的流程，如京东供应链金融；三是银行推出的电商平台为企业提供包括小额贷款在内的对公业务。

蚂蚁金服主要依托电子商务中企业对消费者的交易（B2C）平台和电子商务中企业对企业的交易（B2B）平台展开，前者是阿里对淘宝、天猫平台上的商户提供订单贷款或信用贷款，后者是阿里为 1688 等 B2B 平台上的商户提供的网商贷或阿里贷（见表 4-4）。首先，订单贷款是根据商家已发货但买家未确定的订单来提出贷款申请，蚂蚁金服会自动计算出授信额度，到期归还即可，主要用于解决商家在销售旺季时订单虽多但不能及时收回货款的资金周转难问题。实质上，订单贷款属质押贷款，订单大小决定授信额度，同时未被买家确定的订单资金保证了还款来源，所以信贷风险不大。其次，信用贷款是与商家信用信息绑定的贷款，商家申请授信，蚂蚁金服通过店铺的运营情况、商家信用状况、资金需求额度等综合考虑是否放贷。再次，网商贷款是蚂蚁金服针对阿里 B2B 上的会员企业推出的无担保信用贷款，分半年期和一年期两种产品，风控体系会根据贷款企业递交的资料来判断是否放款。最后，阿里贷款分循环贷款和固定贷款两种。循环贷款就是在一定期限内，客户获得一定额度的备用金，借款人可以随借随还，贷款额度循环使用，客户使用备用金时按照约定支付以日计算的单利息，客户不使用备用金时就不计利益；固定贷款指一次性向客户发放的贷款，到期一次性还本和按日利率计算利息。

表 4-4　蚂蚁金服产品介绍

适用平台	B2C 电商平台		B2B 电商平台	
产品名称	订单贷款	信用贷款	网商贷款	阿里贷款
产品设计	根据商家已发货但买家未确认的订单金额及店铺运营状况确定授信额度	根据店铺运营状况授予的无担保贷款，随借随还	基于企业经营情况及上传的有关资料，用信用控制体系和风控模型进行判断并授信	分循环贷款和固定贷款。循环贷款在一定期限内获得额度备用金，随借随还，额度循环使用；固定贷款当次授信

表4-4(续)

适用平台	B2C 电商平台		B2B 电商平台	
申请条件	商家年满 18 周岁，具有完全民事行为能力，开店 2 个月以上，诚实守信，店铺信用记录良好	商家年满 18 周岁，具有完全民事行为能力，开店 6 个月以上，诚实守信，店铺信用记录良好	阿里 B2B 电商平台会员企业	仅限于江浙沪地区的付费会员
贷款期限	30 天	3、6、12 个月	12 个月	12 个月
贷款额度	100 万元以内	100 万元以内	100 万元以内	5~100 万元
按日计息	0.05%	≥0.05%	利率灵活	循环贷款 0.05%；固定贷款 0.06%
还款方式	系统自动还款	按月付息，到期还本	按月等额本息还款	循环贷款随借随还，额度循环；固定贷款按月等额本息还款
资金流入	支付宝账号	支付宝账号	支付宝账号	支付宝账号

蚂蚁小贷（原名阿里小贷）具有贷款总额大、贷款利率低、到账速度快、风险管理好等显著特征。蚂蚁小贷平均每年的新增贷款在 1 000 亿元以上，贷款余额从 2012 年年底成立到 2014 上半年已累积达到 2 000 亿元。蚂蚁小贷的年名义利率虽然高达 18%，但由于贷款占用的时间短，实际利率只有 6%左右，明显低于商业银行 10%左右的利率、民间借贷 20%以上的利率。蚂蚁小贷通过电商平台的大数据积累，使得金融服务全部实现线上量化交易成为可能，项目审核直接在网上进行，3 分钟就可实现支付宝放款（见图 4-4）。大数据既有淘宝、天猫等平台的交易数据，比如交易金额、交易时间、商品名称、交易对象等，又有认证信息及社交行为等数据，还有与数据公司合作后获得的商家税务、水电等数据。然后，量化处理非结构化数据，并建立风控模型对大数据进行分析，得到信用风险值“芝麻信用分”，据此向客户授信。蚂蚁金服还自建金融风险监控系统，实时监控贷款商家的运营状况、买家数量等信息，一旦发现某指标超出范围，预警系统将自动报警，蚂蚁金服人员就会介入，对故意欠款的卖家进行违约记录和曝光，及时对违约网店采取封店处罚。对非故意欠款的卖家，蚂蚁金服则通过其强大的电商平台运营能力帮助商家恢复还款能力并早日还款。

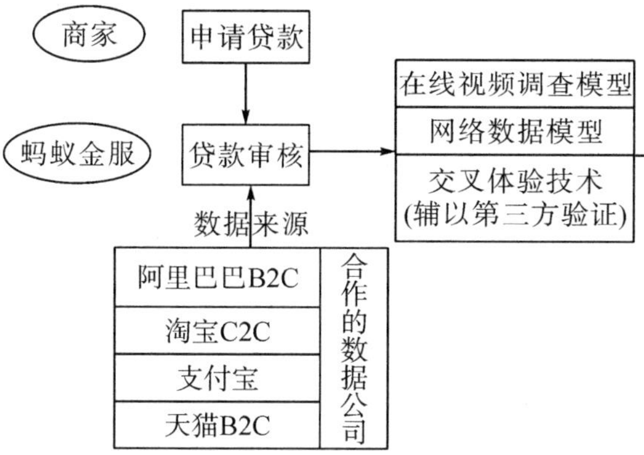

图 4-4　蚂蚁金服贷款流程

资料来源：蚂蚁金服网站资料整理。

京东电商金融相对开放，主要原因有：一是资金来源多样，银行、信托公司、京东及社会公众都可能提供资金；二是资金运用多样，平台上的供应商、第三方业务供应商及个人都可能获取贷款。京东电商金融也分为 B2B 和 B2C 两部分。B2B 主要针对供应商提供融资和投资服务，京东与中国银行合作，依据京东票据处理、结算支付等系统向供应商提供订单、入库单、应收账款和委托贷款四类融资产品。供应商有京东做变相担保，用信用和应收账款作抵押，将与京东的销售合同和货物单据等投保后就能获得中国银行的贷款，而贷款额度与采购数量、入库情况等相关。京东的 B2B 电商金融能缩短供应商的结算账期，因为供应商为京东供货时开始到京东收货后支付货款前，京东会在这段时间占用供应商的资金造成其资金紧张，但若供应商申请了京东 B2B 电商金融，银行就会在 1 周内贷给供应商在京东商城应收账款额度内的资金，方便供应商周转资金，京东会在供应商还款期内支付货款。2015 年 6 月，京东电商金融还推出了“京东金采”，依托京东商城平台，面向平台上的集团公司、上市公司、中型企业、民营企业、中小微企业、城市渠道商、个体商户等有采购需求的企业提供定制化的信用赊购、分期付款、账期管理等服务。京东电商金融有较合理的风险管理措施：一是供应商与京东有 3 个月以上的合作才能申请贷款；二是客户的大数据会验证客户的信用状况并由系统自动审批客户的贷款资格；三是京东电商金融平台的服务人员会在系统自动审批出现异常时切入人工审查审批程序，为金融风险再加一道保险。

4.4.2　P2P 网贷模式

P2P 网贷平台为资金所有者和资金需求者（中小微企业）匹配信息，真正实现金融脱媒。通过网贷平台，资金需求者提供有吸引力的借贷利率，资金所有者寻找到借款人群，实现资金余缺调节。P2P 网贷额度小、期限短①，能降低借贷过程中的信息不对称，也能帮助中小微企业快速匹配投资者。典型代表是拍拍贷。

拍拍贷是国内首家纯信用网贷平台，提供小额贷款的信息匹配服务，但自身并不参与借款。借款人需要将筹资额度、借款期限、利率、资金用途等事项公布在拍拍贷网站上，投资者自行选择合适的借款人进行投标。拍拍贷的借款人中，8 成是中小微企业，普遍获得 3 000 元到 500 000 元的短期借款，解决了其资金周转的问题。拍拍贷信息透明、人人均可参与的机制，既降低了审查成本又控制了信贷风险（见表 4-5）。风险控制上，首先，拍拍贷会根据历史认证数据自动得出信用评分，而该评分对借款成功与否有很大影响；其次，拍拍贷还实行本金保障计划，即平台赔付收益与坏账之间的差额；最后，拍拍贷还采取黑名单、逾期收费等措施控制风险。拍拍贷的特点在小额，因此闲散资金可被充分利用，而大数据能降低审核成本和信贷风险，因此能低成本地为中小微企业提供信用贷款服务。但是，拍拍贷提供的是信用贷款，所以投资者风险很大，真正采取这种模式的平台数量非常少。

表 4-5　拍拍贷的线上信用评分体系

序号	考核内容	评分标准	序号	考核内容	评分标准
1	身份认证	10 分	7	逾期 0~15 天还款	每一次得 1 分
2	手机实名认证	10 分	8	逾期 15~60 天还款	每次扣 2 分
3	视频认证	10 分	9	逾期 2~4 月还款	每次扣 5 分
4	学历认证	学历高得分多，最高 5 分	10	逾期 4 个月以上还款	每次扣 10 分
5	资信报告认证	资信好得分高，满分 5 分	11	资料提供充分程度	给予 0~5 分
6	认证年限	年限长得分高，满分 5 分	12	其他要求提供的信息	给予 0~10 分

资料来源：网络资料整理

4.4.3　众筹融资模式

众筹模式类似于企业的股权融资，将社会上的闲散资金汇集起来，能满足中小微企业在初创时期、资金周转阶段等时期的资金需求。众筹平台不仅能为筹资项目提供展示的机会，还可以供投资者与发起人交流沟通，也能帮助各种投资者通过网络平台更快地接触有创意和投资潜力的产品和项目，借助集体智慧，做出更合理的决策，使得中小微企业有投资潜力的产品和项目能获得资金支持。因为中小微企业的创新创业平台无法通过大型投资公司或者银行及时得到贷款，而股权众筹平台可以为这些创新创业平台缓解燃眉之急，所以获得了国家对行业的认可与支持。随着

① 2016 年 8 月 24 日下午，银保监会公布的《网络借贷信息中介机构业务活动管理暂行办法》规定，同一自然人在同一网贷平台的借款余额不能超过 20 万元，在不同平台的借款总额不能超过 100 万元；同一法人或其他组织在同一网贷平台的借款余额不能超过 100 万元，在不同平台的借款总额不能超过 500 万元。

“大众创业、万众创新”的提出，创新创业成为解决就业、提振经济的最好方式之一，众筹融资有望成为我国资本市场的“第五板”，加速“双创”红利的产生。截至2018年6月，我国众筹平台正常运营251家，上半年融资137.11亿元。

4.4.4　传统业务互联网模式

传统业务互联网模式是指在互联网时代，商业银行等传统融资服务机构利用互联网技术重塑传统融资服务，将融资业务网络化、电子化，中小微企业可通过网络申请并归还资金，传统融资机构的网络平台能评定或查阅中小微企业的信用记录以实现快速放贷。目前，传统融资互联网化有两种形式：一是银行搭建互联网金融平台，如工行、招行、交行等以网上银行、手机银行等形式为中小微企业提供融资服务；二是合作成立互联网金融机构，比如众安在线，通过网络平台为中小微企业提供融资便利。传统融资互联网化不仅扩大了客户的覆盖范围，且服务质量与效率均有较大幅度的提高。对中小微企业而言，传统融资互联网化能帮助其通过搜索比价等方式快速查询传统融资机构的贷款产品详细信息，从而快速锁定合适的产品（见表4-6）。

表4-6　几家商业银行的网络融资平台介绍

金融机构	网络融资平台	业务内容介绍
建设银行	善融商务	根据客户需求提供个性化产品，网络速贷通是依据客户信用提供的信贷业务。银行资金流、互联网企业信息流和物流公司物流，与供应链上的相关企业联系起来，加强企业之间的合作，通过上游供应商和下游客户，整合各方资源，有机组合了国内代理业务和网络银行业务
平安银行	众安在线	通过在线平台开展企业贷款融资等金融服务
民生银行	小微金融	网上提供申请贷款、投资理财、支付结算等服务，还可归集跨行资金、批量预约转账等特色功能，实时为中小微企业提供贷款服务
中信银行	POS商户贷	中信银行与银联商务联合推出的服务中小微企业的互联网大数据金融平台。中小微企业之所以偏爱该平台，主要原因是商户和投资者非常看好该银行的信用，认为投资的风险系数小
广发银行	大数据零售商智能决策	整合客户的存、贷款等银行信息和交易信息形成个人数据库，再根据客户的线上线下信息，分析数据，挖掘客户需求，自动提供相关产品

4.4.5　分享经济模式

单个中小微企业的信用额度低、担保能力弱，往往很难从金融机构获得融资。我国中小微企业融资难问题从外表上看是缺乏资金，实质上却是因为缺乏信息和信用。若能通过中小微企业之间的联合与合作实现信息共享和相互增信，形成一种

"中小微企业联合与合作—分享经济模式增信—传统商业银行信贷风险降低"的新型融资机制，有助于解决中小微企业的融资难问题。分享经济融资模式是指中小微企业之间通过抱团融资实现信用累加、信用共享和风险共担。常见的中小微企业网络化的分享经济融资模式有网络联保融资、信用资金池融资、网上股权交易和金融门户搜索等几种典型模式（见表 4–7）。

表 4–7　几种中小微企业网络化的分享经济融资模式比较

共享模式	网络联保融资	信用资金池融资	网上股权交易	金融门户搜索
模式内涵	以互联网为基础，三家以上相互了解情况的中小微企业通过网络平台组成一个联保体，以联保体为单位向银行申请贷款，同时彼此之间承担连带责任，进行风险共担	电商平台将平台上中小微企业的融资需求打包后向金融机构申请贷款，然后根据各中小微企业的融资需求，按照信用等级由高到低的顺序将所融资金分配给相应企业	以互联网金融平台为媒介尽职调查中小微企业，并评估资产和风险，形成并在线发布股权评估报告，供社会大众投资者认购股权	中小微企业借助金融门户网站，搜索后垂直比较各机构的金融产品，选中产品后由相应电子银行提供融资服务
主要特点	联保体成员相互了解，还能相互监督，因此可降低联保体的违约风险。但联保体成员只能局限于知根知底的小范围内，规模过大易造成相互间信息不对称，导致逆向选择和信用风险	按照交易数据等信息评估企业信用，确定信用等级，再根据融资额度和期限划分信用池，"打包"向金融机构融资并分配，信用等级越高贷款成本越低、融资需求优先满足，有利于激励中小微企业重视信用积累	模式的本质是中小微企业通过互联网平台向普通投资者股权融资，普通投资者通过购买股份成为公司股东，并且可以获得未来收益。该模式实现了创业者与投资者的资金供需对接，有助于支持大众创新和万众创业	门户网站汇集了大量金融产品，便于中小微企业查询产品的期限、利率等详细信息，结合自身需求可快速获取合适的融资产品
业务流程	中小微企业通过网络平台申请、平台审核并批复后获得贷款。中小微企业可自主选择联保体，并根据自身需求选择联保小组成员	网络平台收集中小微企业交易信息等数据以评定信用，将信用好的企业置于信用池；汇总融资需求后以平台名义向银行贷款；平台按照不同利率和额度放贷	中小微企业提出股权转让申请，网络平台核查，形成并公布股权评估报告；网络平台促成投资者购买中意的中小微企业股权，并监督转让变更及资金划拨	中小微企业选择金融门户平台；在门户上输入贷款额度、期限等关键词，系统搜索，用户比价；中小微企业通过电子银行获取便捷、高效、可靠的贷款产品

第 5 章
互联网供应链金融

【学习目标】

了解互联网供应链金融的兴起原因，熟练掌握供应链金融的资金端和资产端，理解业务模式发展趋势。

5.1　互联网供应链金融概论

5.1.1　供应链金融的基本内涵

资金流就像企业的血液，其状况直接决定企业运转的质量，而资金收入与支出容易出现时间错位，导致企业融资出现资金缺口。比如企业生产，原材料准备阶段的预付货款很可能超过企业的自有资金；在生产阶段，企业需要持有一定原材料并不断产生半成品和成品库存，企业需与原材料供应商清算货款，所以资金需求持续攀升甚至达到峰值；产品销售阶段，企业发货后有应收账款，资金需求随之回落（见图 5-1）。在企业产供销构成的供应链中，各相关参与主体（企业）的经济实力和市场谈判能力不同，导致它们在交易过程中往往不能处在完全平等的地位，尤其是处在供应链核心位置的核心企业往往不能向弱势的中小微企业及时支付货款，从而给中小微企业的现金流造成缺口，影响广大中小微企业正常的生产经营活动，供应链金融（Supply Chain Finance，SCF）应运而生。

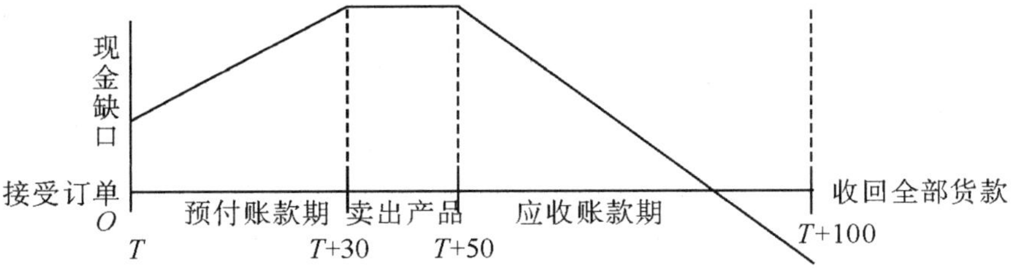

图 5-1　企业资本循环中的现金流波动及资金缺口

现代供应链是一个复杂的经营和管理过程，几乎每一个供应链运营的环节都会伴随着大量的金融活动。供应链金融是把供应链条上的所有相关企业当作整体，通过分析供应链内的交易结构，运用自偿性贸易融资的信贷模型，将核心企业、物流公司、资金流导引工具等作为风险控制变量，通过应收账款与货权等质押手段封闭资金流，为供应链不同节点提供封闭的授信、结算、理财等综合金融服务。简单来说，就是根据企业真实贸易背景和上下游客户资信实力，以产业链为依托、以交易环节为重点、以资金调配为主线、以风险管理为保证、以实现共赢为目标，以企业未来确定的销售收入等为还款来源，为整条供应链提供整体的金融解决方案（见图5-2）。供应链金融是为中小微企业融资的一种模式，它从供应链角度为中小微企业提供授信服务，并将单个企业的贷款风险转变为整个供应链的风险，既打破了银行单个企业授信的思维，又将其上下游企业视作整体，并依据链条关系和行业发展确定融资方案，既解决了供应链中中小微企业的资金问题，又提升了供应链的竞争力。

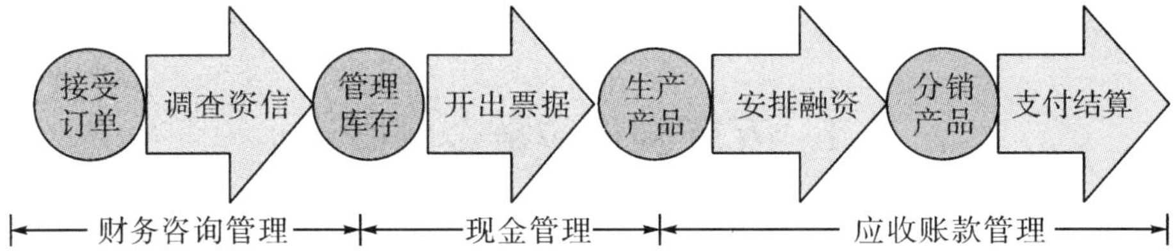

图 5-2　供应链金融中的金融服务活动

5.1.2　供应链金融的属性

（1）供应链金融的金融属性。供应链金融的本质是金融，但相对于传统金融模式（见表5-1），供应链金融又有自身显著的特征。首先，供应链金融把产业和金融结合在一起构建金融生态圈，依托供应链实现资金融通，金融风险控制有真实交易的天然优势。其次，银行、核心企业、物流公司、互联网融资平台等多层次融资提供方为供应链上下游提供充裕的资金供给，并发挥各自的优势为企业提供全方位的金融服务。除了传统的金融机构，核心企业和交易平台都能主导供应链金融业务，在整合供应链中的交易信息、资金供给者、物流资源后，就能为供应链中的相关企业提供适合的融资产品，而且还风险可控。最后，金融提供方不再单纯看重企业财务报表，而是通过大数据把握行业动态。因此，供应链金融在辅助产业发展的同时应重视其金融属性，要以资金端、资产端和风控管理为重点来发展供应链金融。特别是在供应链金融初期，供给侧资金供血不足会造成需求端资金需求无法满足，严重影响业务规模。

表 5-1　供应链金融与传统金融比较

融资模式	金融类型	风险控制	金融机构角色	数据获得	贷款期限
传统信贷	金融	一般	资金供给方	财务报表等	1~2 个月
供应链金融	金融+产业	较强	全方位合作者	大数据征信	3~5 天

(2) 供应链金融的产业属性。供应链金融"从产业中来，到产业中去"的产业属性决定了供应链金融的运行具有聚合性、丰富性与自循环三个显著的特征。聚合性是指供应链金融与产业是一个能够承载多种功能性主体的聚合体，能够满足多种利益主体各取所需的利益诉求。在聚合生态中，上游的制造商、下游的经销商、第三方物流、风险承担者与流动性提供者甚至客户终端都能通过虚拟化的平台有机融合在一起，提升供应链整体的运营效率。丰富性是指供应链金融通过构建生态圈提供比传统供应链金融服务更有广度和深度的金融服务及增长服务。广度体现在跨地区、跨产业、跨部门的综合调配；深度体现在比传统信贷金融服务进一步的结构性金融创新服务，如一站式支付、全产业链融资等。自循环体现在供应链金融通过互联网线上线下O2O闭环服务实现产业与金融融合的产金回路。线上线下O2O闭环必须通过线下真实供应链场景搭建、底层数据收集与线上大数据分析与信用风险管理系统的构建来实现。在这个过程中，保持用户的黏性，增强渗透到客户供应链底层的服务能力是关键。另一方面，产金回路是一种将供应链生态与金融生态良好结合、互动的能力，是一种互联网金融与供应链金融的融合，同时也是整体供应链金融产生价值的关键所在。从中长期来看，产业属性非常重要，因为供应链的行业因素决定融资格局，行业规模越大则资金需求越大，而行业产品的标准化程度越高则行业越容易实现整体融资。

5.1.3　供应链金融的生态系统

(1) 供应链金融的生态环境。

供应链金融的生态结构包括宏观环境、产业环境和微观环境三个基本层面（见图5-3)。宏观环境是指环环相扣的政策、法律和技术，其中政策和法律包括产业政策、物流政策以及《中华人民共和国物权法》《中华人民共和国担保法》《中华人民共和国合同法》等；技术是指在供应链不同环节设计的各种融资产品及其风控手段。产业环境是指流动性提供者和风险承担者作为供应链金融中直接提供金融资源的主体和风险的最终承担主体，共同提供供应链金融的设计与解决方案。微观环境指推动涉及供应链金融活动的所有部门，共同推动供应链上商流、物流、资金流、信息流的"四流"归集与整合，无缝对接供应链金融的所有参与方，构成面向供应链所有成员企业的系统性融资解决方案。

(2) 供应链金融的主要利益相关者。

①中小微企业是主要利益者。首先，供应链金融能有效促进中小微企业融资。供应链金融是在现代供应链体系上演变出的一种新的产业与金融融合形式，供应链金融的客户来源于产业，尤其是那些在传统产业链条中处于弱势地位的中小微企业，资源获取能力不足、融资能力匮乏、运营成本高昂是长期困扰其发展的主要痛点。供应链金融对中小微企业的融资需求富有包容性，更多关注核心企业的资信情况，以核心企业为中心并将供应链作为整体，对链条成员进行信用评估，放低了上下游

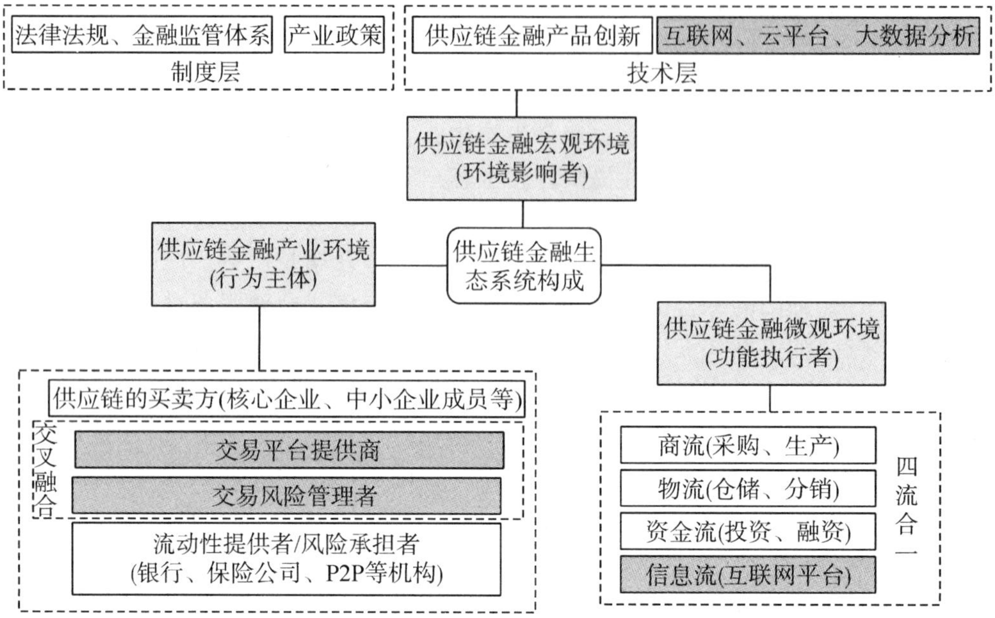

图 5-3　供应链金融的生态结构

企业的融资门槛。其次，供应链金融能有效降低中小微企业的融资风险。传统金融中由于银企间的信息不对称易引起逆向选择，所以银行对中小微企业惜贷。供应链金融让银行对接供应链中的往来业务，轻松掌握中小微企业的运营状况、盈利能力等，从而风险可控。同时银行对接第三方物流，用于跟踪供应链中的业务过程，确保供应链运作顺畅，加强防范信用风险。再次，供应链金融能有效降低中小微企业融资成本。中小微企业有真实的链条交易，有应收账款与货款等作质押，因此可结合中小微企业的融资需求设计出适用于供应链所有参与成员的一系列金融解决方案，风险可控的同时还降低了中小微企业的融资成本。最后，供应链金融能有效促进企业间建立长期的战略联盟关系。核心企业能通过优化资金流加强自身供应链管理，增强市场竞争力；中小微企业凭借供应链中核心企业的资信状况可提高自身信用，降低融资成本，加快发展步伐。因此，核心企业与上下游企业能实现"双赢"，前者可建立起严格的筛选产业链合作伙伴的制度并决定是否长期合作，后者可完善自身管理并增强自身与核心企业合作的实力以实现长期、稳定的合作。因此，供应链金融实际上也是一种普惠金融，解决的是中小微企业的成长性问题，而其成长也为供应链金融带来了巨大的发展空间。

②核心企业处在核心地位。由于资信状况较差、财务制度不健全、缺乏足够的抵押担保等原因，中小微企业无法达到银行信贷的要求，难以获得银行信贷的支持。但是，在供应链金融中，资信评估是针对供应链整体，处于核心地位的核心企业能改善供应链整体的信用状况，作为成员的中小微企业的信用水平也能被提升，融资

门槛被降低。所以，核心企业既可以解决上下游企业融资难题且无须花费自己的信用或其他成本，又可以降低整个供应链的融资成本、产品成本，提高资金使用效率和节约财务成本，还可以帮助企业进行物流与现金流管理，形成稳定的供应和销售网络，有利于供应链的良性循环并最终增强整体竞争力。此外，核心企业还可以利用专业及信息优势涉足供应链金融，进行传统产业转型升级并拓展利润来源。首先，在供应链条中，核心企业的规模最大、实力最强，同时核心企业还充分掌握“四流”信息，能很好地控制整个供应链条。其次，核心企业的财务状况好，银行授信额度高，核心企业是供应链和渠道链的组织者、管理者和最终受益者，往往能从全局出发，为供应链整体利益的优化做出主动安排和调整，对链上利益分配具有较大的调控权。最后，商业银行从风险角度考虑更倾向于为核心企业服务，而对单个的中小微企业仍会有抵押担保等要求。综上可知，与银行相比，核心企业有专业优势和信息优势，能对融资项目进行专业评估，在切入供应链金融领域时服务中小微企业的机会更大。

③物流公司是重要参与者。物流公司参与供应链金融，在扩大物流业务的同时还能通过开展物流金融获得新的经济增长点。物流公司在货物存储方面，专业优势明显，在交易信息方面和仓单质押融资等模式中也优势明显，还可通过搭建互联网交易平台深入渗透供应链金融。一方面，物流公司在供应链金融业务的实施中可以充分发挥其物资仓储、价值评估和监管方面的优势，与金融机构紧密合作，有效地监督中小微企业，降低融资风险，使得符合资质的中小微企业有机会实现资金融通，解决了“融资难”的问题。另一方面，物流公司也可以整合物流和金融，提供融资服务和其他供应链金融的高附加值产品。与上中下游企业紧密协作也有助于稳定客户关系，提升物流公司竞争力。

④银行由供应链金融的主导者变为辅助者。随着核心企业、物流公司、电商平台、P2P 网贷、小额贷款、商业保理、融资租赁公司等机构陆续参与到供应链金融中，银行的供应链金融主要提供者地位开始动摇。传统供应链融资服务中商业银行起主导作用，审查供应链后能及时掌握核心企业的实力状况和供应链运营状况，并灵活安排金融产品和服务。在核心企业主导的供应链金融模式出现之后，尤其是在大量类金融机构也参与到供应链金融之后，银行逐渐由主导的角色转变为资金提供方之一，业务开展的主体由核心企业承担。这一模式的好处是核心企业作为行业专家以及信息流的交汇处，通过整合产业链交易信息、对接资金供给方、组织线下物流仓储资源，可以更好地针对具体的融资项目进行评估，在风险可控的基础上为产业链中小微企业提供可用的融资产品。银行则发挥自身的资金优势，辅助核心企业完成对上下游中小微企业的“输血”。

（3）从“1+N”模式到“N+N”模式

最早期的供应链金融的核心思想是“1+N”，是指 1 家商业银行或核心企业，多家围绕在核心企业上下游形成供应链的成员单位（见图5-4）。在这种模式中，银行利用对核心企业的把控，批量开发与之相关的上下游企业，并依托核心企业对这些上下游企业提供资金融通、支付结算、流程优化等综合性金融服务，信用的主要承载体——核心企业通过保理、库存融资等具体形式进行。实质上，商业银行是主导，对提高企业乃至整个链条的竞争力作用很大，因此企业与银行相互依存、共生发展；核心企业是中心，利用核心企业的信用外溢，以真实贸易为支撑，重塑传统的信用评价体系，使得商业银行能够挖掘在传统信用体系下无法开发的中小型企业客户。最早的供应链金融具体模式包括了商业保理、仓单质押、应收账款管理等方式。伴随着互联网浪潮的冲击，供应链金融开始呈现出新的发展特点与发展模式，更多上下游企业可联系核心企业直接为自己授信，而核心企业既可利用自身资金，也可通过小额贷款、商业保理、融资租赁、P2P 网贷、电商金融获得补充资金，形成“N+N”的资金供需格局（见图 5-5）。

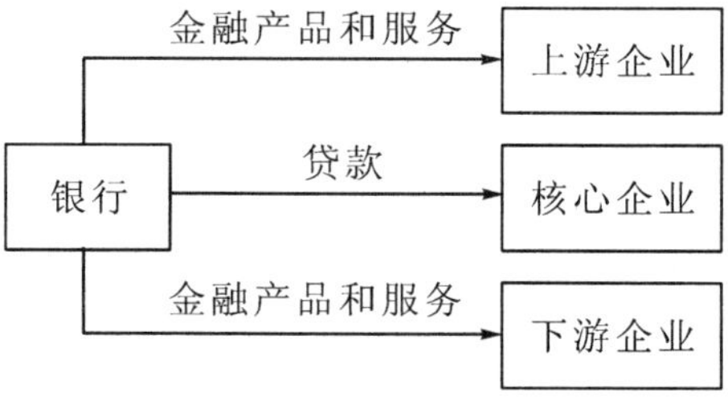

图 5-4　传统供应链金融的“1+N”模式

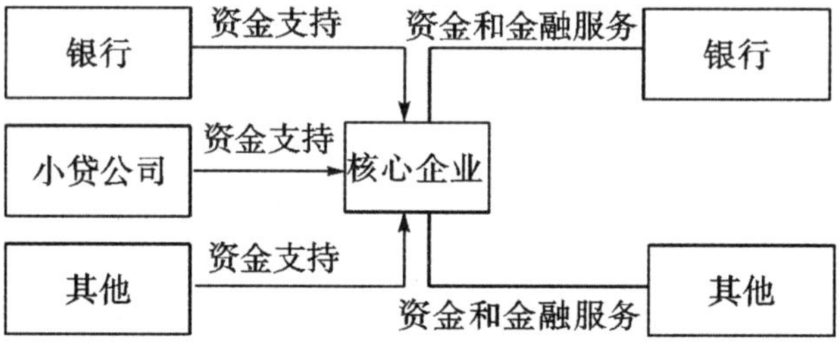

图 5-5　互联网供应链金融的“N+N”模式

（4）互联网时代的供应链金融生态圈

随着互联网的广泛渗透，未来的供应链金融将进一步朝着跨企业、跨行业、跨区域方向发展，并与政府、企业、行业协会等联盟，在与物联网和互联网相融合的金融生态平台发展，形成底层大数据渗透、平台链接的商业生态、垂直领域运用的闭环金融生态圈，让各金融业态为供应链所有主体服务，推动商业生态的产业发展（见图 5-6）。底层系统是生态圈的基石，平台系统是供应链金融发展壮大的关键，其中交易平台主要为风险承担者和流动性提供者，提供电子账单传递等必要的应用数据；物流平台为风险承接者和流动性提供者，提供货物仓储、调运、配送等跟踪数据；风险管理平台把交易数据、物流数据和聚合数据传递给投资者以供其做出相应决策；金融服务平台旨在直接促进资金放贷和信用增强，同时根据供应链金融产品定价或者收益设计，促进供应链参与各方获得相应的利益与回报，包括商业银行、投资机构、保险公司、商业保理、融资租赁，甚至 P2P 和小贷公司。垂直化是供应链金融最终实现产融结合的途径。在物流领域，供应链金融将促使第三方物流的发展，使得传统的区域重资产物流转变为广域型轻资产物流服务。在贸易流通领域，供应链金融将实现产业深度分销，拓展传统贸易零售服务渠道，最终提供一体化贸易零售服务。对于金融机构而言，互联网供应链金融将促进传统借贷服务向全产业产金融合型服务转变。

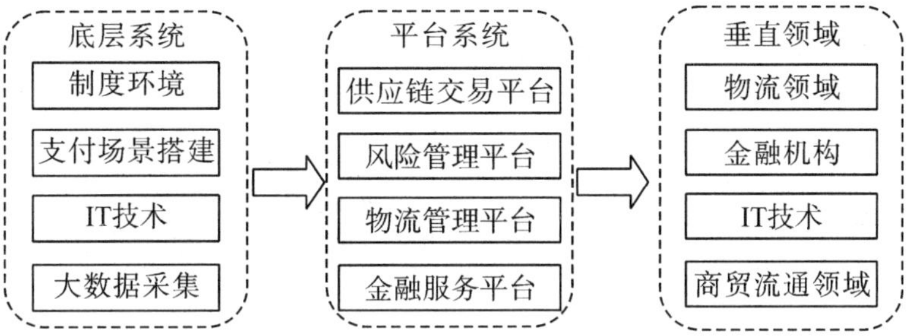

图 5-6　互联网时代的供应链金融生态圈

5.2　互联网供应链金融的兴起

5.2.1　买方市场催生供应链金融服务

经济新常态下，世界经济增长放缓，国内经济下行压力加大，我国各行业出现产能过剩、买方议价能力上升的现象，赊销成为企业缓解自身财务压力的普遍做法。在此背景下，我国企业应收账款规模持续扩大，回收周期不断延长，企业资金周转需求激增，资金需求缺口加大。为了不影响企业的正常生产经营活动，供应商对供应链金融服务的需求不断加大，供应链上日益扩大的资金缺口加剧了供应链参与成员间的利益冲突。中小微企业尽管运营成本灵活，但由于其依赖大型企业而不具有定价权，一旦大型企业拖延支付现金，中小微企业容易产生较为严重的现金流问题。同样，大型企业尽管占据着供应链中的核心地位，但由于面对着数量众多的中小供应商或者经销商，通常会因为弹性支付产生信用、账单、收集和坏账等问题。其实，即便是在正常运行的经济环境下，复杂的现代供应链也极易导致企业的收、支存在时间错位，因此供应链上的企业也会存在巨大的资金缺口。比如，上游大型企业在下达订单与接收货物之间存在着资金缺口，下游中小型企业与原料供应商也存在着资金上的压力，经销商销售产品和终端客户支付现金之间也存在一定程度的资金缺口，整个供应链链条上存在着支付现金和实际接受现金之间的差异，产生了现金转换周期，从而对上游企业产生资金上的压力，对企业的现金流产生不利影响，使正常的生产经营活动出现困难。目前，解决供应链成员间资金需求缺口的方法有单方面延长支付、早期支付折扣计划和供应商管理库存系统三种方案（见表 5-2）。

表 5-2　解决供应链成员间资金缺口的方案比较

解决方案	单方面延长支付	早期支付折扣计划	供应商管理库存系统
适用情形	在强势下游，客户延长对弱势供应商的账款支付周期	如果下游客户能够提前支付货款便能获得较好的交易价格	以用户和供应商双方都获得最低成本为目的，持续改进库存管理
主要优点	有利于下游客户企业的资金流动	解决上游供应商的资金问题	减少下游客户资金占用，有利于供应商合理规划生产，及时了解客户的需求信息，避免呆库和死库
主要缺点	为上游供应商带来较大的资金障碍	存在着将折扣算入价格的现象，从而提高了下游客户的供货价格	对上游供应商而言，不仅库存占用了资金，而且凭此获得融资较为困难

5.2.2　解决中小微企业融资难的痛点

融资难一直是困扰中小微企业发展的主要障碍。据统计，目前我国有中小微企业 4 000 万家左右，中小微企业对 GDP 的贡献超过 65%，税收贡献占 50%以上，出口超过 68%，解决了 75%以上的就业，但中小微企业一直存在融资难的问题（主要问题及原因见第 4 章第 2 节）。当前我国产业越来越向技术密集和资本密集方向发展，这就决定了中小微企业很难独立发展，在起步阶段往往需要作为大企业的供应链成员加入该行业中，导致中小微企业同核心企业议价谈判时往往处于弱势地位。为了获得大企业的订单，中小微企业往往需要提供更低的折扣、更长的赊销期限和更短的交货期，使得中小微企业的资产大部分以应收账款和存货形式存在。供应链金融的实质是金融服务提供者通过对供应链参与企业的整体评价，通过未来确定性的资产现金流保证还款来源，采用闭合式资金运作的模式和丰富的金融工具来为中小微企业提供个性化的金融服务，而互联网也解决了线下成本相对较高的问题（见表 5-3）。在供应链金融的视角下，由于嵌入了供应链网络，交易中可能涉及多个主体，通过创新型金融工具对原本流动性较差的资产进行盘活以及信息化手段对成本予以降低，使得高成长性中小微企业对资金提供方的吸引力大为增强。供应链金融以企业真实贸易背景和上下游客户资信实力为基础，简洁有效地解决了中小微企业信用记录空白的问题，绕过了账务不清的障碍。供应链金融围绕核心企业，从供应链角度评估整个上下游成员的资信，从而降低了中小微企业的融资门槛。供应链金融还可以通过核实贸易情况、第三方物流监管等方式去控制中小微企业的融资风险。因此，供应链金融越来越受到广大中小微企业的青睐。

表 5-3　传统金融和供应链金融对中小微企业的认知差异

传统金融视角	供应链金融视角
信息披露不充分	供应链中信息充分，可解决由于信息不对称导致的中小微企业融资难和融资贵问题
信用风险高	中小企业要成为供应链运行中的参与者或合作伙伴，往往有较强的经营能力，而且其主要的上下游合作者有严格的筛选机制，因此信用风险较低
道德风险大	供应链成员有严格的认证体系，达到一定资格的中小微企业方可进入链条中，因此道德风险的机会成本过高
成本收益不经济	供应链本身的信息获取成本较低，电子化、外包也可降低部分成本

5.2.3　核心企业寻找新的经济增长点

目前我国经济结构处于转型期，许多企业面临着行业产能过剩的问题，企业利润逐年下降，依靠传统经营理念和资金管理方式已经无法实现企业产能升级和快速发展。由于各企业的优劣势不同，因此各自的产业转型诉求也不尽相同。对核心企业而言，供应链上下游企业与自己有唇齿相依的关系。由于上下游企业的财务压力大，严重影响了整个供应链的有效运行，对核心企业的发展造成阻碍，因此金融机构迫切希望凭借自身优势嫁接金融业务，为供应链上其他成员融资的便利性和成本做出安排，利用金融业务，将其在行业中长期建立起来的优势变现，满足核心企业诉求。这种安排包括核心企业利用自身具有的资金获取优势为上下游企业提供直接信用，或者是以自身信用支持成员企业向商业银行、小贷公司、商业保理、融资租赁、电商平台、P2P 网贷等第三方机构融资。目前来看，核心企业拥有掌握供应链商流、物流、信息流、资金流的优势，植根产业底部，又有转型动机，在互联网快速渗透和金融改革的大背景下，核心企业切入供应链金融已经具备了相当优越的内外部条件。不过，与银行类传统金融机构相比，核心企业参与供应链金融的劣势也是显而易见的，它的融资方式主要是银行贷款、小贷贷款和 P2P 平台以及股东增资，不具有银行类金融机构持续的低成本资金来源。

5.2.4　商业银行寻找新的利润增长点

供应链金融的发展不仅与产业组织结构变革下的金融需求变化相关，也是银行等传统金融机构面对激烈市场竞争的创新需求反映。过去由于存贷利率管制导致的高利差环境，我国商业银行依靠存贷利差就能够“躺着赚钱”，因此没有动力去创新业务，导致我国商业银行经营特色不明显，目标市场高度重叠，“大客户偏好”导致银行陷入恶性价格竞争和人脉关系竞争之中，资源浪费严重，经营效益低。然而随着利率市场化进程的加速，商业银行以往赖以生存的高利差将逐步消失，银行要更多依赖中间业务盈利，比如委托代理业务。作为信用关系居间人，银行并非资金借贷的任何一方，只是受客户委托处理各类金融业务并从中获取服务费和佣金。与此同时，随着国内投融资体制的深入改革和金融深化，直接融资市场的逐步完善与壮大，多层次资本市场的构建，一些实力雄厚的大型公司客户能够自行发行股票和债券进行直接融资，对银行的依赖度降低，导致银行在融资市场的份额减少。在此背景下，越来越多的商业银行开始在风险控制和产品模式方面进行创新，由此供应链金融应运而生（见图 5-7、图 5-8）。供应链金融模式探索出了全新的风险管理与流动性管理路径，为利率市场化后的金融机构找到了丰富收入来源的通道。

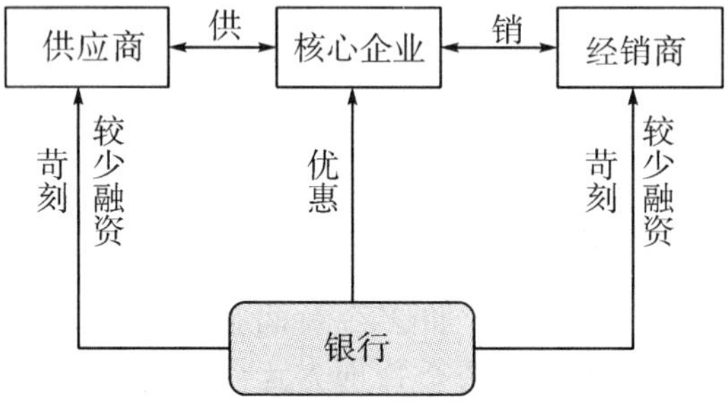

图 5-7 商业银行的传统融资模式

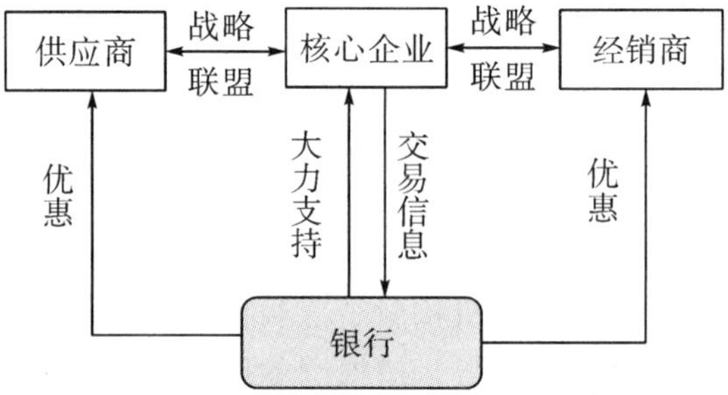

图 5-8 商业银行的供应链金融模式

5.2.5 互联网让供应链金融成为风口

供应链金融早已有之，但当前才是发展的黄金期，缘于它根植于产业转型的时代，爆发于互联网技术的催化。我国中小微企业有较为明显的数量多、轻资产的特点，虽然贡献大但获得的金融支持较少。互联网技术融入供应链金融，将原有的“银—企”两点模式变成了“银行—核心企业—上下游企业”三角模式，虽然相关主体更多，业务流程更复杂，信息共享要求更高，但互联网技术使这种供应链金融模式变成了现实。在“互联网+”的大浪潮下，几乎所有的传统产业（商业模式）都在思考着与互联网的结合，也因此将供应链金融推上了风口。银行不再是中小微企业的唯一选择，电商平台、小贷公司、融资租赁公司等主体已逐渐进入供应链金融领域，虽然它们受资金实力或金融牌照等限制，短期内很难占据主导地位，但已威胁到银行在供应链金融服务中的主导地位。在“互联网+”浪潮下，一些处在供应链上的非银行部门的利益相关者，比如物流公司等，利用自身信息优势、交易资源优势及客户资源优势，也渐渐开始提供供应链金融服务。

与传统供应链金融的业务开展完全在线下进行不同，互联网供应链金融提供产品和服务普遍采取线上线下相结合的 O2O 模式，信息共享更流畅，可让更多的利益相关者融入进去，从而显著降低了交易和融资成本，提高了融资效率（见表 5-4）。互联网技术和大数据技术使供应链金融线上化、自动化，极大降低了订单采购成本，优化了付款和单据处理流程，降低了收款成本和缩短了应收账款周转期，提升了资金流透明度，降低了应收（付）账款的不确定性，帮助企业规划经营。理论和实践都表明，基于“互联网+产业”的供应链金融能够优化产业链条，带动整个产业效率的提升。以阿里为例，大数据对店铺等级、评价、收藏人数等 800 亿项信息运用于 100 多个模型进行处理，结果运用于蚂蚁小贷，实现了申请 3 分钟放款 1 秒钟的急速自动化流程，仅 0.3 元的单笔放贷成本只占银行成本的 1/1 000，低于 1%的违约率，比小贷公司和银行都低很多。

表 5-4　一些电商平台的互联网供应链金融运行效率

产品	服务对象	上线时间	推出方	最高贷款额度	贷款期限	商家贷款成本	放贷效率	违约金
京小贷	京东供应商	2012 年 10 月	京东	200/500 万元	低于 1 年	日化利率 0.033% ~0.066%	1 分钟到位	未知
京保贝	京东商家	2013 年 12 月	京东	无	15~90 天	平均年化 10%	3 分钟到账	逾期加收 50%
蚂蚁小贷	阿里卖家	2010 年	蚂蚁金服	500 万元	平均 4 月	平均年化 12%~18%	1 秒放贷	1%以下

资料来源：网上公开资料整理。

过去，由于企业间的交易和经营信息均处于孤立和零散状态，供应链金融兴起的两大基石——定价能力和资金来源均处于空白状态。随着互联网对各行各业渗透率的不断提高，核心企业或交易平台提供用于风险评估的关键数据，使得互联网供应链金融的兴起成为可能。互联网供应链金融的优势体现在网络化、精准化、数据化：网络化使得交易信息传递更为高效，从而实现在线互联；精准化提高了对于质押物的风险控制能力；数据化对贸易、物流中的各类行为主体进行全方位记录，实现了产融结合（见图 5-9）。互联网供应链金融以在线互联、风险控制、产融结合为特征，基于大数据、云平台、移动互联网等手段，打造了一个富有市场力的实体产业链生态环境，因此，互联网是实现智慧供应链金融的最佳方式。当前我国正处于供应链金融互联网化发展的初期，未来基于传统产业场景的纵向一体化、横向网络化的互联网供应链金融将扮演重要角色。

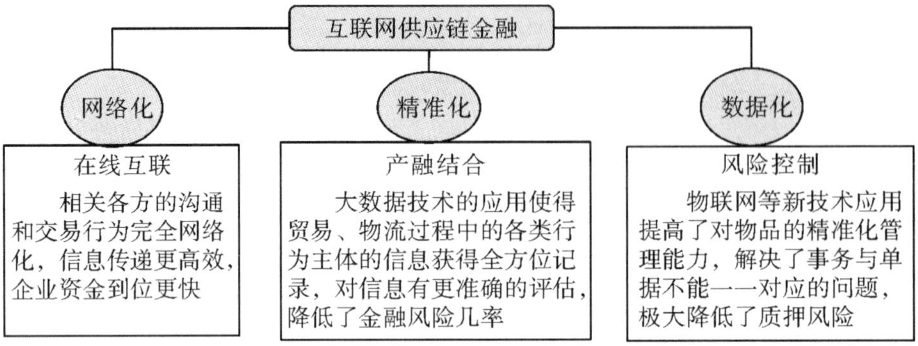

图 5-9　互联网供应链金融评估

互联网供应链金融更利于中小微企业。传统供应链金融以银行为主体，尽管供应链金融对中小微企业增信，但银行仍然聚焦于中小微企业中的“巨无霸”，仅对“矮子里面的高个”进行放贷。银行之所以聚焦大客户：一方面因为大企业征信数据较为完善，经营时间长，营收稳定，可预测性强；另一方面与银行的模式有关。传统模式通常是派人进行尽调取得可信的线下数据并持续进行线下跟踪，追求的是每笔贷款投放的安全性。由于线下人员成本高企，这种模式只能用在贷款额较大的大企业身上。大量的中小微企业被银行忽视，其原因是：一方面，中小微企业经营时间短、数据透明度和累计量不够、信用记录差、经营风险大；另一方面，银行线下开展业务的成本相对贷款额显得过高。互联网由于信息获取的边际成本近乎为零，天然适合解决中小微企业信息不对称问题。同时，中小微企业存在经营风险，但风险管理不再集中在单个贷款项目的安全性上，而转变为整体贷款集合的安全性。因此，互联网供应链金融是目前解决中小微企业融资问题的较优方法。如果没有互联网，供应链利益相关者的关系不清晰，信息收集和整体风控的成本会非常高，无法让中小微企业受益。因此，供应链金融互联网化是成本驱动，而非概念驱动。互联网供应链金融一改过去服务于核心企业的状况，变为通过核心企业为供应链上下游企业提供产品或服务，将以前传统银行没有覆盖到的“长尾”企业涵盖进来，并为这些企业提供更加多样化的供应链金融产品和服务。

5.3　国内外供应链金融的发展

5.3.1　国外供应链金融的发展

国外供应链金融的典型代表是美国。美国供应链金融是在流动资产综合处理的法律制度下，通过综合担保取得企业持有的应收账款和库存，并重视将其应用于金融机构授信的制度。近年来，美国供应链金融充分利用互联网提高了动产担保融资

（ABL）的生产效率，实现了实时掌握应收账款和库存情况，使得授信抵押资产的有效性和可靠性获得了大幅增强。美国 ABL 的基本模式是根据库存和应收账款的评估额决定贷款的上限额度（见图 5-10）。首先从应收账款和库存等作为担保的资产账簿的余额中扣除不合格担保资产，并将剩余的金额作为担保合格金额。然后，再用担保合格金额乘以每个担保种类的所占比例，算出合计金额，最终算出实际可贷的金额（上限额）（advanced rate），担保合格金额乘以预贷款率算出的金额则被称为“贷款基准额”（borrowing base）。贷方以用上述方法算出的贷款基准额为基础，审批限额，以及设定“信用额度”（credit line），但由于考虑贷款上限额的变动，该信用额度通常会设定稍大的金额。

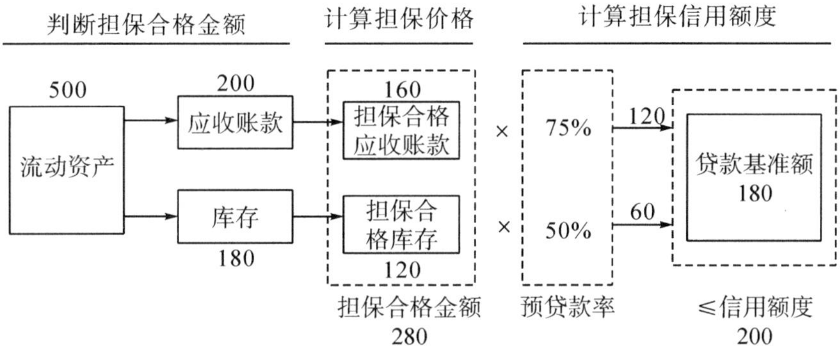

图 5-10　美国供应链金融的 ABL

总结起来，国外供应链金融有如下特点。首先，国外供应链金融是为大型跨国公司提供金融服务的；其次，银行仍聚焦核心企业，并以核心企业为中心，采取为供应链中的成员企业服务的“1+N”模式；最后，业务重心在应收账款和预收账款。总之，银行通常会以核心企业为入口，提供供应链金融服务，并会与核心企业一起提供灵活的供应链金融服务方案，这种模式能及时获取资金流和物流信息，降低交易风险，实现价值增值。供应链金融在发展过程中还进行了大量创新，比如增加了购销通、物流监管等服务，还与时俱进地把互联网技术接入了供应链金融之中，银行也通过网上银行提供信息共享平台，降低客户成本。

5.3.2　国内供应链金融的发展

我国供应链金融最早在广东出现，原深圳发展银行（现在的平安银行）1998 年在广东地区首创货物押业务；2002 年系统性提出并推广供应链金融理念及贸易融资产品组合；2005 年提出建设最专业的供应链金融服务商；2006 年提出“供应链金融”的概念并随之推出多种供应链金融业务。经过近 20 年的发展，我国的供应链金融已取得长足进步，发展历程中有供应链金融 1.0、2.0 和 3.0 三个重要的里程碑（见表 5-5）。

表 5-5　我国供应链金融的三个重要里程碑

发展阶段	主要特征	内容介绍
1.0 阶段	银行将核心企业作为信用支撑，并对供应链中上下游企业进行资金流和物流管理，为其提供融资、支付结算、财富管理等多种金融服务，即所谓的“1+N”模式。核心企业在这一过程中被赋予了信用载体的身份，主要通过保理、库存融资等形式实现融资服务。该阶段我国企业技术、物流技术、银行技术应用水平不一，并未实现供应链金融的“四流”对接，表现出不同性质的企业各自独立发展的局面	出于对行业整体发展的考虑，在获得中小微企业预付款、应收账款、存货等流动资产抵押的条件下，核心企业有动力以自身较高的信用评级来为上下游企业融得低成本的经营资金，有贷款支持的上下游企业能够扩张业务，核心企业的经营环境得到改善，而金融机构只需评估核心企业的资信状况及供应链交易风险，就可以对整个产业链上的大量企业授信。该阶段的供应链金融具体模式包括商业保理、库存融资、应收账款管理等
2.0 阶段	通过信息技术手段对接供应链的上下游及各参与方，把传统线下的“1+N”供应链金融搬到了线上。核心企业凭借资金优势基本完成企业资源计划（ERP）系统建设，初步实现了供应链上核心企业、上下游中小微企业、银行等资金提供方与物流服务商的商流、物流、资金流、信息流“四流”的归集与整合，为进一步提供适应供应链的征信、融资、结算、理财等风险管理手段与融资金融服务打下基础。线上供应链金融能快速实现多方在线协同，而银行是重要的授信者，关注资金往来	随着互联网应用的扩大以及 IT 技术的成熟，产业发展逐渐向线上倾斜，很多交易往来以及信息交互的处理由线下转向线上，依靠互联网的强大渗透力，除了核心企业外，供应链上的各个企业都有参与，各方信息透明，业务协同发展。2012 年平安银行提出了供应链金融的转型，把传统的线下供应链金融搬到了线上，供应链中的商业、物流、资金等众多信息都能通过虚拟平台来传递，交易、融资、结算及支付趋于电商化，资源的整合与分配更加合理，供应链各方的效率迅速提高
3.0 阶段	“互联网+供应链+金融”三个要素高度融合，供应链金融升级为基于供应链的征信、融资、结算、理财等端到端的综合金融服务。电商云服务平台将以核心企业为中心的“1+N”模式变为以中小微企业自身交易为中心的“N+N”模式。银行电商云平台线上化中小微企业的订单、运单、收单等经营性行为，并与物流等第三方企业一起为供应链提供服务。平台连接智慧供应链、利用大数据构建金融生态系，使得金融能真正服务于整个智慧供应链的各类主体	互联网时代中小微企业不再绝对依附大企业，每个企业都有自己的上下游，使过去围绕核心企业的“1+N”模式升级为每个企业都是节点的平台模式，通过搭建综合性服务平台，各企业都能低成本电商化，与上下游对接后开展融资支持、支付结算、投资理财等，最终打造供应链金融生态系统。大企业不再是唯一核心，银行也不再是唯一的融资渠道，小贷公司、担保公司、商业保理、融资租赁、P2P 平台都能从供应链金融的资金供给中分一杯羹

5.3.3　国内外供应链金融比较

国内外供应链金融的双方在融资主体、融资方法和服务对象上都有很大不同（见表 5-6）。国外以直接融资为主，多渠道、多层次资本市场的建立为企业融资提供了极大便利，我国中小微企业融资成本高，传统金融机构对中小微企业的业务渗透率仍然很低，因此这恰好隐藏着很大的发展机会，供应链金融适时出现。国外以美国为首的西方发达国家尽管经济发展水平高，但国外互联网对经济的渗透并不如国内。国内以互联网为特征的金融创新方兴未艾，供应链金融互联网化全面拓展了供应链金融的需求场景和资金来源，所以我国供应链金融发展前景很好，预计到 2020 年将突破 15 万亿元规模。

表 5-6　国内外供应链金融的比较

比较项目	国外供应链金融	国内供应链金融
融资主体	国外由于法律监管较松，金融机构实行混业经营影响，所以供应链提供者多元化。首先有银行、保险公司、基金和信贷公司等机构，借款后委托核心企业或物流公司管理存货和评估借款中小微企业；其次有核心企业与银行一起展开供应链金融服务；最后有银行专门成立相关部门单独提供服务，因此供应链金融中，融资主体类型多样	我国由于受银行分业经营，供应链金融业务中提供资金和进行相关结算的主体主要是商业银行，核心企业及物流公司等第三方机构的参与度较小，起着协助银行融资的作用。银行借款给中小微企业，第三方机构受银行委托评估并管控借款企业和担保物，或者银行对整个供应链授予一定额度，由核心企业按银行规定对供应链上所需贷款的企业分配额度
融资方法	担保物种类丰富，可以是应收账款质押，存货质押等，而存货可以是原材料或产品，而产品可以是产成品或半成品甚至是在制品	国内的应收账款质押经历的时间较长，较为成熟，所以选取面较宽。而存货质押近几年虽发展较快，但其质押品种选取面还较为有限
服务对象	农户、流通型企业、供应商和生产企业，即供应链上的中小微企业	主要为流通型企业开展业务，因此多以公共仓储保管存货

5.4　互联网供应链金融的资产端

5.4.1　供应链金融属于结构融资

为了解决供应链条上的资金缺口问题，结构性融资应运而生。作为一种金融创新产品，结构融资创造性地运用各种传统的和创新的融资方法，剥离企业未来现金流的特定资产，并以此为标的进行融资。之所以被称为“结构融资”，主要是因为从财务报表的结构考虑资产的替换，比如以现金资产将企业特定资产从其资产负债表中替换出来，在资产负债率不变的情况下，增加高效资产。企业现金缺口的产生主要来自三个方面的叠加：采购阶段需要预付账款；运营阶段需要以存货保证正常运转；销售阶段又会产生应收账款（见表 5-7）。由于这些融资需求均基于正常的企业间经营交易，只要整个产业链的上下游处于正常经营状态，企业出现违约的概率和风险仍可控。

表 5-7　供应链结构性融资三种基本模式比较

资产名称	预付账款	存货动产	应收账款
发生阶段	采购阶段	运营阶段	销售阶段
融资企业	制造商和下游分销商	供应链上的所有企业	上游供应商债权企业
融资目的	买方获得银行贷款后购买生产资料，缴纳保证金后银行先向供应商垫付货款	企业利用存货质押融资，提高了积压资金的使用效率，有利于中小微企业扩大规模	通过转让应收账款，客户可以获得销售回款的提前变现，加速流动资金周转
模式介绍	卖方发货到银行指定的监管仓库；买方向银行交保证金；银行依据保证金多少释放部分抵押物给买方	客户以自有存货产品为质押物的授信业务，银行委托第三方物流或仓储公司监管抵质押	卖方销售商品形成应收账款，银行据此为卖方提供应收账款质押融资及管理综合服务
业务流程	在核心企业回购承诺下，中小微企业以既定仓单向金融机构申请授信	借款企业将自有存货作为质押物向金融机构申请贷款，金融机构发放资金	卖方将赊销的未到期应收款提交金融机构质押，获得金融机构贷款
还款来源	购买方在支付足额货款之前货物权归银行	购买方直接将货款给借款银行	购买方直接将货款给借款银行
风控措施	银行与购销方及仓储、物流公司签署四方协议并将货物交由指定仓储、物流运输，便于银行监管	买卖双方的交易货物必须存放在银行指定仓库，或由指定物流公司运输，便于银行监管	在企业销售合同中设定将销售货款汇入指定银行账户，作为借款方的还款来源

结构性融资与上述过程相对应：在采购阶段采取预付账款质押来实现账单支付时间后移而减少资金缺口，在运营阶段采取动产质押来减少从账单支付到存货卖出期间的资金缺口，在销售阶段采取应收账款质押来减少从存货卖出到收取现金期间的资金缺口。按照融资切入点的不同阶段可将结构性融资分为采购阶段预付款质押、生产阶段存货质押及销售阶段应收账款质押三种，并且每种融资形态下面还可以有多种业务类型（见图 5-11）。

5.4.2　企业采购阶段预付款融资

为了获得生产所需的原材料和半成品，处于供应链下游的企业往往需要向上游供应商预付账款，而资金流转困难的企业可暂时采用预付账款融资获得流动性。预付款融资可以理解为“未来存货的融资”，是指在货物的卖方允诺出现违约时可回购卖方货物，且物流公司为其信用担保，则买方可凭借金融机构指定仓库的仓单向金融机构申请融资以缓解采购期间的资金压力，则金融机构具有控制仓单货物的权力并贷款给买家（见图 5-12）。在贷款未偿还期间，货权归资金提供方所有。预付款融资模式实现了资金供求双方的共赢，对于中小微企业而言，无须一次支付所有

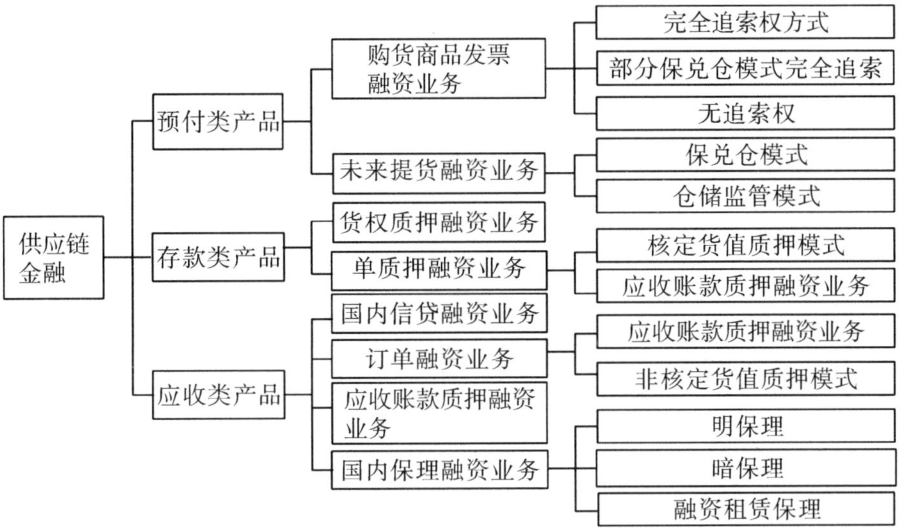

图 5-11　供应链金融的业务类型

货款，只需分批支付和提货，给中小微企业带来了融资便利，缓解了短期的资金缺口问题；对于金融机构而言，放贷的前提是上游供应商允诺回购货物，核心企业有连带责任，且有指定仓库仓单质押，所以信贷风险较小的同时，还实现了盈利。

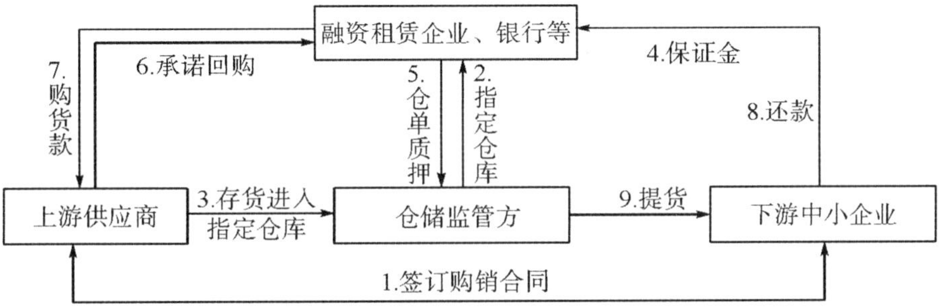

图 5-12　预付款融资的业务流程

预付款融资的模式主要有保兑仓和信用证贷款，其中以保兑仓业务最为普遍（见图 5-13）。保兑仓业务是指卖方允诺回购货物，买方向银行申请融资，银行质押卖方在银行指定仓库的货物仓单，银行控制货物提货权后放款。从本质上讲，保兑仓融资模式主要适用于一些处于预付账款时期的买家，在预付账款期间，买方要给卖方预付账款才可获得原材料或半成品，所有买家可质押预购的原材料和半成品给银行获得融资，实现分批付款和提货。

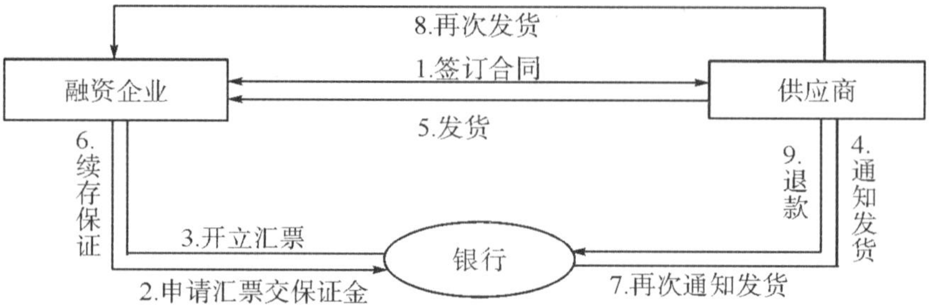

图 5-13 保兑仓业务流程

5.4.3 企业运营阶段的存货融资

企业正常经营时的库存成本往往占到供应链运营成本的 30%以上，主要包含锁定在库存商品中的资金占用成本与融资成本，需要借助金融手段实现生产销售稳定与流动性充裕两者之间的平衡。存货融资是指企业将存货动产作为质押，通过资金提供方办理融资业务（见图 5-14）。存货融资模式需要核心企业提供担保，约定在贷款的中小微企业违约时由核心企业偿还债务或回购质押物。因此实力雄厚、信用状况好的核心企业在供应链中发挥了很大作用，既解决了中小微企业的贷款信用问题，又与中小微企业建立了良好的合作关系。物流公司可保管质押物，评估质押物价值，监督质押物动向等，在银行授信中起到了保障作用。金融机构本身不会接受原材料和半成品，但会将其转化为原材料或半成品的质押权，还有核心企业的担保或回购承诺，因此为卖家放款就成了担保贷款或质押贷款，风险可控。

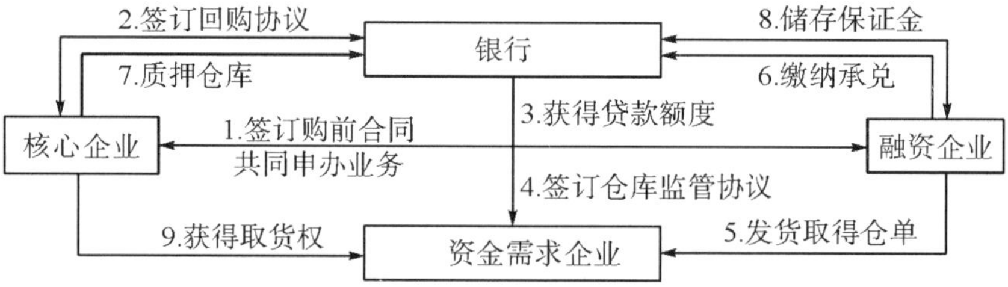

图 5-14 供应链存货融资的业务流程

根据抵押质押的动产标的不同，存货融资还可进一步细分为货权抵押质押融资和仓单抵押质押融资。货权抵押质押融资是银行委托物流公司监管借款人的抵押质押商品，借款人还款提货，这种模式适合仅有存货的借款人，便于其盘活存货的积压资金，提高资金的周转率。仓单质押授信是指仓库或物流公司提供既定货物的仓单，客户以仓单为质押物做出背书后，银行授信。鉴于仓单的有价证券性质，出具仓单的仓库或第三方物流公司需要具有很高的资质。通常情况下，这两种模式统称为动产抵押质押授信。存货融资模式使中小型企业可以将以前银行不愿意接受的动产转变为其愿意接受的动产质押品，从而架设了银行等资金提供方与供应链中工商企业之间资金融通的新桥梁。存货融资将金融机构、物流公司和仓储公司汇集到一起，将资金流、物流和信息流有效整合与管理，提高了资本的运作效率，达到了资源的优化配置，增强了供应链整体与成员企业的竞争实力，较好地解决了广大中小微企业生产销售稳定与流动性充裕两者间的平衡问题。

5.4.4　企业销售阶段应收款融资

在产能过剩的买方市场背景下，企业往往会采取赊销行为去库存。据一项针对中国企业信用风险的专项调查统计，目前全国企业间赊销行为已高达 60% 以上，尤其以 60 天期限的赊销比例最高。由于购买商的实力水平不同，企业货款回收期也会有长有短。如果货款回收期过长，则会给企业带来流动资金短缺的风险。应收账款是下游经销商赊购上游供应商商品时形成的，金融机构为应收账款提供账户管理、融资或催收等综合服务（见图 5-15）。供应链中的应收账款融资主要为上游中小微企业服务，它们转让应收账款即可提前变现货款，从而提高资金周转效率。在这种模式里，上游供应商具有债权，下游供应商具有债务，核心企业融资担保，金融机构提供资金，都会参与到借贷活动中，并且在出现违约时核心企业需要弥补金融机构的损失，金融机构授信前要先评估贷款的下游企业风险，考察供应链运作状况，并根据结果决定是否授信。

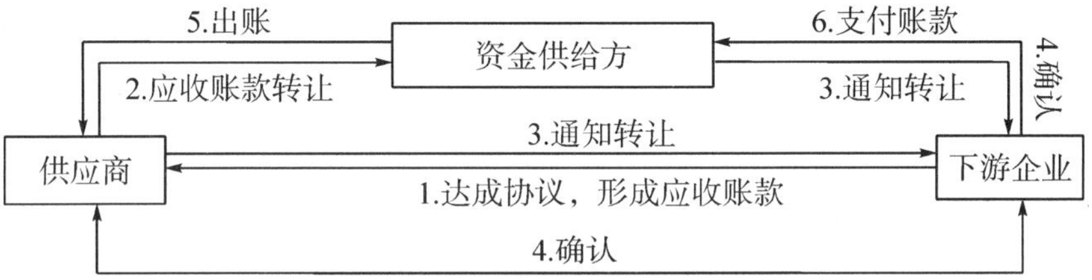

图 5-15　供应链金融的应收账款融资模式

应收账款融资主要是保理服务，保理又包括明保理和暗保理，两者的区别在于是否将保理业务通知经销商。明保理是银行基于供应商的应收账款提供账户管理、融资、催收和承担坏账风险等服务，但需要经销商确认，而暗保理无须确认。应收账款融资有助于解决中小微企业在资产规模、盈利状况、资信水平等无法达到银行贷款条件时的融资问题，核心企业凭借自身多方面的综合实力助力中小微企业获得银行融资，有利于小微企业的稳定发展，有利于整个供应链的高效运作，有利于银行降低贷款风险。

5.5 互联网供应链金融的资金端

5.5.1 银行主导的供应链金融

由于银行有获得公众存款的低成本资金来源，且最早开展供应链金融，所以目前以银行为主导的供应链金融仍在国内占有较高比例。由于核心企业的隐性背书，又通过互联网促进了供应链交易的信息对称与透明化，降低了向中小微企业放款的风险，且回报较高，银行也非常重视这种多方共赢的金融生态（见表5-8）。况且，这种业务是全行业全产业链的，能消化和对冲行业的周期性风险，在风险分散方面较核心企业具有明显优势。这种模式的本质是基于核心企业与上下游中小微企业的信用差建立的，核心企业凭借自身良好信用从银行等外部渠道获取资金，再利用自身与借款的上下游企业间的业务关系控制借款风险，实现中小微企业的资金融通。

表5-8 部分商业银行主导的供应链金融比较

银行	推出产品	特点
工商银行	沃尔玛供应商保理业务试点；供应链金融产品；电子供应链融资服务，与核心企业的ERP对接	业务流程方面，采用柜台化办理的思路；市场营销方面，转变单个客户营销模式为批量营销模式；风险管理方面，整合资金流和信息流，降低信息不对称性
中国银行	融信达、融易达、销易达、融货达、货利达、通易达、融通达等供应链金融产品	创新供应链金融产品，创新供应链，整合产品组合等，整合投行、国际结算等业务，满足供应链的资金需求；培育供应链核心企业客户，围绕工程机械、食品饮料、建筑等数十个行业，全面梳理核心企业并挑选目标客户
平安银行	采用“N+1+N”模式，实现点到链的创新，拓展了早期推出的供应链金融2.0的链到面格局	规模较大，第一家开展供应链金融业务的银行
民生银行	供应链金融生态圈是“一圈两链”，还有“商贷通”产品	“一圈”指城市的大型商圈，“两链”指下游经销商和上游供应商，“商贷通”指中小微企业的商户融资产品。通过“信贷工厂”批量审批流程，服务效率提高
招商银行	电子供应链	加快审核融资速度

5.5.2 小额贷款公司引入资金

供应链上游的核心企业（包括物流公司）通过设立小额贷款公司，以自有资金为主，向供应链下游的中小微企业提供融资服务，并且自有资金实力越强，则杠杆越高，资金价格越低，越利于融资。小额贷款公司开展供应链金融的优点在于可以按照高于同期银行贷款基准利率几倍的高利率收取利息，且放款速度快、期限灵活。小额贷款公司开展供应链金融的不足之处在于受限于只能以股东缴纳的资本金、捐赠资金和不得超过净资本 50%的银行融资为资金来源，杠杆放大倍数低。在目前转贷比例不超过小额贷款公司资本金 0.5 倍的政策约束下，核心企业利用自有资金成立小额贷款公司对企业自身的资金要求较高。以核心企业出资 100 亿元设立小额贷款公司为例，最高可以从银行贷款 50 亿元。假定从银行获取资金的成本和公司自有资金的成本均为 7%，而向供应链上中小微企业的借款利率为 12%，则可以获得 5 个点的净利差，150 亿元对应 7.5 亿元净利润，可实现 7.5%左右的净资产回报率（ROE）。况且，政策对“不得将超过净资本 50%的银行融资作为资金来源”的约束正在逐步放开。目前全国小额贷款公司的牌照由各地金融办发放，政策主要由地方制定，有的地方政府已开始放宽 0.5 倍杠杆的限制，比如重庆市、上海市等试点省市已将“不得将超过净资本 50%的银行融资作为资金来源”放宽到了 100%。不过，出于风控的考量，“50%的融入资金额上限”不会无限制放开。在此背景下高资信评级的核心企业可以通过小额贷款公司加有限杠杆来获取 5%的放贷利差，优于一般只有 2%左右的担保收益。这就解释了为什么仍有很多核心企业仍热衷设立小额贷款公司开展供应链金融服务。

5.5.3　P2P 平台引入资金

P2P 平台为丰富供应链金融的资金来源提供了新的选择（见表 5-9）。P2P 平台对接有融资需求的企业和有理财需求的个人，平台可赚取约 2%的利差。P2P 平台的优点是审核放款快，无资金的杠杆天花板限制；缺点是对平台运营能力、技术能力和风控能力要求较高，前期需要有较大的人力和财力投入。供应链金融依托于供应链体系，在上下游强关联的前提条件下可有效控制风险，从而成为 P2P 平台不可多得的优质资产端，而逐渐规范的 P2P 平台作为资金来源也能为供应链金融融资方提供充足“弹药”。目前 P2P 金融已经在能源、旅游、珠宝、农业等各个行业发展起来，他们由于具备行业经营经验，在信息获取、风控技术上更加专业，能通过金融脱媒快速解决资金来源问题。相比银企合作的业务流程限制和小贷公司杠杆率的限制，P2P 平台是核心企业涉足供应链金融的较佳选择。

表 5-9　P2P 平台在垂直领域的供应链金融实践

所属行业	P2P 平台	支持企业	合作性质	供应链金融内容	风控
煤炭化工大宗	中瑞财富	中瑞控股	自设	为中瑞上下游企业提供应收账款转让及企业流动资金借贷等	经营数据筛选客户，还款来源为经营所得，能承受的融资成本不超过 15%

表5-9(续)

所属行业	P2P平台	支持企业	合作性质	供应链金融内容	风控
家电	海融易	海尔集团	自设	利用海尔自身产业连接金融服务，已推出优选理财融易发、海赚，票据理财小金票，应付账款理财小金链四款	海尔集团拥有覆盖全国信用等级的数据库系统
地产	世联集金	世联行	自设	基于自身房产销售而提供的家庭消费金融	所有标的均经过城市、项目、借款人三重风控筛选；平台标的金额不超过 20 万元，小额分散降低投资风险；设立本金保障计划，资金托管
农业	农发贷	诺普信	参股	满足农户在作物种植过程中采购农资的资金需求	通过实地考察，掌握海量农资经销商和种植大户的信息数据
零售	保利网	华联商厦	战略合作	订单融资、动产质押、应收款质押	专业担保机构
旅游	积木盒子	百拓商旅	战略合作	为百拓商旅提供无担保信用贷款咨询服务，其融资目的是为大型机票采购商垫付机票款（百拓商旅企业信用贷）	百拓商旅将为积木盒子开放后台实时交易数据，根据数据掌握商家经营情况

5.5.4 商业保理公司引入资金

保理是指保理公司受让企业应收账款，并向企业提供应收账款的账户管理、融资、催收和承担坏账风险等一系列金融服务，从而获得资金利息、管理费、监管质押费和服务费四个方面的收益。由于应收账款比存货拥有更好的流动性，因此以保理业务为代表的应收账款融资模式成为供应链金融的最佳标的。保理作为一种综合性金融服务，以核心企业和第三方平台提供的数据为支撑，以债权人转让其应收账款为前提，集事前的资信调查、事中的融资和分账户管理、事后的应收账款催收和坏账担保于一体，风控管理贯穿全程（见图 5-16）。按照提供服务机构的不同，保理业务可分为银行保理与商业保理。自 2012 年商务部出台《商务部关于商业保理试点有关工作的通知》以来，国家利好商业保理发展的政策不断，有利于促进保理行业的快速发展，全国商业保理业务规模截至 2015 年年底已达到 1 600 亿元规模。

商业保理的资金来源主要有公司注册资本金、银行授信、私募基金、P2P 平台和资产证券化等。由于目前我国商业保理公司的抗风险能力普遍较弱，加之我国整个信用体系不健全等因素，银行实际上对商业保理公司的支持明显不足。因此，互联网时代 P2P 及资产证券化日益成为商业保理公司做杠杆的主要渠道，P2P 与商业

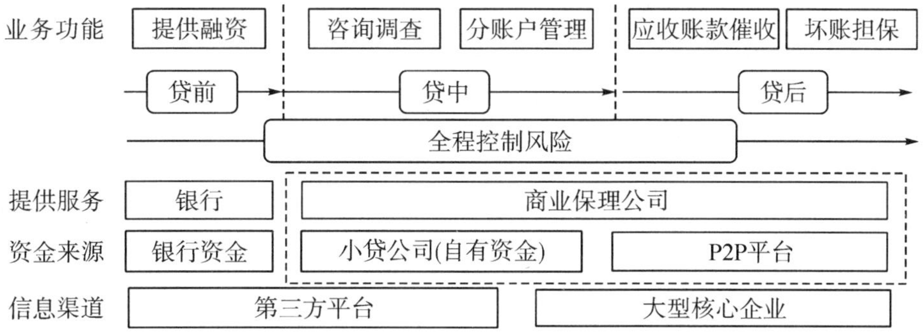

图 5-16　保理公司的业务流程

保理合作，供应商将应收账款转让给商业保理公司，由其为供应商提供保理服务并将应收账款转让给 P2P 平台的投资者，到期时商业保理公司将从经销商处拿回的本息支付给网贷投资者。典型的案例是旺财谷平台，该平台专注于应收账款融资理财服务，主要客户为中小微企业，成立 1 年多来，已为几十家中小微企业融资超过 5 亿元。与银行理财产品相比，商业保理对接的 P2P 理财产品的收益通常是同样期限下银行产品的两倍左右。与信托计划、资管计划等产品需要一到两年的投资期限相比，P2P 平台的理财产品期限可灵活选择。与银行和信托等金融机构的理财产品设有数万元甚至上百万元的投资门槛不同，P2P 平台对投资者通常不设投资门槛。

5.5.5　融资租赁公司引入资金

（1）融资租赁主要业务。融资租赁是指承租人对租赁物及其供应商有特定要求，出租人根据这些要求购买租赁物并租让使用权给承租人，承租人支付租金，出租期满时按照租赁合同约定或交易习惯，租赁物归出租人或承租人所有，无法划分归属权时归出租人。租赁履行过程中出现问题时，由于租赁公司可自由处置租赁物，所以该业务对承租企业的资信要求不高，也无担保要求，能很好地解决中小微企业的融资问题。同时，融资租赁属表外业务，所以也不会对承租企业的信用状况产生任何影响，有利于中小微企业多渠道融资。一般情况下，购买租赁物的资金额度很大，融资租赁既能有效缓解中小微企业一次性支付设备费用的资金压力，又可更新设备用于生产。

按照监管机构的不同，我国有金融租赁公司、外资租赁公司和内资租赁公司的区分，三类公司的准入门槛、业务范围和牌照等均有所不同（见表 5-10）。根据融资租赁项目的复杂程度和操作模式，融资租赁的业务还可细分为直接租赁、售后租回、委托租赁、杠杆租赁、厂商租赁、分成租赁、可转租赁等多种形式（见表 5-11）。

表 5-10　三类融资租赁公司相关比较

公司类型	监管机构	经营杠杆	注册资本	业务范围
金融租赁	银保监会	≤12.5 倍	最低 1 亿元的注册资本，商业银行需 8%的资本充足率	融资租赁业务、吸收股东定期存款、接受承租人保证金、转让应收租赁款、同业拆借等
外资租赁	商务部	≤10 倍	最低 1 000 万美元的注册资本	租赁及融资租赁业务、购买租赁物、租赁物残值处理维修、租赁咨询与担保、其他业务
内资租赁	商务部	≤10 倍	最低 1.7 亿元的注册资本，经营三年无亏损	租赁与融资租赁业务、购买租赁物、租赁物残值处理维修；租赁咨询；承租人保证金等

表 5-11　融资租赁业务的主要细分

业务细分	业务内容
直接租赁	出租人根据承租人对供应商和租赁物的需求购买租赁物，出租给承租人使用并收取租金
售后租回	租赁物被出售给融资租赁公司，再以直接租赁的形式向融资租赁公司租回使用
委托租赁	出租人受委托人委托，根据委托人的要求向承租人办理融资租赁业务
杠杆租赁	租赁公司以吸收银行和社会闲散游资融资为主，以自有资金为辅（占 20%以上）购入租赁物件向承租人开展租赁业务
厂商租赁	机械设备的制造商或经销商，以租赁融资的形式交付设备给用户使用
分成租赁	租赁公司与承租人之间以租赁设备的生产量或企业与租赁设备相关的收益来确定租金水平
可转租赁	租赁公司从其他租赁公司融资租入租赁物后再转租给承租人

从融资租赁交易流程图可以看出，直接租赁对中小微企业而言实质上是以分期付款的形式购进标的物，对融资租赁公司而言其本质是定向贷款，而售后回租则类似于抵押贷款（见图 5-17）。因此，融资租赁可以有效地盘活企业资产，缓解企业流动资金压力。

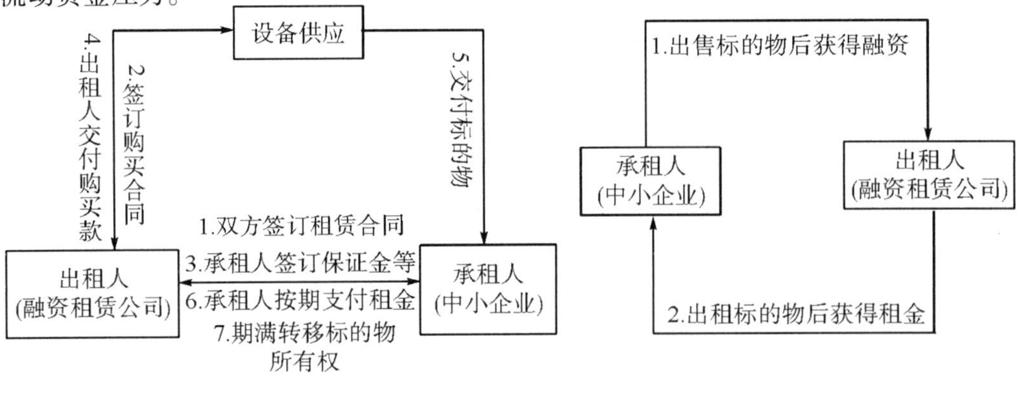

图 5-17　直接租赁和售后回租的业务流程

（2）融资租赁与保理相结合。保理商可针对直接融资租赁业务的应收租赁款进行保理融资，即先交付后保理。在该模式中租赁公司与承租人签署融资租赁合同，与供应商签署买卖合同，货款及设备交付则形成租赁公司的应收租金资产，保理商保理已形成的租金可解决租赁交易中的收款问题（见图 5-18）。

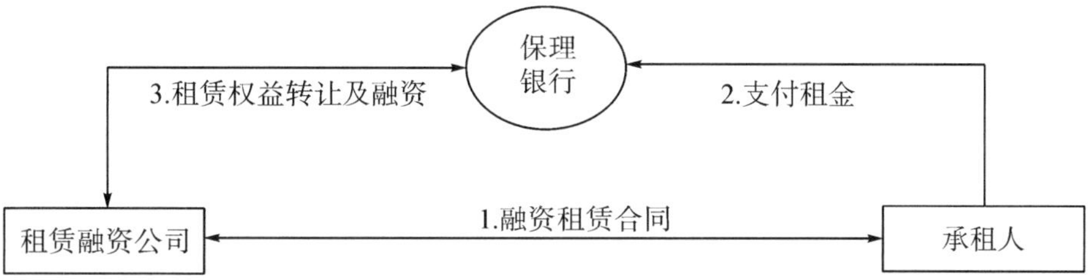

图 5-18　融资租赁与保理组合的业务流程

保理商还以对出租人向供应商提供的租赁物件购买款进行结构性租赁保理。租赁各方的合同已生效，但租赁公司尚未支付货款，则租赁公司与供应商的购买合同关系、与承租人的融资租赁合同已经生效。保理商认可上述法律合同关系，并对未支付的租金进行先期直接保理，但要求租赁公司在获得租赁保理款项的同时将其支付给供应商，以确保保理商先期受让所获得的租金收益权的存在（见图 5-19）。此模式用以解决高价值设备租赁交易架构中的付款问题，是租赁公司的优质租赁项目获得外部资金支持的一种融资方式。此类业务属于创新型业务，目前应用较少。

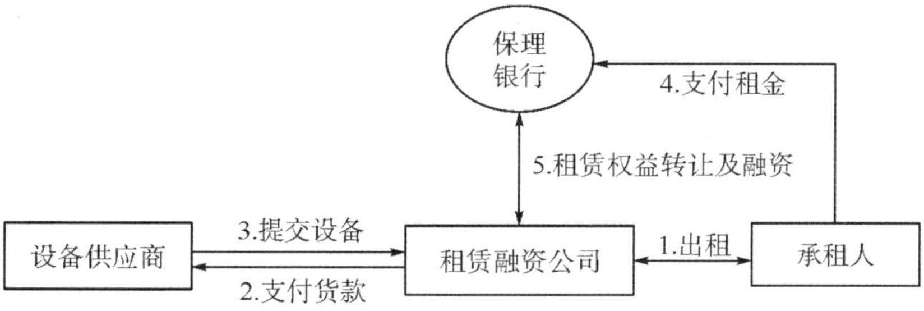

图 5-19　结构性融资租赁保理的业务流程

（3）融资租赁对接 P2P 平台。融资租赁对接 P2P 平台诞生了一类全新的网贷模式 P2L（person to leasing），即个人投资对接融资租赁项目，该模式是在 P2P 平台上多加了融资租赁公司这一中介（见图 5-20）。P2P 网贷实现了资金供需双方的匹配，P2L 是将个人资金投入融资租赁公司的租赁项目。P2L 以融资租赁优质债权交易为核心，盘活了存量资产与社会沉淀资金，拓宽了融资租赁的债权转让渠道。P2L 模式中，融资租赁公司和投资者共享收益，虽然收益率比 P2P 模式低，但投资风险也要低一些，因为网贷平台为了风控会与资质好的融资租赁公司合作，而融资租赁公司承担债权回购义务。此外，相比网贷平台，融资租赁公司会严格审核项目，且租赁资产用途明确，不会被挪用。正因为如此，P2L 模式近年来在我国得以快速发展。

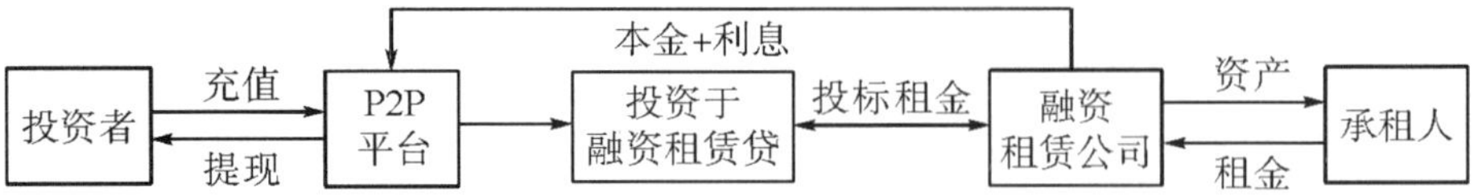

图 5-20 互联网融资租赁的 P2L 业务流程

5.6 互联网供应链金融的服务模式

5.6.1 商业银行主导的供应链金融

商业银行是供应链金融的始创者和深度参与者，但银行出于风险和成本的考虑对企业特别是中小微企业惜贷，中小微企业在自身信用状况、盈利能力、担保物、担保机构等方面均无法满足银行要求。在此背景下，一些商业银行在国内最早开始开展供应链金融，对核心企业授信，再凭中小微企业在供应链中与核心企业的业务关系，以预付账款、应收账款和存货等动产为抵押物进行融资（见图 5-21）。银行主导的供应链金融实现了多方共赢：中小微企业借助核心企业的资信及实力，降低了自身的融资门槛并拓宽了融资渠道；第三方物流公司与银行协作并为其提供物流金融、获取客户资源等服务；核心企业提供融资金融服务后能得到一定收益。银行在供应链金融模式中跳出单个企业的局限，从整个链条角度考察产业发展并动态跟踪企业动向，并且为广大中小微企业新增融资业务，增加银行表内业务或表外业务，还获得相关的财务顾问和信息咨询等中间业务，同时这种基于真实贸易的融资模式降低了银行的贷款风险。所以供应链金融为银行带来了新视角、新思维、新战略和新理念。

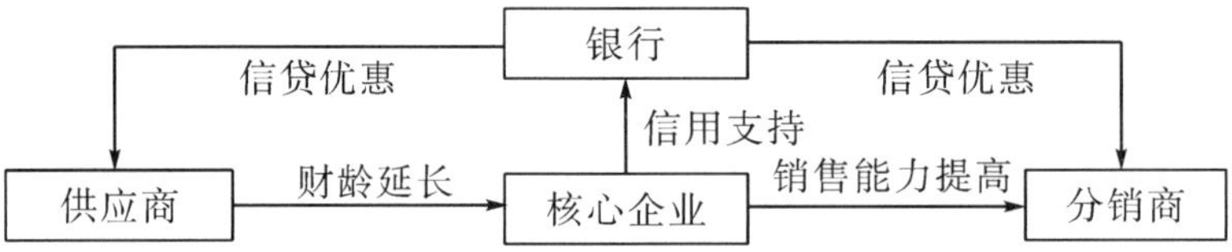

图 5-21 商业银行主导的供应链金融模式

在众多参与者中，银行有最强的资金优势，且在传统的借贷过程中对核心大企业的运营状况较为了解。由于银行强大的资金优势以及对借贷方选择的强势，目前银行基本占据了供应链金融最优质的行业客户，如汽车、钢铁、快消等。不过，随着互联网金融平台融资能力的增强，一些商业银行已感受到来自互联网供应链金融的冲击，开始尝试自建或者与电商平台合作开展互联网供应链金融，互联网平台也开始整合资源，并优化物流链、资金链和信息链，为供应链企业提供专业化金融服务（见表 5-12）。

表 5-12　部分商业银行的互联网供应链金融平台

商业银行	供应链金融平台	平台功能概要
平安银行	供应链金融 2.0 系统	预付款融资、存货融资、反向保理、仓单质押融资、核心企业协同等线上产品或服务
招商银行	网上企业银行平台 8.0 版	现金管理工具与网络平台、票据池、订单融资、保税区、发票融资等线上业务，还有小企业商务交易、现金增值、便捷融资、供应链金融等服务
中信银行	上下通融	从供应链全流程及前后端出发，涵盖订单贷、保理、应收账款及消费贷等
工商银行	电子供应链	为供应链中所有企业提供会员管理、信息管理、融资、结算等金融服务
农业银行	E 商管家	供应链管理、线上线下协同发展、支付结算、云服务等。企业自身以及供应链上下游财务结算、采购销售、营销配送等管理

5.6.2　核心企业主导的供应链金融

核心企业一般是行业龙头企业，掌握供应链上下游的“四流”信息，也因自身长期的商业活动熟悉上下游企业运营情况。基于产业的供应链金融通过商业模式的重构，将原先需要银行完成的风控环节交由核心企业，且能实现核心企业多余授信额度的转让，产能过剩的加剧更是促使核心企业开展供应链金融。在这种模式中，核心企业自身对业务有很强的把控能力，同时仓储能力也很强，借助互联网平台提供抵押不动产的融资服务比传统金融机构更有优势，还可通过下设的商业保理公司、融资租赁公司以及小额贷款公司向上下游企业提供金融服务，有助于供应链效率的提升（见图 5-22）。与传统金融机构相比，核心企业更易搭建供应链融资生态，将产品、物流、仓储、资金融通等多个维度建成以核心企业为中心的生态系统。

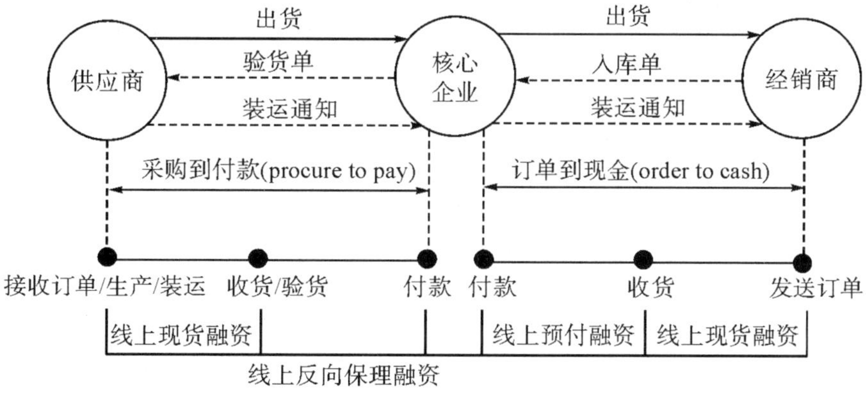

图 5-22　核心企业主导的供应链金融模式

国内核心企业供应链金融以海尔集团的海融易为典型代表。海尔集团产业链上积累了大量的商家，上游客户主要以家电为核心，涉及供应商客户数量2 400余家，下游约有3万家活跃的经销商，上下游客户以中小微企业占多数。基于海尔产业链十万余家上下游客户的庞大资源，参考海尔ERP数据库中供应商和经销商的数据，并结合独立尽职调查团队对融资企业进行线上与线下综合分析，海融易供应链金融能够有效控制上游供应商应收账款质押授信风险和下游经销商提货权质押授信风险，将授信业务的风险降到最低。以"小金链"为例，供应商销售货物给海尔，资金到账前形成企业对海尔的应收账款，海融易的小金链业务让供应商可转让债权给平台投资者，从而实现资金的快速回流，到期时海尔下属企业兑付应收账款即可（见图5-23）。

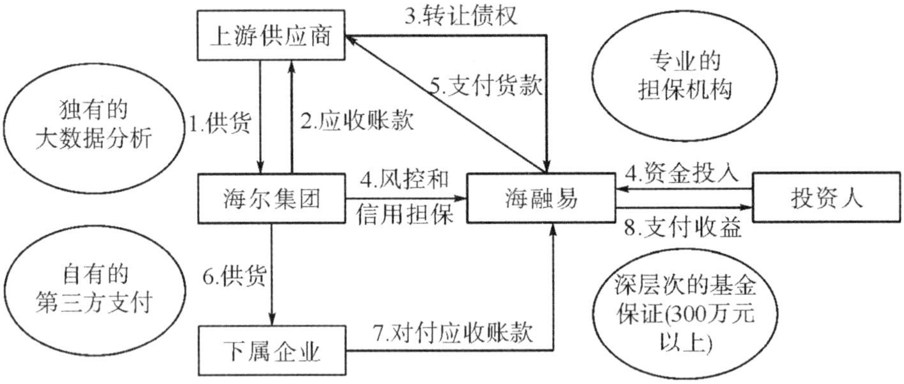

图5-23　海融易的"小金链"债券转让模式

国外核心企业供应链金融以美国通用电气（GE）的供应链金融为典型代表。GE在旗下设立了GE CAPITAL（GEC）专门从事供应链金融，其中飞机租赁业务是其供应链金融的关键业务。GEC通过融资租赁，直接向飞机制造企业下订单采购飞机并交给航空公司使用，航空公司按期支付本金和利息给GEC（见图5-24）。通过在供应链金融行业中常年的积累，GEC的利润占GE总利润近四成，已是整个GE集团中不可或缺的部门。

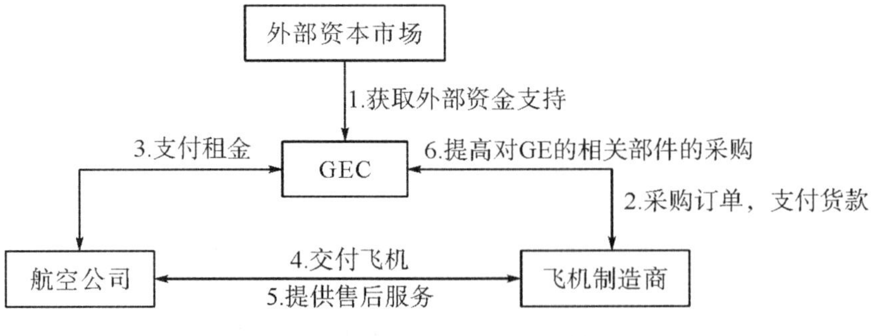

图5-24　GEC的供应链金融模式

5.6.3　物流公司主导的供应链金融

物流公司协调着供应链金融服务。互联网时代，物流公司与供应链上下游有长期合作形成的深厚关系，可为中小微企业提供物流和仓储服务；物流公司与金融机构合作，帮助银行等金融机构监管管理抵质押物，有利于银行提高授信担保效率。因此，物流公司布局供应链金融，既带来了新的增值业务和新的利润增长，又为自身规范发展与扩大竞争力带来更多机遇。在物流公司主导模式下，物流公司通过下设商业保理公司、融资租赁公司或者小额贷款公司展开供应链金融相关业务，而商业银行则对接物流公司，提供资金和金融服务支持（见图 5-25）。物流公司主导模式的优点在于物流公司具有专业的货物运输和存储管理能力，动态掌控供应商与经销商的交易信息，在存货抵押融资中作用突出，能精准实时把握抵押物状态，了解客户经营状况。

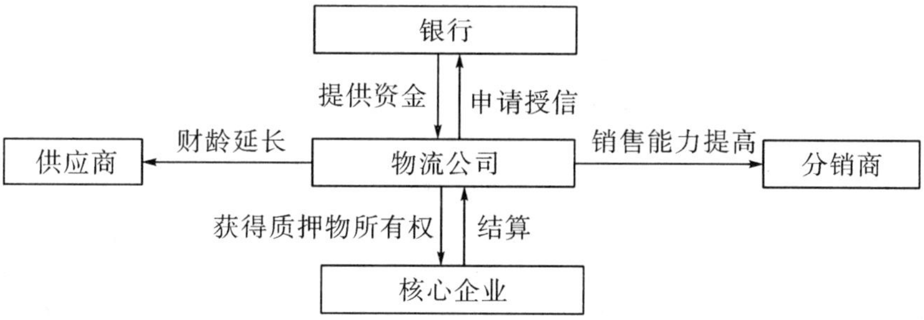

图 5-25　物流公司主导的供应链金融模式

国内物流公司主导供应链金融以顺丰金融为典型代表。顺丰强大的物流体系，包括顺丰速运、顺丰仓配、顺丰供应链及顺丰家。顺丰金融服务需要评估信用，而数据主要来自信息流和物流，包括历史交易信息、支付交易信息、物流信息及征信引入，还有 B2B 交易中的沉淀数据。商流方面，涵盖顺丰优选和顺丰海淘。“四流合一”为顺丰进军供应链金融创造了良好的条件。目前，顺丰供应链金融服务已基本形成，包括货权融资、应收账款保理融资、订单融资和顺小贷（见图 5-26）。基于上述“四流”，顺丰金融实现了交易数据、物流信息、系统对接、监控系统的不断完善，为顺丰金融开展仓储融资、保理、订单融资等供应链金融各业务提供了有力保障。

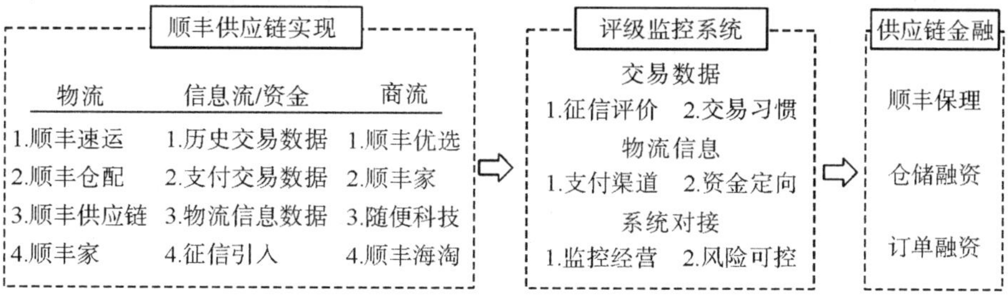

图 5-26　顺丰的供应链金融业务线

国外物流公司主导供应链金融的典型代表是联合包裹速递服务公司（UPS）。UPS Capital（UPSC）是UPS旗下专注于解决UPS客户的应收账款、存货质押的供应链金融企业。以UPS对沃尔玛的服务为例，UPSC为买入方沃尔玛提供垫付进货资本的服务，同时要求进货方给UPS运货的权利，获得垫付资金的利息和物流服务费。只要货物交付UPS的物流机构，UPSC在两周内将货款提前支付给供货企业，解决了中小微企业的流动性压力（见图5-27）。

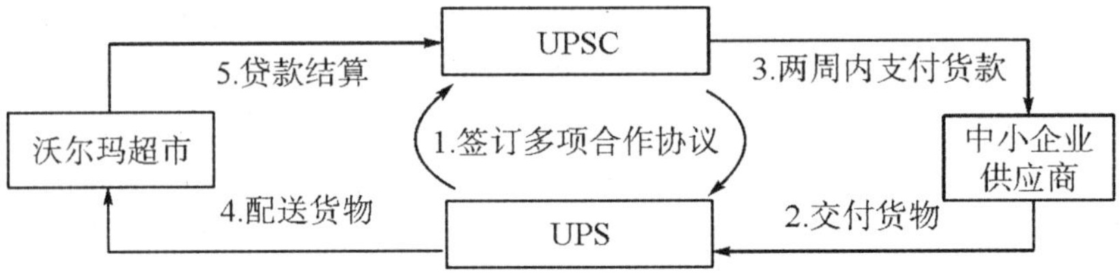

图5-27　UPS的供应链金融业务流程

5.6.4　电商平台主导的供应链金融

电商平台掌握了产业链上下游的交易、物流、现金流等相关数据，缓解了传统金融行业信息不对称问题，简化了业务流程，具有开展供应链金融的天然优势。这一模式实现了多方共赢：电商平台通过对其商户提供融资服务可促进平台交易，还可绑定客户，能吸引更多中小微企业加入供应链条；银行为供应链发放贷款的风险低，还带来黏性存款和中间业务收入。这也是网络中小额贷款所具有的核心竞争优势。在该模式下，一个平台往往对应若干个供应商和商户，电商凭借在商品流、信息流方面的优势，帮助供应商解决资金融通问题，即扮演担保角色或者借助自有资金借贷（见图5-28）。电商平台拥有庞大的供应链成员资源，由此产生海量行为数据和交易信息，不断累积这些信息并形成大数据，分析挖掘后可获得上下游企业的经营状况和信用状况，据此判断其还款能力和还款意愿。电商平台掌握的行为数据和交易信息比企业的财务报表更直接、更真实，即时性也更强，能大幅降低筛选客户的成本。电商平台在交易中处于核心地位，熟悉各企业征信状况，对上下游企业拥有较强的把控力，因此可确认信用额度进而发放贷款，这不仅能赚取生态圈上下游企业的金融利润，还能保证生态圈健康发展。由于电商平台有B2C和B2B之分，对应的供应链金融也有B2C和B2B之分。

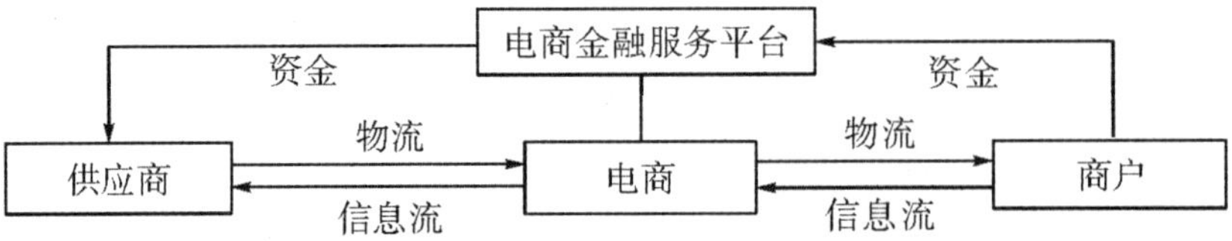

图5-28　电商平台供应链金融的业务流程

阿里、京东和苏宁的供应链金融是 B2C 模式的典型代表。电商供应链金融主要有电商担保银行提供资金模式和电商自有资金放贷模式，三大电商供应链金融属于后者。三大电商平台获得小贷公司牌照后才可用自有资金提供融资服务（见表 5-13），并通过资产证券化扩大资金来源，这样金融产品灵活性更强而收益更大。小贷公司与电商平台结合的模式发挥了小贷公司的牌照优势、电商平台的渠道优势和信息优势，在有效降低搜索客户成本的同时还很好地控制了信用风险，不再受与银行合作的束缚。

表 5-13　阿里、京东和苏宁的供应链金融比较

比较对象	业务模式	资金来源	服务对象
阿里供应链金融	向阿里系电商卖家发放阿里、淘宝和天猫信用贷款和订单贷等微贷产品	自己的小贷公司、债权的资产证券化等	天猫、支付宝、淘宝等平台客户
京东供应链金融	提供包括订单融资、应收账款融资、委托贷款融资等形式的融资服务。一旦客户没有自动还款，客户在京东产生的结算会用来还款	保贝和京小贷为自有资金，并将部分供应商推荐给银行放贷	面向京东商超所有的供应商和平台商家
苏宁供应链金融	订单融资、库存融资及应收账款融资及还款、转账、基金、保险等互联网金融服务	自有小贷公司和商业保理，以及银行保理	面向全国上游经、代销供应商

上海钢联的“钢银电商”平台是 B2B 电商平台供应链金融的典型代表。钢银电商交易服务平台作为钢材贸易业务的第三方服务提供商，基于公司强大的数据信息平台，寻找卖家（钢材供应商）及买家，向卖家购入所需的钢材实物，向需要采购的买家出售钢材。在交易过程中，钢银电商为交易的卖家及买家提供了包括委托销售、委托采购等的配套综合服务，交易双方通过钢银电商交易服务平台进行实物交易和结算。资金来源主要是自有资金、小贷公司、金控公司、融资租赁、票据融资和银行贷款。供应链金融业务主要涵盖“钢厂代订货”（见图 5-29）和“现货质押”（见图 5-30）两种预付款融资形态，目前钢银平台的盈利模式以利差为主，钢银贷给钢贸商的利率要明显低于银行。

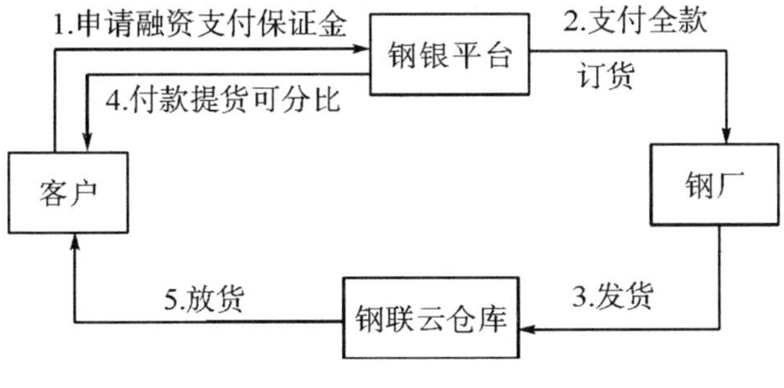

图 5-29　“钢银网”钢厂代订货业务流程

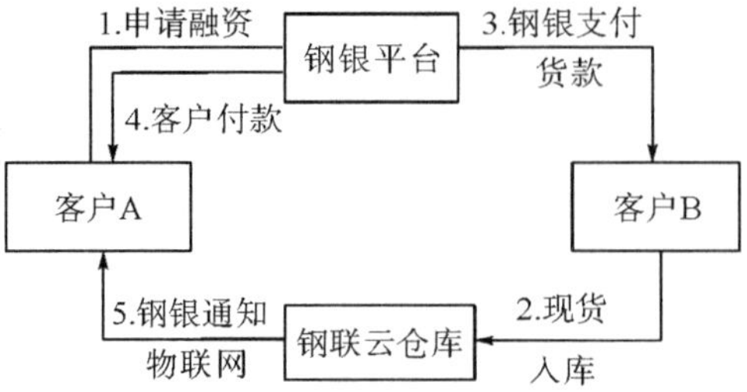

图 5-30　“钢银网”现货质押业务流程

5.6.5　P2P 网贷平台的供应链金融

在经济新常态和低利率时代，供应链金融成为 P2P 向低风险、优质资产行业转型的主要标的。目前 P2P 平台开展供应链金融主要有两种模式：一是如京东、阿里等传统电商拥有供应链企业资源而自建 P2P 为上下游企业服务；二是 P2P 平台通过合作或收购等方式整合借贷资源为中小微企业服务。早期时候，供应链上下游企业都借助银行融通资金，但银行融资门槛高且审核时间长，无法满足中小微企业的需求，现在低门槛、高效率的 P2P 网贷拓宽了中小微企业的融资渠道。网贷供应链金融让供应链企业成为利益共同体，核心企业能获得优质供应商，还能帮助通过供应链依附在其身上的中小微企业打破传统融资瓶颈，助其有效缓解资金压力并及时扩大生产经营规模，因此有利于供应链整体竞争实力的增强和持续健康的发展。从资产端看，目前我国 P2P 平台的大部分借款需求均来源于线下小额贷款公司、担保公司、融资租赁公司、信托公司等，基本上是民间借贷的线上化，而借款人的信用状况、资金实力等各不相同，网贷平台的风控模型和风控重心也不同，导致部分借款利率高于银行贷款，且坏账率偏高，所以 P2P 发展堪忧。而网贷供应链金融以供应链上下游企业的真实交易为依托，有透明的资金流向和核心企业的背书，业务过程中还强化借贷资金用途和还款资金来源，转变单个企业信贷风险为整个供应链的信用风险，较之 P2P 平台的供应链金融风险更为可控（见图 5-31）。

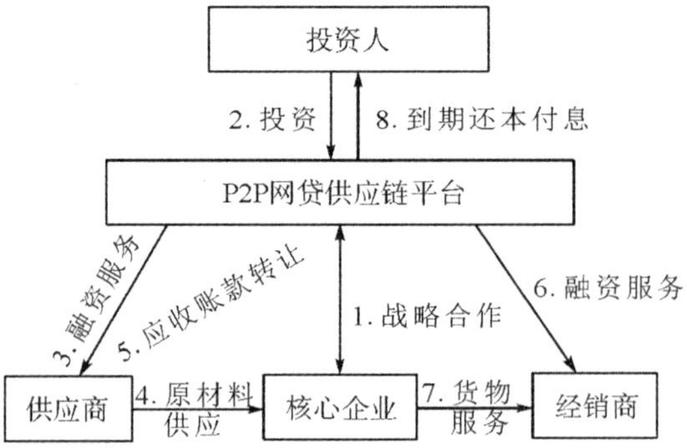

图 5-31　P2P 网贷供应链金融模式

P2P 供应链金融以农发贷为例。农发贷是由农资背景的上市公司诺普信推出的国内规模较大的农业 P2P 供应链金融平台，农发贷依托诺普信在全国范围内建立的优质农资经销商网络，精选各类农产品主要产区的大中型优质种植农户，P2P 平台将广大投资者的资金对接给广大需要经营资金的农户，为产业链下游的种植农户提供高效创新的融资、支付和信息等服务，在满足农户资金需求的基础上，增加他们对公司的黏性，加快公司产品的销售流通。以农发贷的“种植贷”为例，其场景通常是某地的种植大户为了能及时向诺普信采购所需的农药、化肥等农资，向农发贷平台申请借款。农发贷进行现场考察评估，确认申请人情况属实且资质较优后，在平台上向投资人公布借款计划，并且提供农发贷认证的第三方机构担保和借款人之间的相互联保，农户筹措资金，顺利种植农作物并进行销售后，回款将用于偿还农发贷平台借款的本息（见图 5-32）。

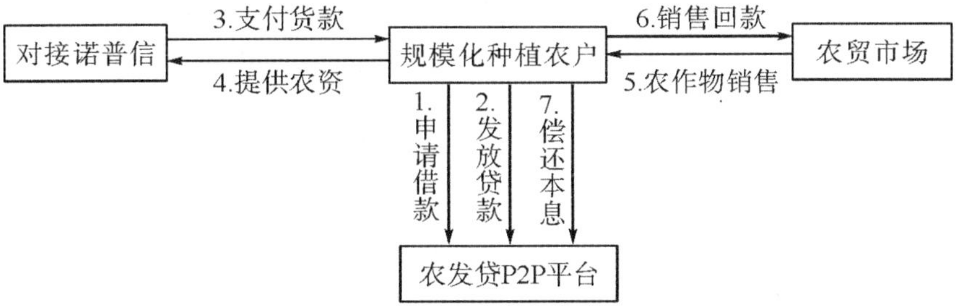

图 5-32　农发贷 P2P 供应链金融平台

5.6.6　信息化服务商的供应链金融

信息化服务商主要依靠软件、系统集成和系统运营维护来盈利，长期维持着较为稳定的增长速度。信息化服务商在推广软件使用的过程中，将自身融入使用者的生产与经营中，由此产生的大数据为其构建征信体系创造条件。而且，信息化管理服务在为客户提供软件的系统服务时，也帮助企业利用大数据智能化分析生产并快速推动生产，使人力资源效率更高，另外，交易过程中还会积累很多企业客户，利用这些客户信息再连通供应链上下游，为融资服务提供了丰富的客户资源。信息化服务商供应链金融的本质是金融，征信是信息化服务商控制风险的重要法宝，因此与传统金融相比，其优势表现在大数据征信系统和标准化的质押融资标的，且优势明显。行业信息化龙头依托大数据，在风控端具备优势，而资金来源则可以分为自有资金、银行资金、P2P 网贷等多种途径。行业信息化服务商分为综合性和垂直型服务商两类，相应的供应链金融也分成两类。

上海汉得信息技术股份有限公司（简称“汉得信息”）是信息化服务商的典型代表。汉得信息发展十余年，研发出租赁管理平台等一系列企业管理产品，这些产品还可以在云端使用。其优势在于拥有处于领先地位的软件开发技术和丰富的客户资源，并将这些优势运用于供应链金融业务。汉得信息供应链金融业务主要采取成立保理公司和汉得供应链金融云平台相结合的模式。由于汉得信息的客户主要是中型或大型企业，为了能够扩大服务的范围，它采取的主要是针对一个核心企业客户，然后由核心企业客户带动 N 个供应商，再由 N 个供应商带动 N 个各自的供应商的策略。汉得信息为供应链企业提供数据用于大数据平台的风险控制，平安银行负责资金发放。以应收账款融资为例，核心企业在意的是平台能够使其和供应商之间建立更加紧密的联系，并以较少的成本稳固供应链体系。供应链上游企业在向核心企业进行销售的阶段，遇到回款压力时可以把票据作为融资载体，通过汉得信息的信息化手段管理整个流程，运用全面的信息规避信贷风险，与核心企业、金融机构共同形成分享利率收益并可动态调整的业务回报模式（见图 5-33）。

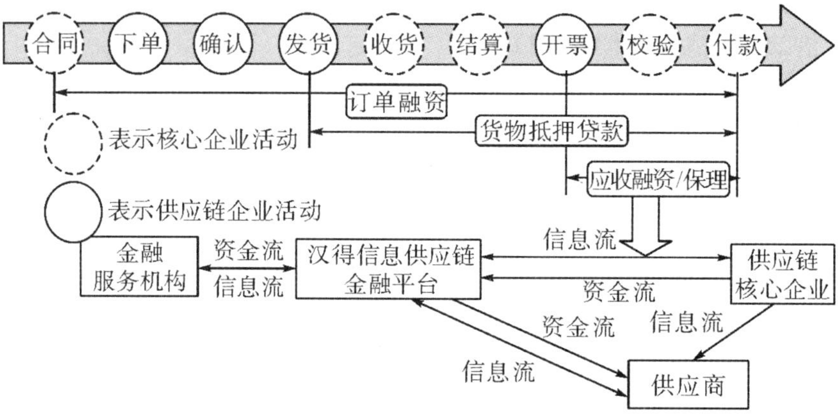

图 5-33　汉得信息供应链金融的基本业务模式

新大陆（智联天地）是垂直型信息化服务商供应链金融的典型代表。该公司主要布局快递掌上电脑（PDA）、电商 ERP、物流应用软件等，利用电商和物流等大数据分析和挖掘后将其用于信用评估体系和风控平台，能为中小微企业提供金融服务。贷安啦是该公司的主要产品，对互联网大数据挖掘分析后可为各种供应链企业客户提供信用贷、供应链融资、保本理财等服务（见表 5-14）。贷安啦主要包括仓单质押和信用贷，并借助智联天地完备的物流信息解决了风控问题，通过电商 ERP、物联网（仓储物流信息化监管）、大数据挖掘的手段实现了信息流与物流合一，降低了重复质押率和不良贷款；在资金端，早期为银行资金，现在正逐步引入 P2P 等资金渠道。

表 5-14　贷安啦与其他款互联网金融的对比

对比项目	贷安啦贷款	淘宝贷款	P2P	小贷公司
年息	14%~18%	18%~21%	16%~24%	20%以上
授信期限	最长 2 年	最长 2 年	最长 2 年	最长 2 年
授信额度	≤200 万元	≤100 万元	≤50 万元	≤50 万元

表5-14(续)

对比项目	贷安啦贷款	淘宝贷款	P2P	小贷公司
产品模式	信用贷/仓单质押	信用贷	信用贷	担保/资产抵押
审批时长	放贷快	放贷快	放贷慢	放贷慢
产品特点	额度稳定、放贷快，利率低、周期灵活	额度较小、模式呆板，难适应各行业特点和淡旺季转换等需求	手续费昂贵、认筹时间长，贷款时间短，不接受货押	信用贷款额度小，只承认资产，不接受货押

5.6.7　批发市场主导的供应链金融

批发市场的优势在于“坐商聚集”生态，坐商的聚集效应有利于开展供应链金融，较强的可复制性有利于金融服务边际成本，示范效应在商户间极易传播。因此，批发市场已部分实现电商“聚集”生态，而交易效率仍有待提高。近年来，批发市场的业务开始受到电商冲击，电商充分展示了互联网运作的高效，聚集供应商、经销商和消费者于电商平台，也将信息和资金高度聚合，有利于信息沟通和产品多样化，能一站式满足用户需求。在此背景下，批发市场开始电商化转型，把传统线下业务搬至网上，并以此为依托开展供应链金融服务，服务上下游商户融资的同时获得新的经济增长点。

浙江义乌小商品城的义乌购平台是批发市场涉足供应链金融的典型代表，公司通过义乌购平台整合金融服务，将线下存量资源与互联网相融合，并将通过第三方支付形成闭环，为中小微企业和个人提供一站式涵盖物流、信息流和资金流的服务。物流方面，采购商可以迅速在义乌购平台上找到可信赖的产品，与商户直接进行线上交易，同时义乌购平台提供物流直通车服务，化零为整统一物流，降低商户物流成本；信息流方面，在拥有海量交易数据以及商户信用数据的基础上，义乌购平台进一步进行大数据分析，提供相关信息服务，拓展盈利模式；资金流方面，供应链金融服务基于实体商户与义乌购平台商户的一一对应，公司能有效辨识贸易的真实情况，锁定商户现金流和还款来源，提供相应的金融产品。义乌购平台充分发挥自身对市场的管控与追溯能力，利用 O2O 数据构建起大数据服务平台，逐步形成具有支付结算、投融资、资产管理、信用评估等多样化金融服务的生态圈。

5.6.8　供应链服务商的供应链金融

供应链服务商模式是指供应链服务商在采购、分销等过程中积累了一定资源，并以此为基础对供应链客户提供金融服务，典型代表是深圳市怡亚通供应链股份有限公司（简称怡亚通）。怡亚通是供应链服务企业，集“四流”信息为一体，主要为生产型、消费型、全球采购及产品整合等提供供应链及金融服务。深度分销 380 平台作为深度供应链的核心组成部分，公司致力于将其打造成国内最大的 B2B 与

B2B2C 整合型供应链服务平台，借助上下游客户资源与业务资源，逐步增加了在快消领域的市场份额，成为全国性直供终端平台，共享消费渠道和终端资源，为企业客户低成本、高效率地提供分销、快速覆盖的终端网点服务。怡亚通发展供应链金融主要是基于信息优势的供应商担保和基于三方信息共享的应收账款贴现，资金来源主要依赖商业银行（见图 5-34）。怡亚通利用信息优势为零售商户提供担保，担保企业一般获取贷款总额的 2%作为担费。与此同时，怡亚通与下游大型电商及银行通过信息共享为怡亚通提供应收贴现，在电商下达订单并且确认收货之后银行可以提前为怡亚通贴现，无须等待大型电商 60~90 天的账期。

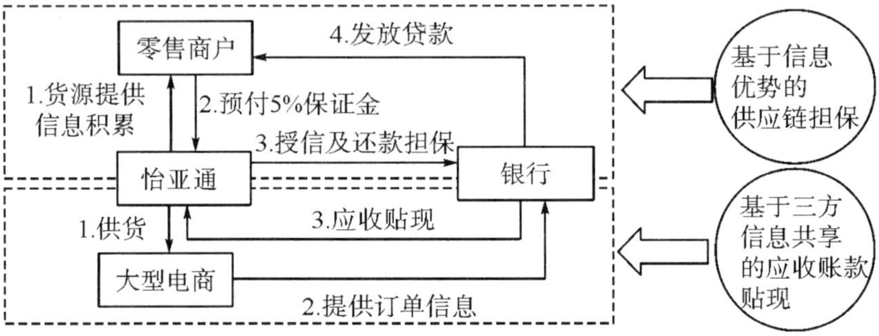

图 5-34 供应链服务商怡亚通的供应链金融模式

资料来源：怡亚通官网资料整理。

第 6 章
互联网农村金融

【学习目标】

理解互联网农村金融的需求场景和供给主体，熟悉互联网农村金融的产品形态及发展策略。

6.1　互联网金融抓到农村普惠金融痛点

经过 10 多年持续的金融改革，我国农村金融已经形成较为完整的金融体系和多层次的市场主体。但由于覆盖成本高和风险控制难，传统农村金融的开展仍然困难重重。不过随着具有普惠特征的互联网金融的兴起，农村金融焕发了勃勃生机，将为解决长期困扰我国农村的融资难、融资贵问题注入新的活力。

6.1.1　我国农村金融的现状、问题及原因

（1）我国农村金融的现状

近年来，在国家政策和各级金融机构的努力下，我国农村金融服务的可获得性明显增强。据中国人民银行统计，截至 2016 年 6 月，金融机构本外币农村（县及县以下）贷款余额 22. 26 万亿元，同比增长 7. 5%，占比 21. 9%；农户贷款余额 6. 67 万亿元，同比增长 14. 3%；农业贷款 3. 69 万亿元，同比增长 4. 9%。但农村居民居住分散、交通不便、金融物理网点偏少，农户信贷需求额度小、期限短、放款快、还款频繁且可抵押担保物少，导致农村金融信贷成本高、风险大、金融支持可持续性差，农村金融发展严重滞后于城镇金融发展，也严重滞后于农村经济发展，甚至仍有 1 千多个乡镇无金融机构。我国农村家庭的正规金融可获得性约为 27. 6%，低于 40. 5%的全国平均水平，未获得正规金融信贷的农村家庭占 72. 4%，其中 9. 8%的家庭向正规金融提交信贷申请后被拒，62. 7%的家庭虽有资金需求但因抵押担保物缺少而主动放弃了对正规金融信贷的申请，致使我国农村家庭有民间借款的比例高达 43. 8%，高出全国平均水平（34. 7%）近十个百分点，这些家庭的债务总额有 64. 6%来自民间借款，远高于全国 32%的平均水平。

(2) 农村金融的主要问题

农村金融是全球金融行业公认的难点。经过几十年的发展，我国农村一改过去金融机构少、规模小、功能不全的状况，已经形成商业银行、政策性银行、农村信用社和新型农村金融机构等种类齐全且数量众多的现代金融体系。但是，农村金融难题依然存在。银监会早在2006年就提出建立现代农村金融制度，但农村金融排斥现象仍然普遍，不仅有地域条件因素，还有金融资源匮乏的因素，造成农村地区融资难、结算难等问题，突出表现在以下几个方面。

①农村金融体系缺失。我国金融体系中最薄弱的环节在农村，虽然农村金融服务机构已经有商业银行、政策性银行、农村信用社等多类组织，但农户真正享受到的金融服务仍然非常少。政策性银行对粮、棉、油的收购提供资金支持而不对农户服务；邮政储蓄机构仅提供储蓄服务而不放贷；农业银行和农村商业银行基本上都严格遵循商业化原则，脱农化倾向非常严重，对农民基本只吸储不放贷，农业贷款也只针对农村基础设施建设或有一定经济实力的农产品加工企业；农村信用社可申请贷款，但机构数量与放贷额度均有限，且商业银行化趋势明显；村镇银行完全由商业银行发起，其运营模式跟股份制银行差不多，对农村小额、分散的金融需求没有多大兴趣，所以很多村镇银行不在村镇而在城市；小额贷款公司和资金互助社有较强的跨经营边界冲动，但经营风险较高，服务社员融资需求也十分有限。

②金融服务产品单一。农业的季节性特征非常显著，农忙时缺钱买农资，农闲时有闲置资金却无适合的投资渠道。农村各类金融机构定位不明确、服务趋同且业务单一，支农时发挥的作用不大。农村金融需求主要是存取款等基础性服务及小额贷款，呈现出面大量小的特点，而农村金融产品与服务供给基本上只集中在“老三样”——存、贷、汇，没有发展包括转账、租赁、抵押、养老金及小额保险等其他业务，无法满足农户多样化的金融服务需求。而且，农村金融机构的从业人员专业知识和技能水平较低，服务意识不足，金融服务质量和效率较差，单一金融产品无法满足农民多样化、个性化的金融需求，不利于农村经济发展和农民稳定增收。

③金融服务网点太少。在农民还普遍喜欢现金交易的今天，适应的金融服务网点能提高农村金融的可获得性。但我国农村金融服务网点较少，尤其是交通与经济均比较落后的偏远地区，服务频率更低，但服务网点的高成本让金融机构不想新增还想缩减这些地区服务网点，支农程度明显不够。虽然近几年农村金融机构数量有所增加，但真正植根于农村的却少，很多机构将服务网点分布在县城，邮储银行、农村信用合作社、农业银行等传统农村金融机构的服务网点大多只延伸到镇一级，很难真正深入农村一线，辐射到偏远农村。据银保监会调查统计，当前我国每个乡镇仅2个服务网点，每50多个行政村仅1个网点，部分乡镇尚没有金融服务网点，即金融机构空白。农村地区不仅金融网点少，自动取款机（ATM）等设施不足，而且农民获得网络服务的机会也很少，几乎脱离很多农民的生产生活。

④金融服务农业不足。农业是农村的支柱产业，是“三农”工作的重心，自然

应当是农村金融资源配置的主要方向。但因我国农业普遍是小规模经营，面临着较高的自然风险和市场风险，导致农户的信用风险较大，所以农业常常在信贷资源获取中处于弱势地位。据统计，截至 2016 年 6 月，全国农村贷款余额达 22.26 万亿元，同期农户贷款余额达 6.67 万亿元，占比仅为 29.96%。农村地区的主要信贷资源长期配置到非农户主体，获得金融服务的主要是农村工商户及少量种养专业大户，大多数农民并未获得国家政策性资金支持。即便是有限的涉农资金，运用效率也不高，钱没有用到刀刃上。以黑龙江省为例，截至 2016 年 6 月涉农贷款余额为 7 819.9亿元，但大多被非农企业获取了，真正贷给农户搞农业生产经营的不到 1/10。近年来，国家不断释放农村土地政策红利，农村土地流转加速了企业化新型农业经营主体的崛起，他们在扩大经营规模、农业机械装备、农业信息化建设和农业新技术运用等方面的融资需求旺盛。但与工商企业相比，新型农业经营主体单体融资规模小且交易频繁导致交易成本高、农业自然风险和市场风险大且信息不对称，高门槛的传统金融不愿意介入农村金融，而低门槛的民间借贷融资成本又太高。所以尽管中国银保监会和农业农村部在 2014 年共同出台了《关于金融支持农业规模化生产和集约化经营的指导意见》，新型农业经营主体的融资困难依然突出。

⑤农民金融抑制明显。首先，农民的很多生活品都有自产自销的特点，所以农民对物质要求不高，导致农民的贷款需求不旺盛。其次，农业生产对自然气候条件的依赖性很强，自然灾害会增加农业生产风险。最后，农民自身文化素养普遍不高，金融知识更是欠缺，要让文化素质普遍偏低的老龄化农民尽快自觉地接受现代金融知识并熟练掌握金融操作技能有相当大的难度，况且目前很多金融产品与我国“三农”实际不够匹配，所以农民对农村金融功能认识不足，不能使用贷款来满足生产生活，农户融资积极性不高，农村金融抑制明显，反过来影响农业发展、农村繁荣和农民富裕，延缓了我国“三农”问题解决的进程。

（3）金融排斥的主要原因

农村金融是农村经济的血液，但与城市相比，我国农村地区经济落后，基础设施不健全，农民收入低，因此银行等金融机构在追求“三性原则”时选择减少农村金融服务，导致农村金融供给不足等问题。农村金融的普惠性差，金融排斥现象严重，农民、农企、农业融资难问题一直未得到有效解决，制约了农村和农业的发展，导致城乡发展差距不断扩大，反过来进一步影响了金融机构在农村开展金融服务的意愿，农村金融服务供求失衡形成“蛛网模型”恶性循环，互为因果。概括起来，农村金融受排斥的原因主要有以下三个方面。

①农村金融的经营风险较大。农业异于其他产业的基本特征在于生产过程对自然力、自然条件及生命个体的依赖，容易受旱灾、洪涝、病虫害等自然风险的破坏，农业的自然灾害风险高。千家万户单打独斗的小农户分散经营与社会化大市场存在产需脱节，加之国际金融投机、期货炒作和国际大粮商操纵全球农产品市场供求信息的推波助澜，农产品价格大起大落；同时，由于农产品标准化、品牌化不足，某个地方、

某个企业、某种产品出现问题往往带来整个行业的灭顶之灾，农业的经济风险也很高。在自然灾害风险和经济风险的双重威胁下，加之农民又缺乏有效的担保品，趋利避险的金融机构自然不愿把更多金融资源配置到高风险的农村。

②农村金融服务成本过高。农村地区交通不便导致农村信用信息收集难度高，地广人稀导致农村金融服务的边际成本严重高于城镇地区，农村中低收入群体、贫困人口和小企业占比较大，导致农村贷款额度小、数量多、难回收，单位金融服务的交易成本高，相对而言，金融机构在农村开展金融服务缺乏规模经济，不能摊薄服务网点的运行成本、人员工资，市场化的主流金融机构为谋求利润，自然就会把更多的金融资源投放到利润丰厚的城市，造成城市金融服务可获得性远远高于农村金融服务可获得性。

③农村金融的信用环境较差。一方面，我国目前的征信主要依赖于中国人民银行的征信系统，但是进入中国人民银行征信系统的农民数量非常少，又无其他措施可识别农民信用状况，因此金融机构对农民贷款存在很大风险。另一方面，农民的诚信教育相对滞后，守信意识较薄弱，贷款违约后的惩戒机制也不健全，造成部分农民躲债赖债，贷款难以收回，极大地挫伤了金融机构发放贷款的积极性。

6.1.2 互联网金融推动农村金融普惠

(1) 农村金融普惠的核心是信息对称

透过农村金融排斥现象，分析金融排斥原因，发现破解的根本办法是健全农村信用体系，让农村不同信用级别的客户匹配农村金融机构不同的金融服务供给，通过信息对称最大限度地避免农村金融服务中的事前逆向选择和事后道德风险。建立信用征信的信息，根据其特征，其可分为反映客户还款能力的结构化历史数据和反映客户还款意愿的非结构化交流语言，传统金融机构往往只擅长识别结构化历史数据。目前我国农村还处于小农经济阶段，农户的信息主要表现为难以被金融机构识别的非结构化交流信息，因此金融机构或者直接拒绝放款，或者要求更高的利率来补偿风险，无论哪种都会挫败优质农民的贷款意愿，使得最终申请贷款的往往是劣质客户，形成所谓的事前逆向选择。只有实现信息对称，针对不同信用等级的用户提供有差别的金融服务条款，才能解决金融机构惜贷、农村用户逆向选择等导致农村金融排斥的问题，实现农村金融普惠。这正是互联网金融的用武之地。

(2) 我国农村普惠金融内涵

农村普惠金融是改善农村金融的基础设施，可以提高农户金融需求的可获得性，让金融更好地服务于农业发展、农民富裕和农村繁荣，提升农户金融参与能力和参与意愿，形成金融与“三农”的良性互动与循环。结合现阶段我国“三农”的具体国情，农村普惠金融的基本内涵应包括四个方面。

①深化金融供给侧改革，加大金融资源投放力度。一方面，需要商业银行、农村信用社等涉农金融机构真正具备普惠金融理念，切实担负起相应的社会职责，将

“三农”服务落到实处。在贷款业务方面，金融机构应单独罗列涉农计划，在简化业务流程的同时还需下放审批权；在投资理财业务方面，金融机构应积极推出适合“三农”特点的金融产品，帮助农民合理分配资金，让农民在农闲阶段能投资金融产品，获得收益，在农忙阶段又有资金用于生产。另一方面，应鼓励民营资本进入农业金融领域，加大对农业经营主体的资金支持，同时充分利用资产证券化、支农再贷款等方法扩大“三农”服务的资金来源。

②大力发展民生金融，满足“三农”发展的各类金融需求。第一，对返乡农民工、农村青年等创业和就业人群，应通过金融支持加以鼓励。第二，对残障人士等特殊人群有针对性地提供适宜便捷的金融服务。第三，对特困地区和特困人群应加大信用贷款的投放力度，建立诚信档案并鼓励还款，还需将这些地区和人群作为今后工作的重点。第四，金融产品应从需求的角度出发，创新出更多适合“三农”的低成本、易推广金融产品。第五，鼓励利用互联网技术等现代科技手段为“三农”提供金融服务，既可以扩大服务范围，又可提高金融需求的可得性。

③改善金融基础设施，提高农民获取金融服务的可得性。首先，凡是条件合适的行政村，都应该有相应的涉农金融机构。其次，除了增加农村的金融机构物理网点，还应多设立ATM等自助服务终端以增加涉农服务时间，还可通过手机银行、电话银行等电子银行渠道延伸金融服务的广度和深度，提高农村金融服务的可得性。最后，加大农村金融知识的教育宣传和普及，加强金融服务的信息披露，做好金融产品的风险提示。

④实施差异化监管，表现监管包容性。监管部门应结合农村经济发展的具体状况来制定农村金融监管制度，确定金融监管的方法和手段，最终实现农村金融市场的健康发展。首先，加快格局建设。支农服务监管应构建事前承诺、事中监测、事后考核的格局，同时在业务考核和市场准入等方面的监管都应区别对待。其次，差异化措施应被强化。涉农贷款的季节性强，且还款能力受自然条件和气候条件等影响较大，因此应对涉农贷款采取差异化措施管理，同时还应对涉农不良贷款持有更高的容忍度。最后，应加强风险管控。应通过多层次风险监管起到预警作用，将涉农贷款的信用风险防范落到实处，以提高金融机构服务的积极性，利于农村经济发展。

（3）互联网金融最契合农村金融普惠

我国社会发展的薄弱环节在农村，而农村发展的薄弱环节在金融，虽然国家政策鼓励金融机构服务“三农”，但由于传统金融机构开展农村金融服务成本高、风险大、商业可持续性差，所以发展效果欠佳。互联网金融具有低成本、高效率的优势，还能降低信息不对称，因此在服务中小微企业时作用突出，所以为破解农村金融排斥、实现农村金融普惠提供了新的思路。

①互联网金融增强涉农金融机构商业可持续性。普惠金融要求金融机构首先自身要实现商业的可持续性，金融机构物理网点成本高，风险管控严格，而涉农贷款具有额度小、数量大、周期长、风险难控等特点，因此很难满足银行等金融机构的

贷款条件。互联网金融不再像传统金融那样建立运行成本高昂的物理网点，金融业务和风险控制主要依靠低成本的网络渠道，转化人力审核为系统自动化处理，加之业务流程智能化、金融产品标准化、客户来源无边界，从而降低贷款成本、提升金融服务效率。互联网金融以移动互联网、大数据、云计算为技术支撑，挖掘客户信息并管理风险，能有效地解决农村征信缺乏、信息不对称、交易成本和监督成本高等引起的农村金融排斥的问题，助力实现农村金融普惠。互联网企业平台本身具有信息汇聚的功能，交易数据和浏览等行为数据都可作为判断信用的依据。只要上互联网看过东西或买过东西，就会留下痕迹作为判断信用的依据，也可以成为银行发放贷款的基础。借助互联网，农户偏好、行为、心理以及还款意愿等非结构化信息得以个性化挖掘，农户的征信系统建立更加完善，农户金融知识教育通过搜索引擎也变得更加容易。由此可见，互联网金融在运行成本、风险控制和服务效率方面明显优于传统金融，具有很强的商业可持续性。正因为如此，互联网金融得以成为一池活水，为农村金融普惠注入了新的活力。

②互联网金融是农村微型金融最好的实现形式。与城市工商企业或居民的较大金额金融服务需求不同，农村金融需要的是服务“三农”的微型金融。微型金融贴近客户、流程简单、手续简便、审核门槛低，无须担保也可借贷，依据的是客户的交易数据和行为数据等信息，这正是互联网金融最能发挥优势的地方。微型金融服务需要解决的核心问题是信息不对称。互联网金融运用大数据挖掘客户的信用、现金流和行为特征，促进信息对称，为微型金融的风险控制提供了最佳解决方案。随着国家“互联网+”战略的全面推进，在城市金融供给过剩和农村金融刚性需求的“经济新常态”下，中国互联网农村金融进入崭新发展阶段。互联网农村金融的兴起与发展为日益壮大的规模化农业经营主体、新农人及返乡农民工创新创业开启了一扇窗，可用于满足他们的投、融资需求。另外，农村成千上万个规模种植与养殖户，大量第二、三产业的专业户，为互联网农村金融市场的发展奠定了客户基础。随着农村种植养殖规模化发展，互联网农村金融的市场规模将进一步扩大，借助互联网技术和移动互联网技术将金融服务与农村客户联系起来将是互联网农村金融服务的未来。

③互联网金融提高农民金融服务可获得性。传统金融不能满足农民的金融需求，而资金灵活运转的互联网金融逐渐成为农村投融资市场的主要选择。目前农民可以通过网上银行或手机银行完成转账、支付、投资等金融服务，通过众筹获得投、融资和产品预售等金融服务，通过第三方支付获得支付服务，也可通过蚂蚁小贷等渠道获得融资服务，部分农村合作组织还通过在村委会办公室铺设销售点情报管理系统（POS 机）来满足农户的取款要求，从而提升了农户的金融服务可获得性。比如支付宝与微信支付的支付功能非常强大且安全便捷，农民可采用这些第三方支付工具完成支付、充话费等操作。另外，也有金融机构相互之间合作，一起开展普惠金融服务，如第三方支付机构拉卡拉与农村地区商业银行合作，对农户推出“惠农通”业务，为银行推出自助服务终端和自助服务网络，为银行客户提供取款、收

单、电商等服务。又如，第三方支付机构支付宝与天弘基金管理有限公司合作推出“余额宝”，农民可购买该产品进行理财。总之，农村金融借助互联网，边远农户通过手机银行、网络银行便可获得存取款、转账等基本金融服务，并可以进行网上支付、购买金融产品，大幅度提高了农民获得金融服务的便捷性和快捷性。

④互联网金融有助于提高农户融资可获得性。互联网金融通过科技创新，使城乡资源配置更为合理，资金供求方信息更加对称，他们通过网络平台自行完成信息甄别、匹配、定价和交易的精准配对，创造出农商平台的网络贷款、P2P 网贷、众筹融资等互联网融资渠道，提高农户融资的可获得性，能够更好地支持大众创业、万众创新，促进农业发展、农民富裕和农村繁荣。P2P 网贷、众筹融资、电商网贷，加之移动运营商的作用，能在一定程度上降低农村金融的信息不对称和解决交易成本高的问题，弥补了正规金融机构的不足，促进农村普惠性金融发展。P2P 网络贷款是在正规金融一直未能有效解决中小企业融资难等问题的背景下发展起来的，众筹模式开启了网上股权融资的大门，没有时间和地域的限制，在互联网金融各形态中最具创新性和普惠性。因此，应大力发展面向“三农”服务的 P2P 网贷和众筹融资平台，用于解决农村地区的投融资问题。另外，还可加大农村电商平台的发展力度，建立涉农金融机构或者自办网上商城，或者与农商平台合作，或者为龙头企业、农村合作经济组织主导农业产业化供应链开展供应链金融，实现资金、信息和“三农”场景互联互通，促进农村金融与农村经济的紧密结合。

⑤互联网金融有助于完善农村金融基础设施。目前，大数据等技术已经比较成熟，可应用于解决我国无征信记录人群的信用问题，因此也可用于农村的信用体系建设。传统金融机构自身拥有客户账户状况、资产负债状况等结构化数据，可据此评估客户的还款能力，但无法估计还款意愿。互联网时代，数据就是信用，有信用就有财富，涉农金融机构借助大数据等技术对农村地区客户的实地走访记录、网上浏览记录、社交聊天记录等非结构化数据加工处理，就能形成有价值的资信评估，完善农村的信用体系建设。此外，农民获得金融服务的过程也是农民学习金融知识、利用金融知识的过程，互联网金融借助智能手机移动终端，让农民在网上购物、网上理财、消费分期等互联网农村金融的参与中“干中学”，自觉地普及现代金融知识并熟练掌握互联网技能，提高了互联网金融向“三农”普惠服务的渗透率。

6.1.3　农村互联网普惠金融驱动因素

（1）传统金融不作为导致供给缺口。

由于传统农村金融服务成本高、效率低、风险大，涉农金融机构在农村通常采取多吸存少放贷的策略。在农村现有的金融服务机构中，政策性银行主要为粮、棉、油等收购提供金融服务，不面向农户；农村邮政储蓄机构基本只能为农村居民提供储蓄服务，不开放贷款业务；农业银行和农村商业银行基本上都严格遵循商业化原则，脱农化倾向非常严重，涉农服务比重不断下降，只存不贷现象已经常态化，所提供的农业贷款也仅对农村基础设施建设项目或在农产品加工领域具有一定实力的企业进行服务，对广大农户的服务程度很低；广大农户或中小微企业可以在农村信用社申请贷款服务，但全国农村信用社数量较少且很多农村信用社改制成农村商业银行的趋势明显；村镇银行完全由商业银行发起，其运营模式跟股份制银行差不多，对农村小额、分散的金融需求没有多大兴趣，所以很多村镇银行不在村镇而在城市；小额贷款公司和资金互助社有较强的跨界经营冲动，经营风险较高，服务社员融资需求也十分有限。传统金融结构的不作为导致农村金融资源大量流失，金融支持农业发展明显不足。近年来，在一系列政策刺激下，传统金融机构涉农金融业务有所增加。然而，中国农业已经走上集约化、规模化、现代化、专业化的“新常态”，涉农贷款已不能满足金融需求。

（2）规模化经营崛起的融资需求大。

国家的土地流转政策和确权落地加速农地流转，适度规模经营的新型农业经营主体快速崛起。适度规模经营的兴起，推动相应资金需求的提升。随着农业适度规模经营主体的崛起，由于自有资金有限，农用机械、信息化建设、人工投入增加等方面的原因，资金需求逐步增加，预计我国土地流转面积将保持30%左右的年增速，3年后全国耕地流转比率有望达到50%左右，农村金融市场面临着显著的扩容机会。基于粮食安全、食品安全、农村劳动力人口下降、缩小城乡收入差距、提升农村消费对经济的拉动力五位一体的因素影响，中国急需转变农业发展方式，发展适度规模经营是符合我国国情的出路。

农业适度规模经营拉动农村融资需求（见图6-1）。仅按三种粮食（玉米、水稻、小麦）的亩均成本1 000元/亩计算，我国20.27亿亩（1亩=666.67平方米）耕地需要约2万亿元的投入，其中多为流动资金投入。然而随着适度规模的兴起，经营面积扩大，单个经营主体往往无力承担这些投入，因此融资需求将会集中、率先体现出来。由于无抵押担保，因此农村涉农信贷资金无法满足农村规模化经营的资金需求，而资产化土地承包和经营权解决了这一问题。据农业农村部估算，土地流转潜在资金需求规模上万亿元，表6-1给出了土地的不同经营规模的融资需求。

以家庭农场、农业合作社等为核心的规模化经营主体促进了涉农金融服务的发展，也催生了更多农村金融业态，如土地资产证券化、农机融资租赁、农业项目股权众筹、农业保险等。随着规模化经营逐渐壮大，人均劳动力管理的土地增多，人工使用的边际成本会逐步升高，而农业机械、信息化系统等基础设施的平均成本会逐渐下降，农业机械化程度会逐渐提高，农田管理会越来越借助物联网等信息化管理系统，从土地检测作物生长情况数据采集、产量分析到农机自动化耕作、食品安全保障的设施设备需求旺盛，2013年中国农业机械3 800亿元，2014年达到4 200亿元，预计到2020年将超5 000亿元。农业产业化发展使农业企业经营资金需求增加，假定全国40%以上的耕地由规模在30亩以上的大户耕种，有一半以上的大户有贷款需求，抵押率为40%，每年按2 000元/亩的收入计算，则耕地部分将产生2 000多亿元的贷款需求。

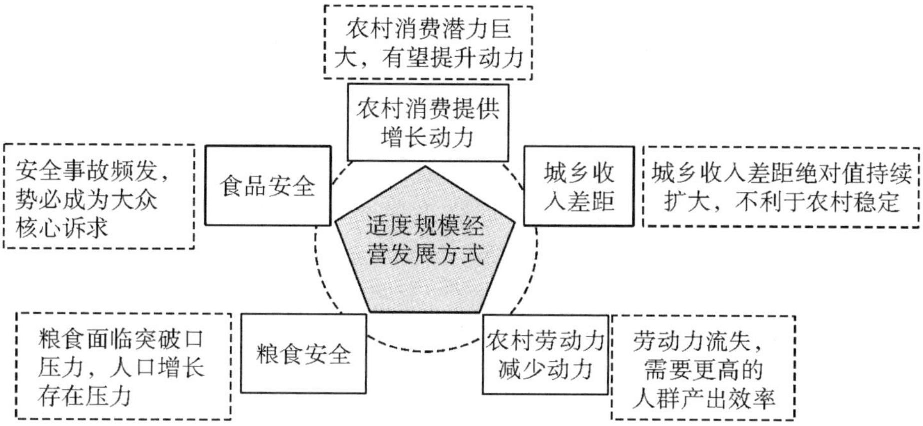

图 6-1　农村土地加速流转的五力模型

表 6-1　土地经营规模大小的融资需求比较

经营规模	30 亩以下	30 亩以上
设施投入	少量灌溉、收割设备	温室、大棚、节水灌溉、播种机、收割机
劳力投入	以家庭内部劳动力为主，成本内化	以外部劳动力为主，成本外化
资金来源	依靠自有资金和少量民间借贷	以外部信用为主、自有资金为辅
资金缺口	小	大

（3）农村具备接纳互联网金融的条件。

随着农村金融基础设施建设的发展及手机等移动设备的逐步普及，农户已习惯用手机了解外面的世界，农村地区的后发优势和增长潜力明显。第 43 次《中国互联网络发展状况统计报告》显示，截至 2018 年 12 月，我国农村网民 2.41 亿，虽然普及率与城镇相比还有差距，但基本呈现出快速上涨趋势。信息传播渠道的通畅也使得农民不再像以前那么“老土”，对新鲜事物的接受速度明显加快，手机上网是农村地区网民数量增长的主要原因。农村互联网逐渐普及的同时农村经济进入互联网化发展阶段。

中国农业体量大、基础差、季节性特征显著，农民在农忙季节缺钱需要“融资”，在收获季节后又有余钱可以“投资”，为互联网金融服务农村市场创造了巨大的空间。互联网农村金融以手机为媒介，服务的边际成本几乎为零，互联网农村金融可以低成本推广，依托大数据还能为农户提供更多增信服务，解决农村市场主体贷款难问题。农村互联网用户大多数是会使用 QQ、微信、微博的年轻一代农民，互联网农村金融的出现提高了农户金融教育水平。以农村电商为入口，电商也让农民在移动支付过程中逐步接触到了互联网金融服务，并对互联网农村金融表现出浓厚的兴趣和高度的认同。金融供、需双方的引力和合力使互联网农村金融方兴未艾，发展潜力巨大。

（4）网络征信解决了风控问题。

农村金融的一大短板在风险控制，比如征信困难导致主观风险，气候瘟疫导致自然灾害风险。互联网金融运用大数据技术研究目标客户的经营情况、收入情况、网络信息等，进而评价客户的信用状况，有效解决了农村征信体系缺失导致的信息不对称和高监督成本等问题，为农村征信体系建设和互联网农村金融可持续发展提供了一个低成本、高效率的解决方案（见表6-2）。并且，互联网农村金融服务植根于“三农”的生产、生活场景，为“三农”服务以满足“三农”投融资需求。与城市具有高度流动性和易逝性的金融服务场景相比，“三农”的金融服务场景相对固定和稳定。

表 6-2　互联网农村金融网络征信

农村电商快速发展	农村大数据获取	征信难题解决
（1）农村智能手机普及 （2）农村网购占比提升 （3）农资电商平台火热 （4）知名电商进驻农村	（1）资金流水信息 （2）历史信用 （3）线上线下印证	（1）大数据提供征信 （2）降低现场到访成本 （3）O2O 为风控提供双重保险

互联网农村金融以农村电商，尤其是农资电商、农业供应链为入口，在线下往往还布局了大量服务店或体验店，线下人员在对农户服务时，利用网络信息实时监控农民资金状况，核实了农户金融行为的真实性、还款能力和还款意愿，同时还可积累农民诚信“大数据”，为互联网农村金融的风险控制加了双保险。像大北农的“三网一通”体系、辉丰股份的农一网，在降低交易成本、提升销售效率与增强客户黏性的同时，更重要的是获取了农户的资金实力、信用评估等关键信息，起到了实际上的征信效果，大北农也正是基于此通过农信网平台实现了低风险精准信用投放。

（5）农户借贷的抵质押物更加丰富。

以往金融机构服务“三农”总是显得力不从心，原因在于原有农户的抵押物不多，基本基于信用，违约风险高、收益低，即便是开展联户担保或者能人担保，贷款风险仍然很高。但随着土地权能抵押实现，土地制度改革所带来的农地和集体建设用地的抵押、担保功能得以实现，包括宅基地、农地经营权有效缓解了农户抵押贷款困难的问题，可令资本快速进入“三农”领域，从而盘活存量市场。农村承包地的改革核心即所有权和经营权分离，稳定承包权，放活经营权，赋予土地经营权流转、抵押、担保等功能。土地抵押功能实现，预计将带来超过 30 万亿元的抵押价值：宅基地方面，我国目前宅基地面积将近 2 亿亩，预计将带来 20 万亿元的抵押价值（按 150 元/亩计算）；耕地方面，参考中国农业银行相关文件［农村土地承包经营权评估价值=政府公布的基准参考价格（元/亩年）×面积（亩）×（家庭承包合同剩余年限或已缴清租金的剩余使用年限-1）］，预计耕地带来的抵押价值将达到 15 万亿元以上（见表 6-3）。

表 6-3 宅基地、耕地抵押将盘活农村土地资产

项目	宅基地	耕地
面积（亿亩）	2	20
价值评估方式	宅基地价值 = 面积（m^2）×单位面积价格（元/m^2）×667	农村土地承包经营权评估价值 = 政府公布的基准参考价格（元/亩年）×面积（亩）×（家庭承包合同剩余年限或已缴清租金的剩余使用年限-1）
关键指标假设	按 150 元/平方米计算	基准参考价值 500 元/亩，二轮乘以土地平均剩余年限，按 15 年计算（暂未考虑承包经营权永久不变）
评估价值（万亿元）	20	15

金融机构还可进一步拓展抵押物范围。首先，若经营主体是粮食类种粮户，可抵押农机农具，质押存单和大额订单，利用涉农直补资金担保，或采取土地流转收益保证贷款等，金融机构可创新出与种粮户特点相适应的贷款产品。其次，若经营主体是经济类种粮户，可抵押蔬菜大棚和现金流，质押应收账款等。再次，若经营主体是畜禽养殖户，可抵押厂房、畜禽产品和水域使用权等。最后，农村土地产权交易中心的设立，使农村产权、债权、林权得以通过互联网金融建立量化交易系统，以及类似传统抵押资产的评估系统、土地资产撮合交易市场等，成为未来互联网金融的新增量，有望启动农村金融蓝海市场。

6.2 互联网农村金融的需求场景

农村金融涵盖农村、农民和农业，为农村发展、农民生活和农业生产提供金融服务。互联网金融比传统金融更强调金融生态，因此能为“三农”提供整体的金融服务，能为农业经营主体和农村中低收入人群提供投融资服务，能给农民工创业梦想一个机会，在提高金融服务质量和效率的同时还能使民间金融合规化，使农村金融普惠化，充分发挥金融服务的大协同作用。

6.2.1 农业生产场景

互联网金融使金融需求信息的共享更加流畅，让商业模式融入更多的利益相关者成为可能。农业生产的季节性特征为互联网金融服务留下“用武之地”，农村金融服务于农业经营主体，能解决农业生产经营投融资需求等问题。农村金融借助互联网把农业生产经营的农资购销、种养、加工、仓储、运输、销售等各个环节的金融需求连接起来，把农民生活的金融需求融入其中，形成网络化互联互通的全产业链金融需求

场景，将传统农村金融碎片化的金融需求整合起来，相互耦合并相互制约，从而对整个农村金融的风险水平起到有效控制（见图 6-2）。依托农业供应链，互联网农村金融的贷款对象包括核心企业、上下游企业等供应链成员，以及合作社、普通农户、家庭农场等利益共同体，形成闭环 O2O 模式，资金在闭环供应链内循环，线上审批贷款并沉淀财务等数据，通过审核的借贷资金只能用于供应链各环节，线下借助物联网和供应链管控风险并带动利益共同体发展。农业供应链模式改变了对抵押物的依赖，资金用途、经营状况等信息透明，既能防范借贷资金被挪作他用，真真实实地发展农业，又能保障还款，减少贷款风险。农业的产前、产中和产后构成一个完整的产业链，是农村金融开展在线供应链金融绝佳的场景。现代供应链是一个复杂的经营和管理过程，几乎每一个环节都会涉及资金流动，也会产生融资需求。在产业链的前端，农业经营主体都需要购买农资、农机、农具，开展农场信息化建设，流转土地扩大经营规模，因此有较大的融资需求。在这种场景下，农资电商通过 O2O 形式向农业经营主体提供农资产品、农技服务的同时，还可以线上即时服务工具为端口，以平台上户群的交易数据为基础建立农村征信系统，通过旗下的金融服务平台与金融结构合作，为不同信用等级的农业经营主体提供土地抵押融资担保、农机分期或融资租赁、农资网络小贷、P2P 网贷、农业众筹等普惠金融，既显著提升农资企业传统业务销售效率与客户黏性，又通过通道提成、利差等多种形式增加收入来源，扶持产业链上利益相关者发展的同时又使自己获得很好的发展；在产业链的中端，农业经营主体需要通过农业保险来规避农业生产经营的自然风险，通过购买农产品期货套期保值来规避农业生产经营的市场风险；在产业链的后端，农产品加工销售企业往往是整个产业链上的核心企业，因此通常会利用自身在产业链上的优势地位延期支付上游原料供应商的货款，而下游经销商的产品销售与终端客户的现金支付往往也存在一定时差，因此整个供应链都存在着较大的融资需求。为扩大产品销量和维持供应链稳定，借助互联网工具和 IT 技术，核心企业利用其掌握的上下游物流和资金流信息，以及长期的商业活动所掌握的上下游企业经营状况信息，与传统金融机构合作或独自设立商业保理公司、融资租赁公司、小额贷款公司，采取线上线下 O2O 模式向上下游的农业经营者或经销商提供存货融资、预付款融资、应收账款融资、融资租赁等供应链金融服务，从扩大产品销量和金融服务中获得更多收益。

6.2.2　农民生活场景

随着农村经济社会的发展，农民改善生活条件的需求开始增加，尤其是外出务工经商农民的示范带动，农村的消费潜能正在不断释放，农村购房、买车、买家具、买家电、买智能手机以及农民工返乡创业和农家孩子上大学的金融需求开始增多，个人房贷、车贷、医疗贷、教育贷、耐用消费品贷成为农民生活的主要金融需求场景。一些互联网化的商业银行、专业消费金融公司和互联网消费金融公司开始瞄准农村消费市场。互联网化的商业银行主要通过 O2O 线上线下的形式提供信用卡、抵

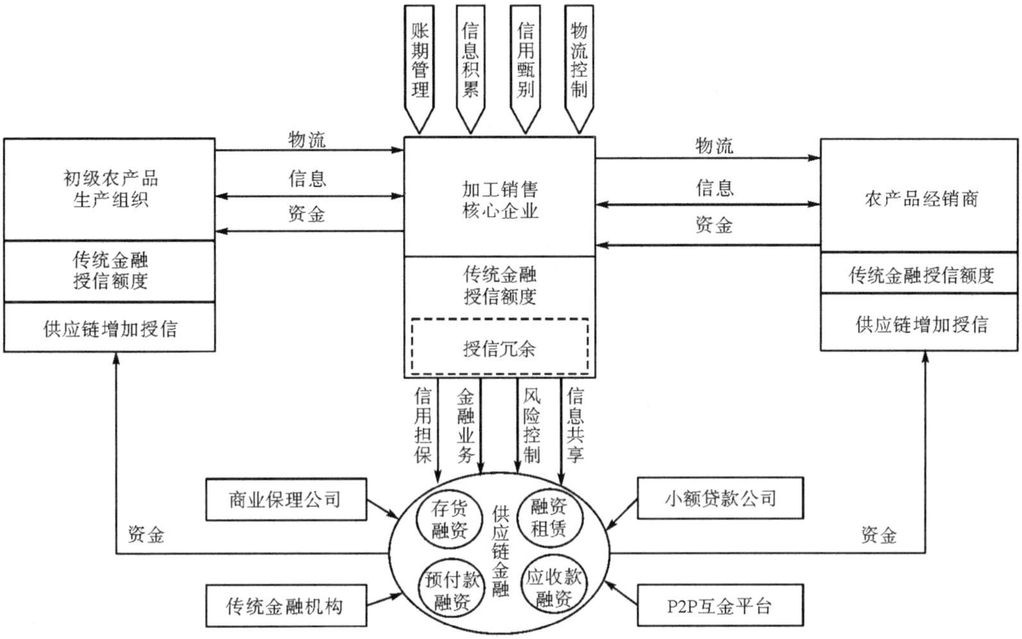

图 6-2　农产品供应链金融的业务流程

押消费贷款和信用消费贷款。专业消费金融公司主要通过与商户开展合作，将消费金融的申请、使用环节嵌入消费环境中，贷款资金一次性或分期直接提供给提供商品或服务的公司，也有少数情况直接发放到消费者提供的银行账户里。互联网消费金融主要依托电商平台和 P2P 平台为消费者提供在线金融服务（见图 6-3）。依托电商平台的消费金融如阿里巴巴的“天猫分期”“芝麻信用”“花呗”和京东的“京东白条”，通过发放类信用卡产品支持用户购买平台商家的商品。依托互联网 P2P 平台的消费金融如“学好贷”“分期乐”“家分期”“住分期”“孩分期”“农分期”等，向用户提供分期购物、取现、O2O 商户交易、充值等服务。此外，农民在农忙季缺钱需要“融资”，在收获季节后又有余钱“投资”，农业的季节性特征为互联网理财在农村的推广普及留下了用武之地。农户利用手机就可便捷地购买余额宝等“宝宝”类理财产品，既无时间地域局限，又有门槛低、流动性强等优点，极大地提高了理财需求的可获得性。

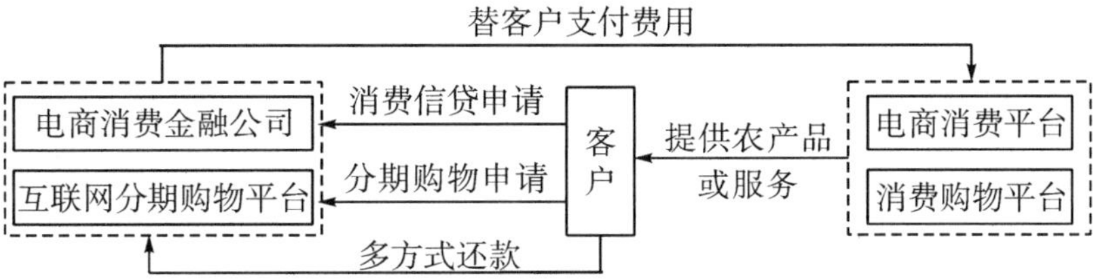

图 6-3　农产品互联网消费金融的业务流程

6.2.3 农村支付场景

随着经济的发展和农民的外出务工，农民对交易、结算、汇兑、储蓄、保险等基础金融服务的需求不断增加，农产品商品化和劳动力转移的不断发展必然会增加农民的支付结算需求。互联网等信息技术布局加速了农村小额支付业务的创新发展，也提高了金融服务质量和效率。农村金融的支付方式包括银行卡和存折等柜面支付，ATM 支付、POS 支付、电话支付、三方支付、网上银行、移动支付、预付费卡等（见表 6-4）。其中存折和银行卡支付是传统支付方式；ATM 支付、POS 支付、电话支付、三方支付、网上银行、移动支付、预付费卡等属于移动支付方式。随着互联网，尤其是移动互联网在农村的广泛普及，传统支付正逐渐被移动支付所取代，移动支付在农村具有广阔的发展前景。

支付本身不产生利润，但该业务与场景结合最密切，是汇聚流量和积累数据的重要手段。当前支付主要用于交易场景，仍有大量场景等待开发。农村地区场景多样，农业生产季节性强，农村习俗多，因此支付可被嵌入很多场景中。比如，针对婚嫁等诸多“礼尚往来”的习俗，可红包支付；针对季节性生产的特征，可借助网络小贷或分期的办法帮助农民调剂资金。若支付服务操作便捷、场景丰富，既有利于推广使用，又便于增加农村流量，获取数据用于信用评估，为农村借贷服务保驾护航。

表 6-4 农村金融支付方式

支付方式	定义描述
柜面支付	运用银行卡、存折到银行物理网点接受银行工作人员提供的货币资金存取、划转等人工金融服务
自助支付	运用拉卡拉、缴费易、ATM 等自助支付服务终端，通过电话线、互联网或移动互联网为银行持卡人提供刷卡消费的授权、清算等业务
POS 支付	运用固定或移动 POS 终端，为银行持卡人提供刷卡消费的授权、清算等业务
电话支付	商户电话拨打呼叫中心由银行支付授权，用于支付订单等
第三方支付	独立于卖家和银行，为卖家和买家提供支付结算服务
网上银行	借助个人计算机（PC）设备，将传统的银行柜面支付转移到网上，互联网发出支付指令后资金在买家和卖家间转移的行为
移动支付	利用蓝牙、红外、近场通信（NFC）、移动互联网、短信等无线通信技术，通过移动设备实现资金的转移的支付行为
预付费卡	发行机构发行的具有预付功能的电子卡，可在指定范围内购买商品或服务

6.3　互联网农村金融的供给主体

互联网农村金融的兴起缘于农村长期的金融压抑。随着互联网向农村快速渗透，尤其是大数据、云计算的快速发展，借助互联网手段使农村金融的服务成本和金融风险大幅降低，一批具有互联网基因的“三农”服务商、农村电商企业、互联网企业和移动运营商开始涉足农村金融服务业务，为农村金融的普惠发展注入了新的活力。

6.3.1　“三农”服务商

长期从事农资（农药、化肥、种子、饲料、兽药、农机）供应、农产品购销、农业技术服务、农村信息化建设的“三农”服务商，是农村生产生活资金流动量最大的载体，是互联网农村金融服务最好的实施主体。“三农”服务商的业务贯穿于整个农村的生产生活中，而且随着渠道下沉，技术服务体系的建立，可以通过日常的销售、服务活动，全面深入农户生产经营活动中，通过业务员和经销商频繁的拜访、服务，全面掌握农业生产经营、农民生活信息和农村发展状况。借助互联网把将线下传统的经营活动搬到网络上，将经营与财务数据网上留痕，由此建立起农村征信系统，解决线下业务数据收集面临的主观上误差、客观上存储数量有限等问题，然后通过旗下的金融服务平台与金融机构合作为不同信用等级的农业经营主体提供信贷担保、融资租赁、网络小贷、P2P 网贷、农业众筹、移动支付、互联网理财等普惠金融，既显著提升企业传统业务销售效率与增加客户黏性，又通过通道提成、利差等多种形式增加收入来源（见表 6-5）。因此，具有互联网思维的“三农”服务商将是受益农村金融最充分的群体。

表 6-5　部分“三农”服务商的互联网农村金融业务

企业简称	“三农”服务	互联网金融
大北农	以猪管网的线上服务（包括养猪学院、猪场 ERP、猪价查询、猪病诊断治疗）和终端门店的线下服务为入口、通过智农商城（智农通 App、智农网站）的农资（饲料、兽药、疫苗、种子）及生猪电商（线上生猪拍卖交易）获取种植养殖户海量交易数据以建立种植养殖户征信体系，公司通过产品销售和农信网的金融服务实现流量变现	企业向银行推荐需要融资的优质种植养殖户（农银贷和农信保）、以自有资金向种植养殖户小贷（农富贷）、产业链上利益相关者间 P2P 网贷（农农贷）和向种养殖户提供的互联网理财与支付（农富宝）

表6-5(续)

企业简称	"三农"服务	互联网金融
新希望	配合线下服务体系打造集农民技术教育（云教育）、动物保健技术服务（云动保）、猪场物联网（云养殖）、养殖综合服务（云服务）、猪场综合托管服务（云农科）和养殖户与经销商金融服务（云金融）于一体的，从育种到养殖（监控）到流通环节全程可追溯的养殖云服务平台，从中积累养殖户的海量交易数据以建立养殖户征信体系，公司通过产品销售及互联网金融实现流量变现	企业将优质养殖户推荐给银行并提供担保（担保养殖）、企业以自有资金向种养殖户提供小贷（网络小贷）；养殖户与城市资金直接对接（P2P 网贷）、企业对平台交易主体的支付与理财（希望宝）和向养殖户提供养殖保险
诺普信	以与经销商深度合作，共同打造基于专业作物的线上线下作物专家和种植达人，为农户植保服务的田田圈 O2O 平台和为种植农户提供优质农资（农药、肥料、种子、农机）的农集网 B2B2C 平台为入口，从中积累种植农户的海量交易数据以建立种植农户征信体系，公司通过农资销售及农发贷 P2P 互联网金融实现流量变现	把农发贷平台从网上募集的资金，以 P2P 形式直接借款给水稻、小麦、土豆、香蕉、茶叶、苹果等主要产区的大中型优质种植户，满足农户在作物种植过程中的农资采购需求
康达尔	公司以合作社担保向社员种植农户提供将土地承包/经营权及其农作物作为抵押物的丰收贷、农机融资租赁以及农业股权投资，农户所获资金用于在康达尔合作伙伴中的农资连锁店、农机服务站购买产品和服务，种植出的农产品可选择在康达尔都市农场平台销售，形成资金闭环	为产业链上下游配套企业和农户提供村镇银行服务、网络小贷、P2P 网贷、农业融资租赁、农业股权投资等金融服务，对接种植大户在发展农业适度规模经营中的资金需求
云农场	以村站和测土配肥站为基础构建"从厂家到农户"的农资流通模式，满足农户定制化农资需求，降低农民农资采购成本，改善农村的土壤环境；以县域为基本单位，建立集农资中转、农技推广、农产品销售于一体的县级服务中心，形成农业产前、产中、产后全方位的种植业一体化农业商城	以农资交易、农技服务为入口，建立物流配送"乡间货"、农产品交易"丰收汇"、农技在线服务"农技通"，在此基础上植入农村网上支付与理财"云农宝"互联网金融
村村乐	提供乡镇动态、农业行情、农村发展、农民致富等信息，提供村庄产业发展解决方案，提供农资农技及家电下乡、农产品进城和农民就业创业资讯，搭建村村间、村民间交流平台，采取 O2O 形式招募网络村干部在农村开展墙体广告、电影下乡、农村连锁超市、农村金融服务等服务	发挥网络村干部线上线下点对点的桥梁纽带作用，推出村村贷和保险理财，提供有关农民子女上学、就医看病、产业发展等的小额信贷及重大疾病保险、人寿保险及投资理财等金融服务

6.3.2 农村电商平台

农村电商平台在农村开展电商业务，达到一定积累后提供金融服务。积累后形成的大数据加上实地走访数据可获知客户信用状况，简化审批手续并实现高效放贷，物流公司还可依据物流信息协同发力，从而形成“电商+互联网农村金融”的循环生态。电商网贷是基于电商平台的网络贷款，即利用电商平台长期积累的数据，借助大数据技术对数据分析挖掘，形成对客户的信用评估，这一信用评估能有效解决我国征信体系不完善导致的因信息不对称而产生的借贷成本高等问题。有了资信评估，电商平台发起成立的小额贷款公司能将客户的信用评估结果作为借贷依据而对资金需求者提供小额资金融通服务，包括卖家的经营性贷款和买家的消费分期。

蚂蚁小贷依据阿里巴巴集团积累的海量交易数据放贷，在阿里平台上开展电商的农业经营者可获得 100 万元以内的信用贷款。贷款所有流程在网上进行，3 分钟可完成审批到放款的过程，通过支付宝放款（见图 6-4）。蚂蚁小贷 2013 年为 49 万家客户放贷 120 亿元，其中 4 成是被传统金融机构排除在外的无抵押无担保的农村中小微企业和农户卖家，但不良贷款率低于 1%，目前为企业提供的贷款余额累积 4 000亿元。截至 2016 年 2 月，蚂蚁金服旗下网商银行已为 80 多万家小微企业提供信贷资金 4 450 亿元，其中“旺农贷”是直接面向农村种植者、养殖者、小微经营者的小额信用贷款产品。

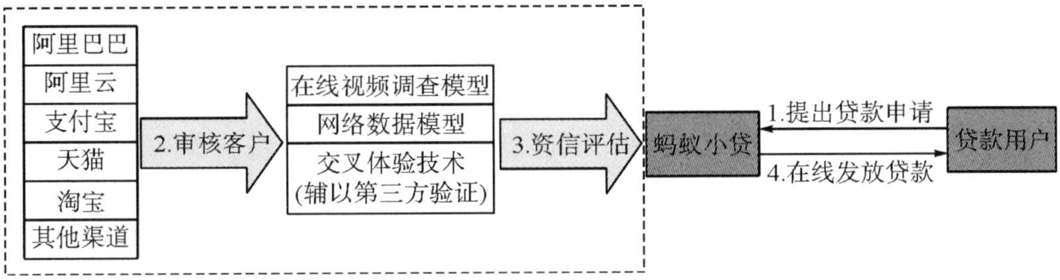

图 6-4　蚂蚁小贷的业务流程

京东也加入了互联网农村金融布局。通过京东白条、小额信贷等金融产品，京东金融解决了农民融资难、融资贵的困难，比如农民购买农资农具等可先买，出售粮食等农产品后再付款。2014 年 12 月京东与格莱珉公司合作开展农村小额贷款业务，2015 年 8 月京东开始发放农村互联网信用贷款，同年 9 月推出农村信贷品牌“京农贷”，用于解决农户生产销售环节的资金紧缺问题。目前京东与宜信、农机 1688 正联手打造一个农机 O2O 电商金融服务平台，未来还会推出消费、保险、理财等多个领域的金融服务。路寅投资控股集团旗下控股企业——亲民农业平台更接地气，本着以“农产品电商平台+生态农业示范区+农企联合创业”的模式发展，专注农村、服务农民，把当地物产资源进行“品牌农业化”升级，进而实现生态农业产业化，让农民社员利用自有资源参与“大众创业、万众创新”，让每一个农民真实实现创业、增收。

6.3.3 互联网企业

目前种植养殖户都有资金上的需求，亲朋借钱难，银行贷款门槛高，农村金融市场巨大的金融需求吸引了各大互联网企业布局，宜信、开鑫贷、翼龙贷、宝象金融、蚂蚁金服等为代表的互联网金融企业采用互联网思维为涉农用户提供免费的平台服务，以掌握涉农用户的采购、销售、库存以及运营等经营核心数据。再运用云计算、大数据等技术手段对农村中小微企业或农户进行信用评估并建立信用体系，以此为基础向用户群体提供小贷、P2P 等金融服务，互联网金融企业以收取小额贷款利息或数据服务费等方式实现流量变现，填补了商业银行在农村金融市场缺失的金融服务。

宜信公司已为互联网农村金融开发出宜农贷、农商贷、农机融资租赁等农村金融项目，以及借助互联网平台，将拥有富余资金的个人（贷方）的资金引流给农村贫困妇女的经营项目，帮助农村贫困妇女家庭通过发展产业脱贫致富。2015 年年初，宜信公司还发布了针对互联网农村金融市场的第二个“五年计划”，即 5 年内构建出农村金融云台，打造农村金融服务生态圈，为提高征信能力和风控能力，自建 1 000 个基层网点，为农户提供农村信贷、支付、保险等多种普惠金融服务。

宝象金融是农业供应链 P2P 借贷平台，助农 E 站是基于农贸行业的涉农产品。凭借平台对农产品流通的研究及行业经验，在产品设计时结合了农贸小微商户的特点，利用网络数据及交易信息从多个维度发现小微商户信用状况，实现了各种额度和期限资金的快速匹配，24 小时内放款。宝象金融利用多种金融科技技术从根本上解决了农贸小微商户的资金周转问题，有效提高了农贸效率，为上海地区的菜篮子供应及农贸发展做出了贡献。

6.3.4 传统金融机构

“三农”服务商、农村电商、互联网企业等机构布局农村金融对传统金融产生冲击，农业银行、邮政储蓄银行等全国性大银行和农村信用社、农村商业银行、小额贷款公司、农村资金互助会、社区银行等地方性小银行以及证券公司、保险公司等涉农金融服务机构感到巨大威胁，也开始积极拥抱互联网农村金融。首先，到农村人口相对集中的地方设立自动存取款机，满足农户存取需求；其次，与拉卡拉等第三方支付机构合作，为农民提供电费、手机充值、社保缴纳、车票购买等支付业务；再次，利用远程通信技术设置农村服务站，安放自动设备，配备工作人员，为农户宣传金融理财知识和办理基金、储蓄等理财业务；最后，推出网上金融店服务，实现农民网上申请，使农民通过网上银行获得自助缴费、机票购买、网购等服务。

涉农金融机构通过门户网站、手机应用软件等网络渠道提供金融服务能有效缓解农村的地理金融排斥，对金融普惠有很大推动作用。中国农业银行的助农取款服务类似 O2O，通过村委会及乡镇政府的推荐及银行的考察，中国农业银行选出经营合规、信誉好、场所固定的农家小超市、村委会等设置助农取款点，利用电话线并布放“智付通”为农民取现提供便利。中国邮政储蓄银行在国内首先试点，在农村开放网上银行、手机银行等终端银行，这些终端银行与6.6万台自动存取款机一起提供全方位电子银行服务，并积累起1亿户电子银行客户，其中60%的客户分布在县级及县级以下区域。2014年邮储银行还上线了“1保贷”融资平台，向客户开放网上申请贷款，实现无纸化操作。

浙江德清农村商业银行搭建服务本地生活的小型电商平台，并在每个行政村设立电商服务网点，接入物流配送网络，招募电商合伙人，将县内龙头企业、农民合作社、家庭农场、农户及其农副产品引到电商平台，引导农业经营主体通过网络开展购销活动。以电商平台为基础，嵌入网上办理贷款、业务预约、直销金融产品、小额快捷支付等业务，并在整合原农村助农取款点后，升级助农终端服务，为用户提供线下小额存取款、查询、缴费、理财等服务，还可受理贷款申请，打通农村金融服务“最后一公里”。借助电商平台发布土地承包经营权流转、土地租赁等交易信息，配套支持产权类信贷；将农村企业、合作社、家庭农场的用工信息、产品及加工业务信息发布在平台上，方便农民就地创业，金融支持农村“大众创业、万众创新”。

6.3.5 移动运营商

移动运营商在发展农村普惠金融时作用很大，因为农村居民较少在PC端上网，智能手机是他们上网的主渠道。手机已实现实名制，通过手机号码就可识别客户身份，用户还可往手机中充值，实现任何时间任何地点的接通。移动运营商通过通信记录、通话记录、短信记录，轻松掌握客户之间的人际关系；利用手机等移动终端可掌握客户交易信息、行为踪迹等，从而评估客户信用状况并据此开展贷款业务。

目前，我国主要的移动运营商——中国移动、中国电信、中国联通都相继涉足了互联网金融业务（见表6-6）。运营商推出互联网金融产品，不仅有利于农村金融普惠，而且对运营商自身也大有裨益。一是能够激活现有用户，增加用户金额留存。运营商为了增加单个用户的现金留存量，推出了存话费送话费的契约式长期使用和返点的形式，使用跨度长，时间周期久，用户再买账的可能性越来越低。而互联网金融产品的意义是，在保有现有资金留存的同时，能使用户有投入和回收提现的可能，给用户在资金使用的形式上增加了更多自由的元素，对产品和用户自身来讲，都是非常有意义的。二是获取支付渠道能力，拓展移动支付。一般情况下使用的支付应用，都具备多个平台资金流转的能力，而电信运营商本身不具备这种能力，电信运营商与基金运营商的合作有望打破这一僵局，让电信用户的资金具备在多个购物和应用平台的支付能力。在捆绑上大家常用的手机号码后，用户处于黏性比较强的状态，会去更多的渠道使用电信运营商的业务。在移动支付逐渐爆发的今天，获得用户使用习惯和使用频率是移动端应用场景下电信运营商的优势，借机拓展移动支付，在增加使用用户上也具有相当大的意义。三是获取多元化的应用支付能力，拓展自身使用用户。在获取移动支付权限和应用场景后，电信运营商依靠自身强大的用户资源进行用户的地面化生活的深度定制，用一号搞定的产品定位形式，进行移动互联网化的产品深度开发，以期望达到拓展自身用户的可能性。互联网金融的用处在于解决用户在通货膨胀期间对资金增值的需求问题，互联网金融运营商在围绕此需求进行深度开发的同时，合理植入产品在用户各种应用场景下的便捷实用方式，该产品被用户热爱和追捧就会显得越来越简单。

表 6-6　移动运营商推出的代表性互联网金融产品

产品名称	和聚宝	添益宝	沃百富
所属运营商	中国移动	中国电信	中国联通
合作企业	汇添富、聚宝贷	民生银行、上海银行	百度
主打优势	自动充话费、0 元购机、信用购机、流量特惠	手机账户余额理财，将支付账户和理财账户进行整合，让客户消费和理财两不误	理财更赚钱、手机免费拿、靓号免费送、大片免费看、百度大礼包
年化收益	4.5%左右	5%~7%	6%

6.4　互联网农村金融产品及服务

尽管互联网金融本身的发展时间很短，但由于其显著的普惠特征与我国“三农”金融需求的高度契合，目前互联网金融在我国农村已经出现了若干种发展模式，并可主要分为互联网支付、P2P 网贷、农业众筹、农村电商金融、在线产权交易、在线结构性融资、传统银行互联网化、互联网农业保险、互联网农产品期货、农村网络理财等主要产品类型。

6.4.1　互联网支付

近年来，农业银行、农村信用社等涉农金融机构在农村布局了大量便民服务站点，且基本都能具备小额支付功能。服务站点一般选在人口较为密集的小卖部、农资售卖点、小餐馆等，它们充当“代理银行”，具有支付等多种功能，体现金融普惠性。比如中国农业银行，以“金穗惠农通”服务点为基础，与电商平台、批发商、农产品经营主体合作，下沉农户生产生活，打造出 B2B2C 的农村金融生态圈。中国农业银行的具体做法包括：一是加大自动设备投放力度，满足农民自助存取款、转账、理财、缴费等金融需求；二是将便民金融网点延伸到乡村，运用移动智能手机，通过 App 等程序满足农民移动支付需求，助农取款服务点也能实现支付功能；

三是推出纯线上自助信贷产品，产品“E农管家”整合“三农”资源，提供服务，产品“数据网贷”能提供纯线上的自助信贷服务。

6.4.2 P2P网贷

互联网农村金融中的P2P网络贷款是指农业经营者作为资金需求者，通过互联网金融P2P平台寻找有放款能力和投资意愿并能满足其借款需求的资金供给者，资金供需双方不见面，仅通过互联网渠道进行材料审核、合同签订和资金划转。在P2P融资过程中，首先是农业经营者在金融服务专业网络平台自主选择符合自己意愿的资金供给方，双方通过平台进行借贷事宜沟通，初步达成资金供求意向；接着是资金提供方通过该平台对借款方的营业执照、借款资格、信用状况、还款能力等进行在线审核；最后是资金供求双方实现借贷匹配，并在平台的协助下实时进行贷款风险控制。P2P网贷的主要特点是交易便利、金额较小、频率较高，有效弥补了传统金融模式下农业经营者获取小额贷款时手续繁杂、费时费力、沟通和业务对接成本高等问题，能及时满足农业经营者的季节性、临时性、应急性资金需求。

近年来，随着国家对农业的重视，很多P2P网贷平台已布局“三农”，比如翼龙贷、开鑫贷、宜信等。翼龙贷的农村加盟模式为三农提供低门槛、高效率的网贷服务，平台只负责提供信息和控制风险。翼龙贷在运营上采用“同城O2O”模式，资金供给方为拥有闲余资金的城市居民，渠道下沉至三四线城市，资金需求方为同城乡下农村的三农人群及个体工商户。翼龙贷是城市资本下乡支持三农发展的典范，已在数百城市设立运营中心，业务覆盖已超过1 000个区县。

6.4.3 农业众筹

农业众筹是农业与众筹模式结合的产物，农业经营者通过网上融资平台发布筹资农业项目信息，吸引大众为其投资，筹资成功后以实物或股权回报投资者。“大家种”在国内率先开始农业众筹，很多综合性众筹平台也有零星的农业众筹项目。农业众筹项目的运作有四个主要业务环节。首先，农业经营者（筹资者）将策划方案和融资需求上传到众筹融资平台，由平台组织相关专业机构对项目的可行性及风险进行综合评估。其次，当项目获得平台认可后，农业经营者方可将该项目的筹资方案和回报条款发布在众筹平台上吸引有投资意愿的个人和机构（投资者）。再次，投资者在募资期内将资金转入与众筹平台有业务合作的第三方金融机构存管，在众筹平台的授权和监督下，按照事先设定的放款要求逐步转到农业经营者账户上用于项目的实际运营。最后，农业经营者按事先设定的回报条款，以股权凭证、红利、现金、债权凭证等一种或多种形式兑现对投资者的承诺回报，众筹项目执行完毕。农业众筹不以是否拥有成熟商业价值作为发放贷款的唯一判断标准，弥补了传统金融模式下大多数农业经营者因经营风险系数高而难以获得数额较大、时限较长的项目启动资金，使农业经营者在从事生产以前就获得了生产所需的发展资金，拓宽了农业经营者的融资渠道，缓解了农业经营者的融资难问题。此外，农业众筹还减少了农产品中间流通环节，增进生产者与消费者双向互动，促进农产品以销定产。传统农产品流通从生产到销售，中间要经过经销商、零售商等，流通成本高、流通效率低、流通时效差，农产品抵达消费者时的质量无法保证。农业众筹利用团购和预购等形式，在农业产品生产前锁定市场，做到以销定产。农业众筹让农业经营者自己选择农作物，并灵活定价，减少中间环节成本，还能与消费者互动，并根据消费者反馈的信息持续改善生产和服务。对消费者来说，农业众筹不只是O2O的概念，而是一种F2F（farm to family）的新潮生活方式，参与感是他们从中获得的最大附加价值。

根据参与人的权益不同，农业众筹可分为消费型农业众筹、平台型农业众筹、权益型农业众筹和公益型农业众筹四种。首先，消费型农业众筹是指农业经营者发起项目，并以相关农产品作为回报的众筹形式。经营者收到城市用户预订农产品的资金，收获时按约定数量和质量发货给预订者，在项目实施过程中农业经营者往往会采取一些措施让种植过程透明化，让农产品全程可追溯。消费型农业众筹操作简单无门槛，同时也能更好地获得城市用户的信赖，也是我国农业众筹项目中的主要形式。国内的“大家种”“本来生活”与“众筹网”基本都是这种模式。其次，平台型农业众筹是指众筹平台完全定位为信息中介，自身不作为项目发起人参与众筹项目，只是利用平台优势给发起人规划产品、发布项目等，并撮合有意向投资者。“有机有利”是平台型众筹的典型代表，其“生态通”农场项目管理系统具有展示项目、发布信息、网络销售等功能，以帮助农业经营者开展订单农业。再次，权益型农业众筹涉及股权和土地产权，处于试点阶段，比较典型的是“聚土地”（见图6-5）。继“聚土地”项目之后，很多众筹平台都推出了类似的土地众筹项目，基本做法是农场提供土地让人认购耕种，农场提供种子及技术指导，认购者自己享受地里的产出，在获得安全食材的同时还感受到劳动的快乐。目前众筹平台上的土地基本只能短期租赁，部分项目是与取得土地使用权的合作组织合作开展的。公益型农业众筹是指通过互联网，聚合碎片化、分散的爱心人士，为农业公益事业筹集资金、提供技术服务和实现扶贫帮困。现实生活中，往往是一些教育类公益众筹，如早期传统形式的“希望工程”和农村“三支一扶”以及近年来通过互联网兴起的“阳光书屋”等。事实上，农业领域的公益事业有着更大的开发空间，比如北方治沙、节水灌溉、植树造林、农村扶贫等，借助互联网把社会公益资源配置到生态农业发展中来，具体运作模式可借鉴“阳光书屋”。网贷平台PPmoney上的万惠众筹主要开展的就是农业公益众筹项目，它采取“互联网金融+农业项目+信用建设”模式，通过合作企业、合作社等发起奖励性众筹项目，一边把融到的资金发给贫困农户购买农资、工具，一边让合作企业指导农民种植，指导农户通过互联网众筹融资。

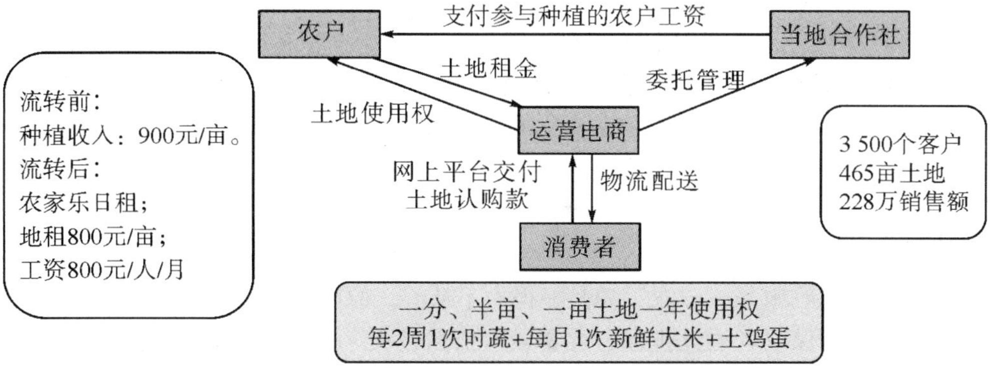

图 6-5　阿里“聚土地”项目运营模式

资料来源：淘宝网上资料整理。

6.4.4　农村电商金融

互联网使得信息的共享更加流畅，让商业模式融入更多的利益相关者成为可能。农村电商金融是指涉农电商企业利用电商平台在农村积累的大数据，独自或与传统金融机构合作，为参与电商交易的农村用户提供在线供应链金融，形成“电商+互联网金融+农户经营者”的交易闭环生态圈。农村电商金融依托农业供应链，对供应链相关成员企业线上审批及授信，打造封闭的农业供应链体系，使资金在供应链体内封闭循环，实现了贷款资金在供应链内的使用。在农村电商金融业务中，先是电商平台上的资金需求者向电商平台提出融资申请，电商平台自身或与传统金融机构合作，通过信贷数据风险控制模型交叉检验申请者的历史交易记录、信用数据并评估其还贷能力，决定是否为其提供信用担保或发放贷款。当贷款实际发放后，电商平台就会把在线监测到的借款者交易及财务数据转换为信用评价，线上实时控制贷款风险。该模式通过大数据挖掘和利用，促进借贷双方信息对称，弥补了农村传统金融机构因借贷双方信息不对称而对农村用户“惜贷”或“慎贷”的不足，有利于农村信誉好、管理合规、网络营销或消费参与度高的农村中小微企业、新型农业经营主体或农民获得短平快的经营性小额融资或消费分期贷款。

依据电商平台搭建企业的行业不同，可将农村电商金融分为互联网企业主导的电商金融、银行主导的电商金融和“三农”服务企业主导的电商金融三种基本类型。如前所述，电商金融的典型代表是蚂蚁小贷和京东供应链金融；银行主导的电商金融利用农产品电商平台发展农业供应链金融服务，如中信银行对接服务网等相关平台和运营商开展 B2B 电商在线融资服务；“三农”服务企业主导的电商金融是指“三农”服务企业将自己传统业务上线扩大销量的同时，与传统金融机构合作，逐步涉足农村金融服务，为自己服务的对象提供信用担保，甚至还专门成立小贷公司、信用担保、商业保理、融资租赁公司等微型金融公司，向传统客户提供金融增值服务，实现流量变现，如大北农、新希望、诺普信等。这类企业有完整的产业链、庞大的客户群优势，互联网金融恰恰是平台资源转变成盈利增长点的最好出口，加之又有传统线下实体服务手把手教会农民网上产品购销、资金融通。此外，这类企业还可以在线下进一步核实客户信息，真正实现了产融结合和融合，对发展农村互联网普惠金融具有特别重要的意义。

6.4.5 在线产权交易

传统金融机构服务“三农”总是显得力不从心，原因在于农户的抵押物不多，即便是开展联户担保或者能人担保，放贷风险依然较大。但随着农村土地承包经营权、居民房屋所有权和林权的权能抵押实现，农村抵押贷款难问题得以缓解。尤其是通过互联网设立农村产权量化交易系统，使过去分散隔离的产权、债权、林权得以聚合起来并与供需方互联互通，为互联网农村普惠金融的嵌入创造了便利条件。此处以湖南土流网和云南林业惠农云服务平台为例。土流网通过PC端网站和移动端App进行农村土地流转信息收集、供需信息发布及撮合交易精准匹配的同时，在平台上为农业经营者和土地投资者提供土地抵押贷款、土地银行及农业保险等互联网金融增值服务。以往银行不愿接收农民用土地承包权申请抵押贷款，原因是出现违约时银行拿到零散地块无法变现。在土流网上的农民抵押贷款则完全不同，一旦农户出现违约，银行可将零散地块委托土流网进行变现。为进一步降低风险，土流网还要求申请抵押贷款者先与保险公司签订农业保险协议。与土流网类似，云南林业惠农云服务平台在通过PC端网站和移动端App实现数字化林权信息及政府惠农政策传递的同时，为林农提供在线支付、生产资料小微信贷、个人消费信贷、林权质押担保、保险、理财等金融服务，让林农足不出户就可以一站式办理金融业务。通过该系统可以让林业资产快速进入金融资本市场，在金融杠杆的带动下提升林业资源附加值。

6.4.6 在线结构性融资

结构性融资是指企业将拥有未来现金流的特定资产剥离开来，并以该特定资产进行融资，从而使农业产业链上的农副产品及其加工品获得了融资功能。之所以称为结构性融资是因为它是用现金这类高效资产从企业财务报表的结构考虑资产置换。目前比较常见的结构性融资主要是应收账款担保融资、存货担保融资和预付款融资，是供应链金融的主要金融工具。应收账款担保融资是指金融机构质押卖方应收账款并提供账户管理、融资、催收等金融服务；存货担保融资是指企业以已经购买的存货抵质押获得贷款，它包括以货权为抵质押的授信和以货物为抵质押的授信；预付款融资是指金融机构先支付买方货款，卖方发货到金融机构指定仓库，买方追加保证金后金融机构才向客户发货。此外，融资租赁作为对存货融资、应收款融资和预付款融资等三种结构性融资的跨界融合，成为供应链金融的重要资金入口。一方面，融资租赁公司可以设立保理公司，通过保理公司对自身融资租赁业务形成的应收账款进行融资；另一方面，融资租赁公司可以分别介入融通仓和保兑仓融资模式对存货融资和预付款融资提供资金融通。当然，融资租赁不仅仅为农业供应链上的农副产品及加工品提供融资，还可以为农业生产环节的农机、加工环节的设备和厂房、仓储物流的设施设备提供资金融通，尤其是在互联网时代下诞生的“融资租赁+互联网金融”模式，通过互联网把资产端的融资租赁债权与资金端的社会沉淀资金连接起来，可以聚合更多的社会资金用于农业产业化发展。

6.4.7　传统银行互联网化

互联网金融的商业模式本质上是一种先下手为强、赢者通吃的平台经济，这给羸弱的传统农村金融带来了更大的不确定性。尽管短期内传统金融机构在农村市场的主导地位还很难被撼动，但金融脱媒、信息脱媒、支付脱媒、客户关系脱媒已是大势所趋，所以一些地方性农村商业银行开始从对互联网金融“看不见、看不起”的漠视转向拥抱互联网金融，积极进行传统业务的互联网化转型。近年来，传统银行做了很多有益的尝试，农行的助农取款服务就是一种接近“O2O”的业务模式。通过与农村小卖部、村委会合作，利用固定电话线和相对简易的机具布设，农户就可以进行小额取现。比如，四川省小额取现的金额每笔均在50元以下，满足了民众对日常小额现金的基本需要。安徽农信社则走得更远一些，通过手机银行短信进行汇款，方便快捷，用户基础广泛，目前累计用户238万，日均转账8亿元，累计转账1 349亿元，已经形成了一定的规模。

6.4.8　互联网农业保险

随着经营规模和资金投入的扩大，农业经营主体的风险意识增强，农业保险成为控制风险的必需金融产品。我国再保险市场发展滞后，分保能力有限，农业自然灾害风险分散或转移不足。加上农业生产经营风险大、信息不对称、保险赔付率高，国内保险公司开展农业保险的积极性低，农业保险产品供给严重不足。借助互联网信息技术监测和收集农业天气、土壤及作物大田表现和畜禽牧场表现、自然灾害、虫害疫病等大数据，通过大数据挖掘，定制化设计保险方案，改善农业保险信息不对称、赔付率高等问题。美国孟山都旗下的Climate公司将保险业务平台与互联网农业数据形成有效协同，公司利用其互联网保险业务平台每天采集的250万点的天气数据，并结合天气模拟、植物根部构造等信息综合判断意外天气风险，据此为农场主提供农业保险。反观国内，和邦股份的种植业保险、新希望的畜禽养殖保险已经上线，国内互联网农业保险将迎来较快发展。客观上说，真正对接农村的互联网保险还在探索中。国内首家网络保险公司——众安在线于2013年推出的高温险有部分的“自然灾害”保险属性，而且投保方便，理赔灵活。理赔时，投保人无须提供相关证明，保险公司会根据中央气象台的天气预报进行自动赔付。可以预期，随着互联网技术的进步，大数据、云计算和保险精算的进一步融合，基于互联网保险的农业产品会大量涌现并更好地服务国内农村新经济环境。

6.4.9 互联网农产品期货

农产品期货市场可提供准确信息给粮食企业，用于生产经营决策，还可以应对市场风险，为农业经营者保驾护航。比如粮食生产的农场可在当期卖出一定数量的粮食期货合约，以此来冲抵粮食价格降低的风险；粮食收储、加工企业可在当期买入一定数量的近期粮食期货合约，以此来冲抵粮食价格上升带来的风险。并且，粮食收储及加工销售企业还可以利用期货市场功能与农民发展订单农业，签订订单时就利用期货市场套期保值功能锁定价格变化风险，既要按较高价格与农民签约并强化农户履约意愿，又要确保产量能足额到期货市场交割实现订单利润，实现了农民与企业共赢。当前，伴随着农产品交易的全球化，入市者交易规模不断扩大，商品流通距离越来越长，农产品贸易已由以即期交易为主转变为以期货交易和远程交易为主，传统交易模式正逐渐被信用交易、委托交易、网上交易等新型交易模式所取代。我国的农业生产经营者要在国际国内一体化开放的市场上赢得竞争，必须学会运用农产品期货进行自我保护。但我国农户小规模分散经营与期货的大规模集中交易、农民偏低的文化层次与期货交易的专业性相矛盾。这些问题恰好可以借助互联网加以解决。分散的小农户通过互联网聚合形成一个虚拟合作组织，然后以虚拟组织的身份，集体委托专业的中介组织开展农产品期货套期保值，既摊薄了参与成本，又获得了专业服务，是我国农户有效参与农产品期货的一条捷径。

6.4.10 农村网络理财

农村储蓄水平偏低的主要原因是没有便利的适农理财产品。互联网金融具有低成本、高效率、便捷等优势，在筹集农村小额闲散资金等方面有突出表现。资金紧缺时农民可通过 P2P 网贷和众筹模式等进行融资，资金富余时还可通过互联网购买“宝宝”类理财产品进行投资，互联网金融既提高了农民金融需求的可得性，又拓宽了农村投融资渠道。

6.5 互联网农村金融的发展策略

农村的生产、生活和消费具有分散性、季节性、风险性和多样性等特征，导致农村金融的需求极其复杂。互联网金融为农村金融普惠带来了新的希望，但互联网金融也是金融，其本质仍然是经营风险，也无法回避传统金融在农村面临的诸多困难，因此发展互联网农村金融也需要采取一定的策略。

6.5.1 以移动支付为入口

由于我国农村有现金支付的传统习惯，而传统金融也没有发展出适合农村支付的“非现金化”模式，导致我国农村现金支付比例一直居高不下，支付效率低，支付成本高，经济的正规化程度低，为部分人偷逃税和灰色交易埋下了隐患，同时也不利于网络经济、信息经济、互联网金融在农村的快速成长，影响农村地区的产业升级和城镇化进程。在移动支付之前，一些传统金融机构为改善农村支付条件也进行了大量探索，如邮政储蓄的按址汇款、农行的惠农卡等，但由于这些做法仍然基于网点的建立和电子机具的布设，无法满足农村地区对现代化支付的需求，因此实际效果并不显著。以互联网技术为支持的移动支付往往通过第三方支付的形式呈现，活跃在银行主导的传统支付清算体系之外，能显著降低交易成本。在互联网金融中，移动支付还与金融产品挂钩，带来了丰富的商业模式，与我国地广人稀、交通不便、传统金融服务物理网点少的农村无现金支付需求高度契合，将缔造巨大的蓝海市场。只是农村上了年纪的民众习惯于存折而不是银行卡，这是一种短时间内难以改变的习惯，互联网金融支付应该入乡随俗而不是移风易俗，因此移动支付在农村的推广普及还需要讲究策略和方法，循序渐进地推进。

要健全农村支付体系。便民服务点只需一间小屋、一台自助服务终端、一名稍加培训的村民，便可开张营业，且由网络专线连接，可随时提供服务，其一次性安装费在1万元左右，设备管理、网络使用和业务等产生的费用也有1万元，比物理网点成本低很多。因此，农村金融机构要摒弃以往铺设物理网点的老路，要找到物理网点和网络布局的平衡点。首先，大规模投放成本低、效率高的转账电话等电子机具；其次，在电子机具基础上借助卡媒介提供小额取现等服务，满足农民的现金支付习惯；最后，依靠金融科技手段推动农村金融服务创新，有效配置农村非现金支付资源，实现农村金融服务的持续发展。

要花大力气改善农村支付环境。农村金融机构要加大农村支付业务创新力度，打通传统金融与互联网金融思维之间的脉络，弥补农村金融物理网点不足，降低金融服务成本，实现农村金融基础服务向“最后一公里”下沉延伸。一是推广网上银行、手机银行等电子银行支付功能，通过将银行服务功能加载于移动终端，为农民带来便捷的支付体验；二是支持农村粮食、蔬菜等各类市场使用非现金方式支付；三是引导农民更多地使用非现金方式办理日常结算业务，手机充值、有线电视、水、电、煤气缴费转移到网上进行；四是依托小超市、农资站等组建金融服务点，提供银行卡助农取款服务，丰富农村金融服务网点。

应采取O2O线上线下相结合的方式进行。一是加快二维码支付、刷脸支付等技术的应用，打造线上线下支付的“手机钱包”；二是鼓励农村年轻人使用网上银行、手机银行等形式获取金融服务，方便自身也缓解金融机构压力；三是线上线下同时进行，多在线下小超市等地安装使用POS机、ATM机等，多进行金融知识的免费宣传和传播，多对新型职业农民进行金融服务培训。

6.5.2　以网络融资为发展重点

农村金融一直是困扰包括中国在内的广大发展中国家的“老大难”问题。农村金融症结仍出在信贷，这体现在农民贷款的可获得性和金融机构放贷的风险收益性上。农村金融资源本就稀缺，还被农业大户和龙头企业等不缺钱的经济体占用，而本该获得“雪中送炭”的广大农户和中小微企业却长期饱受融资难、融资贵之苦，大量案例表明，资本稀缺的农户一旦获得资金，将创造出高于大企业的边际投资回报率。对比互联网金融与传统金融在农村金融服务中的优劣可发现，互联网金融能解决传统金融无法解决的小额农村信贷问题，还可利用自身高效、便捷的优势将金融服务嵌入农村经济各环节中，提高资金配置效率。互联网金融依托大数据和云计算等技术，引入非结构化数据挖掘潜在需求，精准配置资源，提高贷后管理有效性。同时，高速放款和灵活的期限也切实降低了农民的财务成本。但是由于农村金融不同于城市金融，互联网金融在农村的推广普及还应充分结合农村、农民和农业实际循序渐进地开展。

大力发展电商金融。电子商务的发展方便了农产品进城和工业品下乡，不仅改变了农村风貌，提升了经济增长速度，也产生了新的金融需求。农村电商发展初期，信贷资金主要用来满足临时、小额的流动性需求，可以通过熟人社会和民间借贷满足。随着电商规模的扩大，金融需求也逐步升级，金额从数千元上升到数万元不等；用途从满足流动性需要向满足生产性、经营性需要发展，并沿着供应链向上下两方面扩张，形成了电商经济下的供应链金融新需求，并将进一步对支付结算、账户管理以及风险控制提出新要求。但是，农村经济主体普遍缺乏抵押品和合格财务报表，亟须新的金融业态介入。电商金融以农村电商参与者的账户现金流、在线交易记录为依据，通过电商平台的小贷公司在线为农村资金需求者提供信用贷款，进一步拓宽农村金融的资金来源。但是电商平台自己的小贷公司毕竟资金有限，且放款规模有严格的上限管制，因此金融普惠的覆盖面十分有限。随着互联网在农村的广泛普及，农村中，在电商平台开店卖物或购物的人越来越多，但这些人的交易信息并不能被拥有大量农村金融资源的农村传统金融机构获得。今后，农村传统金融机构可以与电商平台合作，共享农村用户在电商平台上累积的大数据资源，共同构建农村信用大数据，这些举措有利于改善农村信息不对称，拓展农村金融的信用放贷能力，减少农村金融排斥，促进农村金融普惠。

积极开展农业众筹融资。目前我国农业众筹主要是以产品和服务为主的消费模式，与“生鲜预售”类似，融资者多为农村中小企业或家庭农场。农业众筹打破了传统生鲜农产品多环节的零售流程，让生产者提前组织生产，以销量驱动生产，降低农业经营风险，以 F2F（family to farm）的理念，以众筹的方式联通农场与居民，减少流通环节，满足都市人的绿色产品需求。但是，农业产业链冗长，在土地端，往往涉及土地所有权和经营权的问题；在生产环节，农产品生产较为脆弱，受基础设施水平、自然灾害、病虫害等影响较大，收成很难预测，且农产品种类繁多，每一种产品都有独特的管理属性，管理难度和管理成本高；在仓储环节，农产品多不耐保存，且不同产品要求不同的仓储环境，投资大，有效利用不足；在物流环节，农产品的冷链物流在国内方兴未艾；在供应端，从业者多为个体户或中小微企业，成本高且冷链物流的效率低；在需求端，众筹参与者（投资者）往往是碎片化、分散的城市居民，“最后一公里”配送难。正是这些原因，参与农业众筹项目的产品或服务有较强的稀缺性，往往只有一些在市场里难以见到的物以稀为贵的特色农产品才适合开展农业众筹。不过，随着我国农业适度规模经营和新型农业经营主体队伍的壮大，以及城市碎片化消费者可以借助互联网实现社群化集聚的兴起（见图 6-6），农业众筹项目也可以开展大宗生鲜农产品交易。在这种模式下，城市消费者按地理位置就近聚合为不同的食物社区，每个食物社区由一名领头人组织该社区消费者向众筹平台预购产品，并组织消费者参与生鲜农产品生产基地的遴选与生产流通环节的消费体验。领头人既是食物社区的消费领袖，又是众筹平台在食物社区的销售代表，众筹平台根据领头人的销售业绩进行体验营销激励，生产基地为专业合作社等适度规模经营的新型农业经营主体，接受电商平台的认证许可后方可参与食物社区预购订单的投标，中标生产基地按照该食物社区预购订单组织生产和配送，产品由生产基地直接配送到食物社区指定的提货点，由消费者自行前往提货。这是一个多方共赢的平台，消费者与生产者从产销对接的交易环节减少中获益，生产者的绿色生产与消费者的体验消费形成双向正反馈和正激励，有助于我国大宗生鲜农产品通过众筹形式定制化产销对接和解决农村“最初一公里”集货难与城市“最后一公里”配送难问题。

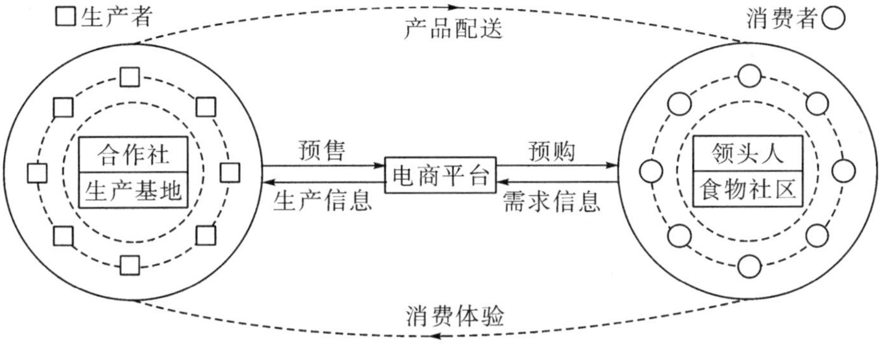

图 6-6　社群化消费者与组织化生产者通过众筹平台进行产销对接

稳步发展农村 P2P 网贷。P2P 网贷在农村金融市场的优势体现在借款人的融资需求能够比较快速地获得满足，因此一方面应鼓励实力雄厚的企业进入农村金融市场，建立涉农 P2P 网贷平台，降低农民融资成本并提高金融服务的可得性；另一方面应采取 O2O 的形式开展 P2P，像“翼龙贷”那样控制资金来源范围和放贷范围，建立类似于网络化的农村资金互助合作社，便于资金供给方对资金需求方知根知底，同时将 P2P 平台严格地装进信息中介的铁笼里，最大化降低 P2P 网贷风险。

6.5.3 采取O2O模式控制风险

互联网金融的本质仍然是金融，是经营风险，不管是互联网金融理财平台进攻线下农村市场，还是传统银行借助网上平台反攻线上，互联网农村金融都将会面临较高的风险。农村金融的障碍很多，主要体现在如下三个方面：一是因为只有很少的与银行有信贷关系的农民被纳入中国人民银行征信系统，其余人员信用记录缺失，并且农村交通不便、农民居住分散且文化程度不高，很难通过线下开展征信工作；二是农产品周期长、利润低，易受气候瘟疫等影响，市场流通过程中的运输问题也会导致农民的巨大损失，农产品无法被列为优质资产；三是农民诚信教育缺失，收入不稳定，无抵押物，导致可承受利率水平较低，且容易出现违约。因此，互联网农村金融开展授信业务时应防控信贷风险，既要严格把控资金额度，又要强化审核农民资信，还需做好贷后的跟踪检查工作。

在客户身边设置物理网点是金融机构的竞争优势，而我国农民仍对物理网点有很高依赖性，这正好与中国农村地广人稀使网点的单位成本过高而造成物理网点过少的现实相悖。首先，互联网金融企业可以与传统金融机构合作，通过"技术换网点""理念换网点"以及"产品换网点"的方式，在轻资产模式下，推进在农村的布点工作。更为重要的是，可以线上线下相结合的方式收集大数据，补充农村金融征信数据，目前农村的互联网普及率稳步增长，农民基本都能用智能手机上网，很多人对支付宝、微信等的使用率较高，这些互联网大数据就可成为农村征信的数据基础。其次，目前取得成效的农村金融服务机构，无论是为经营资金提供贷款还是为农资提供分期付款，都经历了商业到金融的渗透过程，典型代表如"旺农贷"和"什马金融"。"旺农贷"通过农村淘宝服务站负责人放贷授信，负责人是村淘合伙人，熟悉情况且受阿里培训过，阿里生产经营关系约束借款人，防止客户违约。"什马金融"与经销商一起提供电动车、摩托车等消费分期服务，用户赊销商品减少了大笔资金的筹集压力，经销商有了"什马金融"不仅缓解了资金压力还能增加销量，品牌商和经销商一起分担大部分风险，降低了"什马金融"自身的运营风险。

6.5.4 创造条件推广普及

完善网络基础设施。从2004年起，中央一号文件已连续16年聚焦"三农"问题，也由此加快了我国农村地区的发展，农村地区的基础设施不断完善，修公路、架电线、建水利、铺管网，为农村地区新经济形态的发展奠定了坚实基础。近年来，随着互联网的强力介入，农村经济又开始了新一轮跨越式发展。互联网的应用使广大农民拥有了新的参与经济活动的方式，也获得了广泛的话语权。随着网络基础设施的完善，农村网民大幅增长，截至2018年6月，农村网民规模达2.11亿人。但是，由于广大偏远农村地区交通仍然不便，农村物流配送成本高、效率低，农村电商发展缓慢。同时农村地区网络覆盖率仍然低，尤其在中西部一些经济欠发达农村，从而制约了农村消费金融市场的发展。因此，无论是传统金融机构的积极“触网”并进入农村市场，还是电商、三农服务平台、供应链金融 P2P 借贷平台等不断地渗透，我国的互联网农村金融发展依然比较缓慢，迫切需要通过农村基础设施的完善加快互联网金融向农村的渗透。支持农村及偏远地区宽带建设，缩小城乡数字鸿沟，补上农村公共产品和服务的“短板”。加快农村电商发展，让农村经济与互联网产生叠加效应，推动农业升级、农村发展和农民增收。加快农村快递业发展，降低物流成本，解决农产品进城的“最初一公里”和工业品下乡的“最后一公里”问题。

营造农村信用环境。农村信用环境差也是阻碍农村金融发展的一个重要因素，一些地方农民耍老赖的情况还很常见，因此需要建立对家庭农场、专业大户、龙头企业等新型经营主体的信息采集和信用评估，形成信用数据库，并逐步将他们纳入征信系统中。农村信用体系建设是发展互联网农村金融的基础设施，是提高金融服务可获得性，体现普惠金融的重要条件，也是控制风险的必要手段，相关部门必须狠抓农村信用体系建设。

重视对农民的金融教育。农民的金融知识和网络操作技能缺乏也是阻碍互联网农村金融发展的一大因素。农村金融的用户主要是农民，农民对互联网金融的认知度不高，农村地区的电子商务还有待突破，要让文化素质普遍偏低的老龄化农民尽快自觉地接受现代金融知识并熟练掌握互联网技能有相当大的难度。广大农民的网上购物、网上理财、信贷习惯、金融消费习惯的培养和养成，注定是一个漫长的过程，况且目前很多互联网金融产品与我国“三农”实际还不够契合。当然也有一些互联网企业在农民金融教育方面进行了很好的探索，如村村乐的“村村贷”项目。借助村村乐平台，“村村贷”提供金融知识的线上教育，并与用户线上互动，以此来强化用户对金融知识的掌握和理解。平台内部全方位把控借贷金额、期限并专门设计出适农信贷产品，平台外部通过贷前审核、贷后监控等完善信贷行为，控制贷款风险。可以预见，如果村村乐在农村金融市场建立金融平台，并与有大量用户基础的大数据相结合，必会抢占市场先机，在农村金融市场长足发展下去。

6.5.5　包容性监管引导合规发展

从信息技术发展趋势看，互联网金融将成为服务农村电子商务和普通农户的重要新兴力量。目前，已经有部分互联网金融企业开始了普惠金融的尝试。但是，新兴的互联网金融也面临着业务发展过快、企业良莠不齐等问题，这些问题是所有行业发展初期都会经历的，监管层和政策制定者应该加以引导，给予包容。2014 年 9 月，中国人民银行发布《中国人民银行关于全面推进深化农村支付服务环境建设的指导意见》，允许助农取款服务点试点提供现金汇款、转账、缴费等服务，拓宽手机支付在农村的业务范围和种类等，表现出了极大的政策宽容度。因此，互联网金融在对接农村时将面对更大的挑战，需要监管层给予更大的支持，在不踩监管红线的情况下，尽量给予宽容与鼓励。

第 7 章
互联网金融风控

【学习目标】

熟悉互联网金融风险特征、类型和风控方法，理解互联网消费金融、公司金融和供应链金融的风险控制。

7.1 互联网金融风险特征

互联网金融的金融属性决定其存在与传统金融相似的风险；互联网金融还有互联网属性，具有虚拟、开放和共享特征，由于互联网金融是借助互联网技术和信息通信技术，通过互联网平台来开展业务，使得互联网金融具有有别于传统金融的显著特征。

一是风险传播速度更快。借助于现代信息技术，互联网金融的各种数据信息能够快速传递并远程处理。一方面，这种快速传播能有效提高效率，使得支付结算等各种互联网金融业务能够在较短时间内完成，客户体验好。另一方面，这种快速传播也可能导致风险的快速扩散，使得非常小的风险因管控不当而迅速扩散成为系统性风险，不仅错过了控制风险的最佳时机，风险危害还会被蔓延。

二是危害面更广。由于互联网金融具有金融普惠性，服务了大量的未被传统金融所覆盖的人群，即为掌握了20%财富但占据80%数量的长尾群体服务，所以比传统金融的受众面更为广泛。当长尾群体作为资金供给方时，由于其金融知识的欠缺，风险识别能力和抗风险能力都较差，一旦遇上风险就可能使大量人群遭受损失；当长尾群体作为资金需求方时，可通过互联网金融获得信用贷款，而信用贷款本身风险就很大，长尾群体在出现状况时极易违约而导致较高的坏账率。互联网金融风险对社会的负外部性很大，数量庞大的长尾群体出现状况很容易引发系统性风险，危害容易被快速扩散，影响整个社会，造成更大面积受害。

三是交叉传染性更强。由于互联网金融的各个网络节点相互关联，相互融合，所以不能像传统金融那样，通过分离分业经营的风险源头来遏制风险。在互联网金融行业，很多互联网金融机构是跨界的混业经营，提供着跨地区甚至跨国的金融服务，并与传统金融机构深度合作、互联互通，关联性与交叉性越强，则相互之间风险的传导性越强，网络平台安全风险的敏感性越高，互联网金融风险交叉传染的概率越大。任何网络节点上的金融风险都可能通过互联网传至互联网金融领域甚至整个金融领域，最终可能危害国家金融系统稳定。

四是金融监管更难。第一，互联网金融交易的虚拟性导致交易对象的不确定性，使得监管者与交易对象之间存在信息不对称，很难掌握交易对象的真实情况；第二，互联网金融交易不受时间和地域的限制，交易频率高，这给金融交易者带来便捷体验的同时，也增加了监管者信息梳理和数据分析的难度；第三，互联网金融已经呈现出混业经营的特征，而目前是采取分业监管来分配监管任务，两者之间的矛盾也增加了监管难度。

7.2　互联网金融风险类型

近年来，我国互联网金融发展迅猛，吸引了大量企业和资金涌入这个行业。但是，由于金融监管滞后，监管体系不健全，无论是互联网金融企业还是传统金融企业，在从事互联网金融业务时都存在风险防范不足的现象，引发了很多风险问题。互联网金融既有金融的属性，所以存在与传统金融相似的风险，同时也有互联网属性，具有自身特有的风险（见表7-1）。虽然部分互联网金融风险与传统金融风险类型一致，但却有不同特征和表现形式。

表7-1　互联网金融风险主要类型

风险类型	风险描述
信用风险	债务人不履约而给债权人造成损失的可能性
市场风险	市场价格的变化而给互联网金融的参与者带来损失的可能性
操作风险	互联网金融机构内部控制不健全或者操作失误导致可能的损失
流动性风险	流动性不足而给互联网金融机构造成损失的可能性
环境风险	互联网金融活动的参与者所面临的市场环境变化而带来的风险
政策风险	由于国家政策的变动而给互联网金融市场参与者带来的风险
技术风险	由于技术缺陷导致网络系统出现故障而给互联网金融市场参与者带来损失的可能性
声誉风险	由于社会负面舆论导致互联网金融机构的声誉受影响，导致客户流失、经济受损的可能性

信用风险是指互联网金融交易中的一方不愿或者不能履行约定而导致交易中的另一方遭受损失的可能性。一方面，互联网金融的从业机构面临虚拟网络世界，通

过互联网渠道从事金融业务，虽然这给交易双方提供了便利，但也增加了对交易双方真实状况的检验难度。信用风险主要产生于信息不对称和道德风险，既可能存在于信用活动中，又可能存在于交易活动中，互联网金融机构比传统金融机构更容易遭遇信用风险。根据风险的来源，互联网金融信用风险既可能产生于客户的违约，又可能产生于互联网金融平台的违约。由于我国征信体系尚不健全，互联网金融平台在撮合交易时，主要根据借款人提供的信息来判断其信用状况，比如客户的身份证明、财产状况等，有限的信用评价使得信用风险很高，很容易出现借款人违约。虽然也有部分平台能通过大数据对借款人精准画像来自动考察借款人信用状况，降低了交易成本但同时也面临着虚假信息筛选、信用评价模型选择等难题。另一方面，互联网金融信用风险可能源于提供金融服务的互联网平台的违约，一些互联网金融平台挪用资金或直接跑路，还有一些互联网金融平台利用互联网非法吸收存款或非法集资，都可能给其他参与者带来损失。

市场风险是指市场价格因素的变动对互联网金融市场参与者带来损失的可能性，比如利率价格、汇率价格、股票价格等。利率风险是互联网金融市场风险最主要的一种类型，对 P2P 网络借贷、众筹、互联网理财、网上银行等多种业态都存在影响。比如，当市场利率上升时，投资的互联网金融理财产品价值就会缩水，投资者可能选择其他渠道理财，而借款人只有承诺更高的收益率才可能通过 P2P 或者众筹获得资金，增加了筹资成本，从而影响互联网金融产品的年收益率，增加投资者收益。同样，股票价格的变动会直接影响互联网理财中股票型基金产品的收益，也会影响投资者投资渠道的选择。另外，越来越多的互联网金融从业机构的业务范围跨越国界，其在国际上开展互联网金融业务必然会受到汇率的影响。

操作风险是指由于互联网金融从业机构的内部控制不健全或不当操作等原因而带来损失的可能性。互联网金融应该制定较为完善的操作程序、操作要求，以减少客户和从业机构的失误操作。究其原因，互联网金融操作风险可能主要由三个方面引起：第一，操作风险可能是由于操作人员或者投资者在交易过程中的不当操作造成的，即业务操作风险。第二，操作风险可能是由于互联网金融服务或金融产品过度注重客户体验而简化流程引发的，即流程操作风险。在互联网金融领域，客户总是觉得越简单越好，购物时喜欢一键下单，结账时喜欢一键支付，注册时喜欢用手机号码快速注册。但是，金融本身的严谨性决定互联网金融也必须要完成完整的操作流程，要在客户体验和风险管理间寻找到一个合适的平衡点。第三，操作风险可能是由于互联网金融团队缺乏有效的管理造成的，即管理风险。如果互联网金融从业机构拥有专业的管理团队，能对企业进行有效管理，则互联网金融从业人员在实际的业务操作过程中就能及时、准确地传达相关信息，并能正确领会上司意图。

流动性风险是指互联网金融从业机构在某个时刻无法获得足够的资金或者无法以合理的成本获得足够资金来满足客户的提现需求而遭受损失的可能性。很多从事互联网金融业务的互联网企业虽然已经具备部分金融属性，但资质较弱，在出现短期负债或预期外的资金外流等突发事件时缺乏应对经验。并且，互联网金融交易的虚拟性、金融产品的复杂性、过剩信息的精准性、从业机构的低端性和市场主体的大众性都会极大地提升投资的错配率，加大互联网金融流动性风险。具体而言，第三方支付是业态中最稳定的，很多第三方支付机构与货币市场基金合作将大众游资引入货币市场，使客户资金具有理财功能，但却因与投资捆绑容易造成资金滞留，缺乏监管时还可能存在资金他用，若资金链断裂就会引发支付危机。P2P 网贷没有商业银行的贷款风险拨备机制，P2P 网贷平台禁止拥有资金池，又没有金融杠杆，在出现流动性问题时只能动用资本金垫付，但若资本金也不足则问题极易恶化，出现更大量的借款人违约。股权众筹存在借长贷短的特点，不排除存在不合理的错配现象，所以仍有可能引发流动性风险。基金网销发展比较成熟，其基础资产主要是同业存款和流动性较强的金融产品，风险不高，但基金网销的规模庞大，资金数量越大流动性风险就越大，因为基金网销容易在节假日出现集中支付而遭遇短期内大量赎回，并且竞争导致基金产品更新频率快，容易形成不合理匹配。总之，缺乏备付金制度，存在期限错配资金挪用等问题，不能参与同业拆解，也没有中国人民银行“最后借款人”的支持，互联网金融容易引发流动性风险。

环境风险是指外部的自然环境、宏观经济环境和政治环境等变化给互联网金融市场参与者带来损失的可能性。互联网金融的发展严重依赖宏观经济的发展状况，当经济处于低迷状态时，金融需求和金融供给也必然下降，即使与互联网融合也不可能发展出庞大的产业群。只有当经济发展呈现稳中向好的态势时，投资和融资的需求才会旺盛，互联网带给金融的便利才会得到充分展现，互联网金融才可能持续健康发展。从宏观看，很多因素都可能影响互联网金融的发展，比如国内生产总值、就业率、互联网使用率、利率水平、产业升级水平等。另外，若发生自然灾害等意外事故，造成了借款人人身伤害或财产损失，则借款人可能无法如期归还贷款，从而造成了贷款人的损失。

政策风险是指互联网金融政策变化对互联网金融市场交易主体带来损失的可能性。由于互联网金融风险比传统金融风险更加复杂，更具有虚拟性特征，因此互联网金融监管的难度更大。近年来，互联网金融的相关监管政策陆续出台，比如 2015 年 7 月出台《关于促进互联网金融健康发展的指导意见》，之后陆续出台第三方支付、股权融资、网络借贷等方面的具体管理措施。这些监管政策从市场准入、市场参与者身份认证、资金监管、业务范围等方面进行了明确的规定，给部分互联网金融市场参与者带来了经济损失，但也有助于互联网金融市场合规、健康的发展。

技术风险是指由于技术缺陷、网络安全等因素导致计算机网络系统出现故障而给互联网金融市场参与者带来损失的可能性。互联网金融业务的开展必须依赖于互联网技术，而金融业务又要求系统具有高度的安全性和稳定性。但是，TCP/IP 协议自身不安全，密钥管理与加密技术不完善，而互联网金融从业机构置身于开放式的网络通信系统之中，容易遭受计算机病毒入侵以及网络黑客的攻击。一旦出现技术风险，可能造成资金安全风险、信息泄露和业务中断。具体而言，资金安全出现问题会造成客户的重大损失，可能是由于系统漏洞被黑客入侵、网络钓鱼欺诈、客户端遭受攻击、业务漏洞被利用和交易欺诈导致的；信息泄露可能是由于非法获取利用或泄露了敏感信息、配置和管理不当、大数据环境不佳、移动终端应用有缺陷四个方面的原因所致；业务中断可能是系统故障、恶意攻击、数据丢失、性能故障等原因造成的，使很大一部分客户因担忧互联网金融账户被盗会损害自身利益，拒绝参与到互联网金融中。正是因为技术风险破坏性大、影响面广、隐蔽性强、专业性强，其风险管控的难度更大，因此被很多互联网金融从业机构作为重点进行防控。

声誉风险是指社会负面舆论导致互联网金融机构的声誉遭受影响，从而导致客户流失、经济受损的可能性。一方面，互联网金融的其他风险可能导致声誉风险，比如互联网金融的信用风险、技术风险、操作风险等风险暴露后，容易通过媒体、人群等传播负面内容，从而形成声誉风险。另一方面，微博、微信、论坛等新媒体容易加大互联网金融的声誉风险，人们可以利用手机随时随地评论互联网金融的某个话题，造成更大声势而加剧声誉风险。所以，如果有任何的负面舆论和影响，互联网金融从业机构一定要尽快处理，否则只会造成更大的负面影响，P2P 网贷就是一个典型。P2P 网贷投资门槛低，收益高，在一定程度上解决了中小微企业的融资问题，但是由于并未设置任何进入门槛，一些平台就是为圈钱而成立，一些平台经营不善而倒闭，社会公众对网贷行业的质疑越来越大，严重影响行业发展，一些正规平台也深受其害。

7.3　互联网金融风控方法

7.3.1　借鉴传统风控手段

互联网金融是通过互联网渠道提供金融服务，本质上还是金融，因此很多传统金融的风险控制方法在互联网金融领域仍然有效。比如信贷业务，在信贷融合互联网基因之前，传统金融企业都通过各种途径收集借款个人（表 7-2）和企业的信息（表 7-3）来减少信息的不对称，从而控制信贷风险，这些信息在互联网金融时代仍然能够有效地帮助降低风险，所以互联网金融企业可以借鉴传统金融企业的风险控制手段。

表 7-2　个人信贷风控信息获取

信息类别	基本信息	财务信息	借款用途
信息内容	姓名、性别、身份证号、联系方式等基础信息，教育背景、职业经历、居住地	信用卡还款记录、个人资产状况、月收入情况、信用卡额度、中国人民银行征信信息	使用行业及方向，使用地房屋价格，旅游地消费水平，对应车型折价率
获取途径	用户主动提交，金融机构已有资料	客户主动提交，金融机构已有资料，中国人民银行征信系统	金融机构日常累积，行业协会尽职调查获取
验证途径	当地公安局、居委会、教育机构、民政部	工商局、实地调查、与金融机构联合验证	与房产商、汽车及汽车金融公司、行业内企业代表沟通，企业信息确认
获取目的	确认客户信息	确认借款人信用状况、抗风险能力、经济来源、还款能力	把握贷款风险，根据用途确定授信额度，确保资金没被挪作他用

表 7-3　企业信贷风控信息获取

信息类别	基本信息	财务信息	借款用途
信息内容	工商注册资料、企业发展历程、高管状况、经营业绩、销量	经营数据、财务报表、股权情况、专利信息、债务关系、知识产权	行业信息、产业链情况、企业产品及服务的公允价值
获取途径	企业提交、研究报告、金融机构已有资料，借助行业信息了解中小微企业状况	企业提交、金融机构已有信息	金融机构同行业贷款经验、尽职调查，通过产业链了解
验证途径	实地考察、销售合同、设备运行	实地调查，访问供应商和客户，水电单据，必要时需参考中小微企业邻里意见	产业链上下游企业信息对接
获取目的	确认企业经营状况、行业地位	掌握企业盈利能力、资产变现能力、财务实力，以此判断企业偿还能力	确认资金用途、贷款风险

7.3.2　借助大数据智慧化风控

互联网金融行业中，大数据的突出价值反映在风控上。要控制风险，大数据维度广，既包括客户社会属性的数据，又包括其行为数据，这样能全面识别客户，准确判断客户的信用状况。目前金融机构征信主要借助中国人民银行征信系统，但该系统只覆盖了 8 亿人群，其中仅约 3 亿有信贷记录。无信用记录人群数量庞大，带来了大数据风控的蓝海市场。截至 2018 年 12 月，中国网民达 8.29 亿人，其中手机网民规模达 8.17 亿人，大量互联网用户在网络上的行为痕迹被轻松记录，为大数据分析提供了足够大的数量。

目前互联网金融在大数据风控上有两类：一类是蚂蚁金服、京东金融等依靠集团中的网络平台数据，自己构建信用模型并据此销售金融产品；一类是大量中小型互联网金融公司将自身平台数据贡献给第三方征信机构，由此获得该第三方机构的征信产品使用权（见图7-1）。中国人民银行征信系统的数据来源于商业银行和其他社会机构，但只给银行系统提供信用查询和提供个人信用报告。其他征信机构和互联网金融企业不能从中国人民银行查询个人征信状况，但这些征信机构可以通过获得互联网金融企业线上的客户数据信息，通过小贷公司、担保公司等获得客户的线下数据信息来进行信用评级，并将评级信息提供给互联网金融企业。大数据风控带来了传统风控思想和风控体系的变革，对控制风险大有裨益，是传统金融风控的重要组成部分。

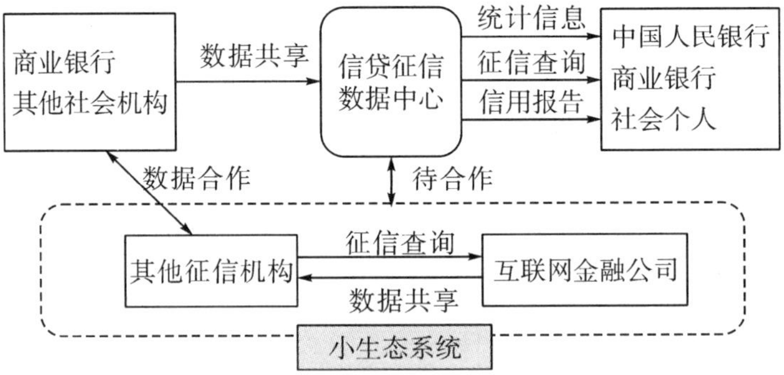

图 7-1　个人征信系统生态

互联网时代，大数据海量、庞杂且充满噪声，互联网海量大数据中只有部分数据与风控有关（见表7-4）。银行等金融机构的数据仍是大数据风控中重要的组成部分；电商平台类数据对互联网金融风控有很大价值，既有大量交易、支付信息的基本数据，又有销售数据、银行流水、水电缴纳等补充数据，将这些数值输入行为评分模型就可进行信用评级；信用卡平台大数据包括申请信用卡年份、授信额度、卡片种类、信用卡还款状况等，是信用评级的重要参考；社交平台大数据是借助社交网络关系聚集人气的数据，如 Lending Club；网贷平台主要是线上信贷大数据，包括信贷额度、违约记录等，部分小贷网站平台采用线下+线上的方式来完善信用数据；第三方支付平台有客户的消费数据、支付明细、消费商品等，这些可作为信用评级的重要参考数据；生活服务平台大数据指生活中有线电视、水、电、电话、物业等费用的缴费明细，由此反映出个人真实的基本状况。

表 7-4　与金融风控相关的大数据类型

大数据类型	数据来源	大数据类型	数据来源
政府部门	公安、法院、工商、税务等	社交平台	各微博、微信

表7-4(续)

大数据类型	数据来源	大数据类型	数据来源
金融机构	银行、小贷公司、担保公司	网贷平台	人人贷、拍拍贷
电商平台	阿里巴巴、京东、亚马逊	支付平台	支付宝、财付通
信用卡平台	银率网	生活服务平台	平安一账通

获取大数据后，就可以对大数据进行加工处理（见图7-2）。首先需要对业务和数据深刻理解，并以此为基础确定哪些数据原料可以进行数据挖掘，要对添加进来的动态大数据进行甄别，并保证数据的时效性。其次，进行数据挖掘，以多渠道获取的大数据原料为支撑，通过构建欺诈模型、身份识别模型、预付能力模型、还款能力模型、还款意愿模型、稳定性模型等多种模型得出借款人的身份验证、信用状况等数据产品，并通过多角度学习确定借款人的信用评分。由于大数据风控中要求的历史数据比较庞大，因此风控模型会比较复杂，而且模型的开发、检验对计算能力的要求会越来越高。最后，将数据产品应用于互联网金融企业，作为风险控制的依据，比如用于评估中小微企业贷款风险，用于识别欺诈交易和反洗钱分析。

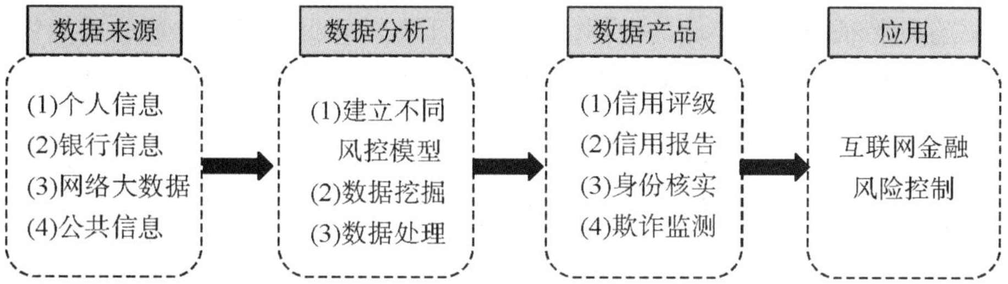

图7-2　大数据智慧风控过程

以网络借贷为例，通过大数据分析，可以在贷前、贷中和贷后三个环节控制风险（具体见图7-3）。在贷前环节，首先利用数据库中的黑名单和白名单对客户进行初步筛选，再辅以交叉验证算法筛选出优质借款人；然后通过各大角度交叉分析验证，对用户进行智慧化精准画像，获取借款人的信用状况并据此授信。阿里巴巴的芝麻信用就是利用阿里集团的交易支付数据及自主研发的信贷模型确定客户信用分，信贷模型需要人工智能技术辅助，需要通过机器学习不断完善和纠正。在贷中监测环节，需要结合具体的用户和使用的具体场景，利用多个细分维度进行风险定价；若使用人工智能机器学习，可自动获取客户的共性，还可在发现风险后及时发出警报，并沉淀到决策系统里，很好地践行“智能金融”。如果客户在贷款期间有异样的行为数据，将被大数据风控系统及时发现并做出报警提示。在贷后监控环节，需要在深刻理解业务场景的基础上采用强关联变量构建稳定性数据模型，对借款人进行动态跟踪；还需根据贷款期客户的行为数据对客户的信用状况进行补充，提高或降低其信用分以备后期使用。

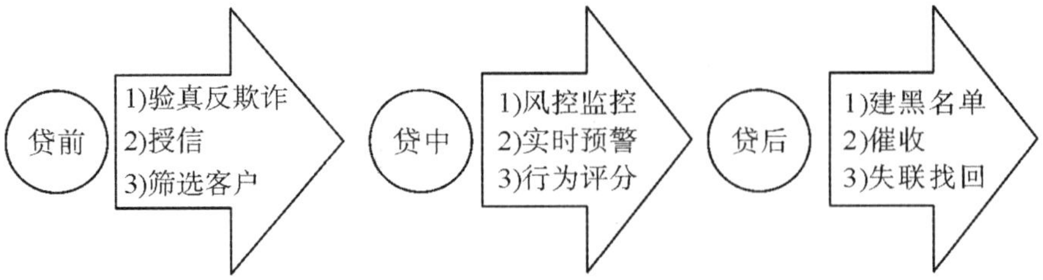

图 7-3　网络借贷中的大数据智慧风控

7.3.3　借助金融科技智慧风控

金融科技是金融与信息技术融合的产物，利用区块链、人工智能等新兴的前沿科技手段，不仅能变革传统的金融产品和服务，提升金融服务效率，还能控制互联网金融风险，拓宽互联网金融风险管控的手段。

一是区块链技术有助于互联网金融风控。由于区块链技术具有高透明度、不可更改、安全可控等特性，将区块链技术应用于贷款项目，可解决互联网金融网络借贷领域存在的贷前虚假信息、重复担保、重复质押和贷后风控难度大等风险；区块链分布式存储特征决定了存储的数据信息完备且公开透明，不能被篡改或虚构，化解了互联网金融中黑客攻击计算机网络系统、破坏数据信息的风险，提升了网络安全性。

二是人工智能技术可防范系统性风险。人工智能是计算机学科的一个分支，通过了解智能的实质而生产出与人体智能做出相似反应的智能机器，不仅能处理图像，还能处理和控制语音、社交和运动等。由于计算机具有强大的计算能力，所以可以利用人工智能提前分析未来可能出现的各种情况，一旦发现问题就在第一时间做出应对，防止系统性风险真正发生后遭受重大损失。

三是生物识别技术的发展有利于控制互联网金融风险。生物识别技术是指通过计算机将声学、光学、生物感应、生物统计学等高科技手段结合，利用指纹、人脸、虹膜、指静脉等人体固有的生理特性，以及利用笔迹、声纹、步态等行为特征，对用户身份进行识别，防止出现他人冒用或取代身份等欺诈风险。与传统的身份识别技术相比，生物识别技术安全方便，不易伪造或破坏。各种生物识别技术相比较，各有所长（具体见表 7-5）。

表 7-5　各种生物识别技术性能比较

识别方法	认知性	易接受性	难复制性	非接触性	便捷性	安全性	涉隐性
人脸	好	好	好	好	好	好	
指静脉					好	好	好
掌纹			好			好	好

表7-5(续)

识别方法	认知性	易接受性	难复制性	非接触性	便捷性	安全性	涉隐性
虹膜				好	好	好	好
声纹	好	好		好	好		
指纹					好		好

四是一些新设备可用于控制互联网金融风险。智能可穿戴设备加入了可穿戴+支付的概念，为移动支付注入了科技和时尚的元素，也让 NFC 技术发挥了更大的作用。目前，可穿戴的智能设备种类繁多，比如智能眼镜、智能手表、手环，甚至衣服等，通过应用这些设备，不仅可以增加支付的便捷性，还能在交易发生时更精准地识别出用户身份，防止资金风险和欺诈行为。另外，智能手机集合了银行卡、公交卡、购物卡等，增加了电子钱包、集成电路卡（IC 卡）脱机交易等业务，依托于 NFC、红外、蓝牙等技术也可识别客户身份，完成支付。

7.3.4　借助加密等技术风控

在传统的技术条件下，高度一体化的全球金融市场是封闭的，市场参与者只有通过专用终端在专用线路上使用专有协议才能接入交易中心。互联网的普及使互联网金融交易远远超出了传统金融专用网络的承载范围，逐步发展成大众化的网络。比传统专用系统成本更低、更方便、效率更高。然而，互联网金融的各种数据信息有极大的敏感性，且都是通过网络传播的，信息容易被篡改和重组，网络被黑客入侵或病毒感染，因此有必要保障网络安全。网络安全包括信息的安全性和信息的认证性，前者确保信息在传输过程中不会被泄露给不确定的第三方，后者确保验证信息的发送者是真正的交易者且验证信息没有被篡改或重组。

采用信息加密技术可以解决信息的安全性问题。信息加密技术是指使用数学或物理手段对数据信息的传输和存储进行保护，以防信息泄露。信息加密技术会对文件或数据信息进行加密处理，当输入的密钥错误时解密失败，文件或数据信息不可读取，从而防止信息被盗窃，防范网络攻击。按照收发的密钥是否相同，信息加密技术可分为两种：一种是私钥加密算法（或常规算法），其关键特征是收信方和发信方的密钥相同。另一种是公钥加密算法（或非对称加密算法），其收信方和发信方的密钥不同，无法从加密密钥推导出解密密钥。比较而言，从管理角度看，私钥加密算法不适合广域网使用，不支持数字签名；从安全角度看，公钥加密算法几乎不能破解，因此更安全。

目前，信息加密技术广泛运用于互联网金融。最大的运用在于互联网金融业务中身份的认证，通过采用非对称信息加密技术可辨别数字签名的真伪，防止身份的仿冒；电子商务需要消费者在网上进行消费，将信息加密技术运用于电子商务中可保障银行卡消费的安全性，也可使交易双方的信息安全地交换；将信息加密技术运用于各公司自己的局域网中，通过路由器加密和解密，可以防止信息被别人盗取；将信息加密技术运用于数据传输中，如果运用信息加密技术的对方使用的是同一个解密钥匙且对方不泄密，则可保证信息的完整性和传输的安全性。

采用电子签名可确保信息的认证性问题。电子签名是指在互联网的虚拟世界中，所有的合同和文件都是通过电子文件形式传递的，依靠技术手段使用电子的签名方式代替传统的手写签名或盖章，起到与手写签名或盖章同等作用的签名。电子签名让电子文件中的双方都能识别出双方交易者的真实身份，确保交易的安全性和真实性，一旦签名成功则具有法律效力。电子签名可帮助互联网金融、商业地产、在线旅游、电商等诸多行业解决远程缔约的问题，且具备效率高、成本低的特点。电子签名关键是要排除网络信任问题，可从身份可信、时间可信、行为可信、内容可信四个方面解决。身份可信即要通过身份验证，可先识别客户的有效证件，再对客户身份信息进行远程核查，最后通过人脸比对识别客户的真实身份；时间可信要判断时间是否可信，可记录下行为或内容发生的时间并进行核实；行为可信是指见证用户的操作行为，如签约、权威机构行为记录、电子保全等，可通过将身份证件、电子协议文本、时间地点、手写签名等进行第三方认证，让其成为具有法律效力的电子协议，并作为电子证据保存下来；内容可信是指确保电子合同、凭证等内容真实完整，具备法律要求的原件形式、书面形式、保存形式和证据效力。

7.4 互联网金融从业机构风险控制

7.4.1 风控的关键节点

一个互联网金融从业机构，如果没有良好的金融基因，没有很好的抗风险能力，即使其客户再多，平台成交额再大，都可能因风险而倒闭破产，即使经营良好也可能被其他互联网金融平台收购。互联网金融从业机构内控失效，主要是因为从业机构盲目追求高收益，但风险意识薄弱，忽视安全性，部分企业的组织构架设计不合理，缺乏专业的风控人才，缺乏健康的企业文化，导致 P2P 网贷平台跑路、客户的平台账户资金被盗等一系列问题。企业在追求用户体验的同时，还需防范化解风险并帮助客户有效地规避风险，在做好风险内控的前提下，再来提高投资收益、促进普惠金融发展，这才是互联网金融创新的重要目标。由于未来不确定性因素太多，所以互联网金融从业机构风险内部控制的过程非常复杂，一般要经历风险识别、风险度量、决策实施、风险控制四个关键节点。

(1) 风险识别。互联网金融风险识别是指对互联网金融从业机构面临的各种潜在事项或因素进行全面地认识、鉴定和分析，确定风险的类型并找出产生风险的原因，是互联网金融风控的基础过程。首先需要分析经济主体的风险暴露，以明确互联网金融业务中那些地方存在金融风险，金融风险影响的程度如何。然后，进一步确定风险形成的原因及具有的特征。比如，P2P 网贷中可能存在信用风险，是因为存在借款人客观上不能或主观上不愿偿还借贷资金的不确定性，因此借贷之前需要判断借款人的信用状况，并据此确定贷款利率。如果借款人信用状况不好，则信用风险高，要求的贷款利率就高，而高贷款利率可能导致借款人还款难度进一步增加。借款人的信用状况如何，可通过大数据来进行分析。拍拍贷与国内十几家权威数据机构合作获取数据，用于查询借款人的身份信息，并以此为基础建立信用风险识别模型，确定借款人的违约概率、授信额度、利率区间和风险定价。

（2）风险度量。风险度量是指在前期风险识别的基础上，估量出互联网金融风险可能的影响程度，并采取定性和定量相结合的方法进行准确计算。度量风险大小时，既可以借鉴传统金融机构成熟的风控模型，也可以借助大数据等互联网风控手段度量风险。具体而言，要衡量市场风险，可采用均值方差模型估计利率、汇率等市场价格变动的风险大小，采用 VaR 方法可衡量整个市场风险，采用缺口模型计算风险暴露来衡量市场风险大小；要衡量信用风险，可采用 KMV 模型和 CreditMetrics 模型；要衡量利率风险，可通过利率敏感性缺口和有效持续期缺口等方法；要分析流动性风险，可采用流动性缺口、敏感性分析和情景分析等独立方法；FICO 的信用风险计算则是利用大数据，通过五类主要因素计算客户信用分来度量借款人的信用状况。

（3）决策实施。在风险度量的基础上，综合考虑收益与成本，就可以针对不同的风险确定风险预防、风险分散、风险规避、风险转嫁、风险对冲和风险补偿等具体的风控策略，并实施策略将风险控制在可承受范围内。比如 P2P 网络借贷会遭遇信用风险，P2P 网贷平台可以通过建立严格的贷前、贷中、贷后的风险管理制度来预防风险，通过倾向于发放短期贷款而规避风险，通过将某个金额庞大的借款项目分散给多个投资者来分散风险，通过担保公司对网贷项目的担保而转嫁风险，要求借款人将自有财产或第三方财产作为借贷的抵押物或质押物来补偿风险。一般而言，互联网金融从业机构可采用一些措施内控风险。第一，设立风险保证金，即互联网金融从业机构可以对平台成交的每笔借款项目向借款人按成交金额的一定比例收取费用，形成风险保证金，当借款人违约时可动用风险保证金先行赔付；第二，小额分散，将一笔借贷资金分散到多个借款标的，降低单一投资者的信用风险；第三，引入担保，小贷公司或者担保公司为第三方担保机构，共担风险，但是需要准确获取小贷公司和担保公司的实力；第四，建立大数据风控模型，以大数据为支撑来分析借款人的信用状况以降低信用风险。

（4）风险控制。风险控制是指在风险控制决策实施之后检查风险控制决策的适用性和风险管理期间的收益性，即评估风险控制决策的有效性，并对风险控制决策进行修正。一般来说，在风险控制环节，首先，需要汇总风控实施结构和制订评估方案，即做好评估前的准备工作；其次，运用各种监测方法及内控指标综合评估风险实施情况，并撰写评估报告，及时实施评估；最后，当互联网金融从业机构完成风险内控的评估工作后，要对评估中发现的问题进行整改或处罚，即评估后修正。

综上可知，互联网金融从业机构在识别了金融风险后，利用数理统计模型等方法对风险进行定量分析，以确定风险的大小和影响范围，据此制定详细的风险管理决策并实施，后期根据实施效果对风控决策进行评估。

7.4.2 内部风控体系

互联网金融从业机构要想提高风险内控能力，对内需要技术保障体系和管理保障体系共同作用，对外需要与政府、行业自律组织和行业内其他企业协同（具体见表 7-6）。首先，技术保障体系负责互联网技术，而互联网技术的提高能快速提高企业的内控能力，因为互联网金融从业机构中用户身份信息及高频的行为数据和交易数据是企业识别和判断风险的基础，而数据整合能力、大数据分析能力、大数据挖掘能力的高低与互联网技术息息相关，提高技术优势是互联网金融有序运行的重要保障。其次，管理保障体系直接参与企业风险的内部控制，通过健全互联网金融从业机构内控制度能有效提升企业内控能力，比如针对不同金融业务在互联网金融企业内部设置相应的防火墙，以防出现片面追求高盈利而选择高风险的业务拓展和交易模式，通过建立客户身份识别机制、保存交易记录和上报可疑交易等机制有效防范经营风险。最后，互联网金融从业机构风险内控在整个互联网金融风控体系中处于基础性地位，无论是政府行政监管，还是行业自律组织补充监管，最终都是为了协同互联网金融从业机构做好风险控制，因此企业内控需要与政府部门、行业自律组织进行沟通协调，除此之外也需要与行业中其他从业机构、企业内部各部门沟通协调。

表 7-6 互联网金融从业机构内部风控体系

技术保障体系			管理保障体系				协同工作			
网络保障体系	运维监控体系	应急响应体系	管理组织	内控制度	风险通报	风险评估	企业部门	其他企业	政府部门	自律组织

互联网在金融领域的渗透会进一步加深，金融对互联网的依赖也会增加，金融业务核心的风险控制也会因为这种变化而更依赖于互联网。所以，未来互联网金融从业机构的风险内控在三个方面难度更大。一是更广的数据维度会增加风控难度。目前，拍拍贷的风险识别模型中的数据维度已经扩展到了 2 000 多个，未来的数据维度会更多，哪些维度对企业风险控制有用，如何从众多维度中筛选出合适的维度是互联网金融从业机构必须面临的一个重要问题。二是数据要求更短的时间周期。传统金融中获取的普遍是企业的季报或年报，数据的时间周期普遍较长，所以传统金融风控时的数据相对粗糙。互联网时代用户的行为数据和交易数据产生的频率较高，而分析和挖掘这些数据能有效提高互联网金融从业机构的风控能力，因此互联

网金融从业机构需要思考如何能获取更多高频数据以提高自己的贷款质量。三是要主动获取数据。传统金融机构信贷业务中需要的数据，一部分来自中国人民银行的征信系统，一部分来自要求客户提交的材料。互联网时代的网络信贷呈现出额度小、频率高的特点，若采用传统方式被动获取数据会出现审核时间长、无法准确把握借款人信用状况等问题，因此互联网金融从业机构需要变被动为主动，思考获取更多、更好的数据。

7.5　互联网消费金融的风险控制

7.5.2　信用评分模型

传统金融的信用维度约20多个，直接反映信用状况的有10多个，除年龄职业等基本特征外，还包括收入、历史借贷记录、还款状况等，据此分析出客户的还款能力和还款意愿。金融机构依据用户提交的信息分别打分，并根据最终的信用分来确定是否放贷及放贷多少。间接反映信用状况的还有理财、缴费、金融产品购买等的额度、时间等。传统消费金融的还款违约概率为

$$P(\text{客户}=\text{“坏”} \mid (X_1, X_2, \cdots, X_m)) = F(X_1, X_2, \cdots, X_m), \quad m < 20 \qquad \text{式 (7-1)}$$

式（7-1）中，$(X_1, X_2, \cdots, X_m)$为金融类结构化数据，当个别数据缺项或不准确时会显著影响还款违约概率。

互联网金融信用建模使用的数据还涵盖消费、阅读、社交、旅游、娱乐等非金融类非结构化数据。传统金融过去依据借款人的收入来判断其还款能力，但某些借款人除工资收入外还有劳务收入等额外收入，某些借款人从父母、配偶等处获得资金拥有较高支付能力，所以消费数据也能证明信用状况。常见的消费记录有银行卡、电商平台、大宗商品等方面的消费，还有航空、手机充值等方面的消费，而电商平台、旅游等记录是反映长尾人群信用状况的主要依据。并且，一个人的信用状况在很大程度上与亲戚朋友的信用状况正相关，所以有些互联网金融企业将借款人亲戚朋友的数据作为样本，分析借款人的信用。另外，贷款违约率可以通过借款人的方方面面来反映，比如违约率低的人，可能是将贷款用于教育或家庭消费，可能贷款次数较多，可能经常参加公益活动，可能生活非常有规律，可能借款时间短，可能个人信息内容填写丰富，可能收入稳定，可能工作较稳定，可能手机号码较固定，可能有车与房，可能无公共事业费用欠费记录，可能无违法违规记录等。挖掘到这些大数据后，就可以计算用户的互联网消费金融还款违约概率

$$P(\text{客户}=\text{“坏”} \mid (x_1, x_2, \cdots, x_n)) = f(x_1, x_2, \cdots, x_n), \quad 500\,000 < n \qquad \text{式 (7-2)}$$

式（7-2）中，$(x_1, x_2, \cdots, x_n)$ 中既包含金融类结构化数据，又包括非金融类非结构化数据，即使缺少数百个数据也不影响还款违约概率的大致估算。

但是实际运用中不是计算还款违约概率，而是运用记分卡计算信用得分，包括事前的申请计算卡、事中和事后的行为记分卡及催收记分卡。以下以申请记分卡信用得分为例，用 Logestic 回归演示记分卡信用得分的算法。

$$P(\text{客户}=\text{“好”} \mid x_1, x_2, \cdots, x_n) = \frac{1}{1+e^{-(\beta_0+\beta_1[x_1]+\beta_2[x_2]+\cdots+\beta_n[x_n])}}$$

式（7-3）

式中，$[x_i]$ 中，$i=1, 2, \cdots, n$ 表示变量 x_i 的证据权重值。则

$$[x_i] = \ln \frac{Distr.\ Good}{Distr.\ Bad},\ i=1, 2, \cdots, n$$ 式（7-4）

不妨设 x_i 为用户的年龄变量，如表 7-7 所示，假定该客户的年龄为 32 岁，则 $[x_i] = \ln \frac{18.77\%}{5.67\%} = 119.71\%$ 。

对客户好坏概率的比值取对数后进行模型重构，得

$$\log\left(\frac{P(\text{客户}=\text{“好”} \mid x_1, x_2, \cdots, x_n)}{P(\text{客户}=\text{“坏”} \mid x_1, x_2, \cdots, x_n)}\right) = \beta_0 + \beta_1[x_1] + \beta_2[x_2] + \cdots + \beta_n[x_n]$$

式（7-5）

把对客户好坏概率的比值取对数后的值作为记分卡的刻度尺，从而构建线性函数，得客户的得分

$$\text{Score} = \text{offset} + \text{factor} \times \log(\text{odds})$$ 式（7-6）

式中，$odds = \frac{P(\text{客户}=\text{“好”} \mid x_1, x_2, \cdots, x_n)}{P(\text{客户}=\text{“坏”} \mid x_1, x_2, \cdots, x_n)}$、*factor* 是特征变量、$(x_1, x_2, \cdots, x_n)$ 是对客户信用得分的影响因子、*offset* 为偏移量。

取 $odds=a$ 和 b 时分别对应的信用分数为 A 分和 B 分。于是有

$$\begin{cases} A = offset + factor \times \log(a) \\ B = offset + factor \times \log(b) \end{cases}$$ 式（7-7）

计算上式，得

$$\begin{cases} offset = \dfrac{A\log(b) - B\log(a)}{\log(b) - \log(a)} \\ factor = \dfrac{B - A}{\log(b) - \log(a)} \end{cases}$$ 式（7-8）

于是得客户信用分数的计算式

$$Score = offset + factor \times (\beta_0 + \beta_1[x_1] + \beta_2[x_2] + \cdots + \beta_n[x_n])$$
$$= \sum_{i=1}^{n} \left\{ \frac{offset}{n} + factor \times \left(\frac{\beta_0}{n} + \beta_i[x_i] \right) \right\}$$ 式（7-9）

$$= \sum_{i=1}^{n} \left\{ \frac{A\log(b) - B\log(a)}{n(\log(b) - \log(a))} + \frac{B - A}{\log(b) - \log(a)} \times \left(\frac{\beta_0}{n} + \beta_i [x_i] \right) \right\}$$

互联网消费金融公司将获得的客户信息（数据）代入上式就可以计算出该客户的信用得分，然后就可以将客户归到提前预设的信用等级并进行授信。比如招联消费金融公司允许芝麻信用超过700分的客户直接线上使用授信额度。蚂蚁金服对芝麻信用分在600分以上的用户就可以开通支付宝借呗，用户依据信用分数的不同获得1 000元到50 000元、最长期限为12期的消费直接贷款。而马上消费金融公司则是采用的美国费尔艾萨克公司推出的信用评分模型——FICO进行在线自动授信。

行为计分卡是基于持卡客户当前的资产组合、借贷行为等，为客户的潜在违约行为进行评分，可用于信用额度的自动监控和调整、授权及坏账预测等多方面。因此，与申请信用计分模型相比，行为信用计分模型里面的信息量更大、数据质量更高，除了包含申请人特征属性、使用行为特征之外，还包括账户余额趋势、信用评分趋势、违约历史记录、信用额度增减记录、个人住址的变化等信息。行为计分模型可用于互联网消费金融产品向上、向下、交叉营销，也可以用于主动收债。当然，也可以建立单独的催收记分卡，作为申请记分卡和催收计分卡的补充，特别针对逾期贷款和坏账，用于预测和评估对某一笔坏账所采取措施的有效性。

有了申请计分卡和行为计分卡就可以计算客户的违约概率（PD）、违约损失率（LGD）、违约风险暴露（exposure at default，EAD）。PD的计算是先按分数高低将客户分为若干个等级，每个等级代表不同的风险程度，然后计算出各个等级客户的历史违约率，用历史违约率来预测客户在未来一年的违约率。LGD是用待偿贷款总金额占比的形式来衡量经济损失，常用线性回归方法或回归树方法进行估算。EAD=DRAWN+CCF×(LIMIT−DRAWN)，其中，DRAWN表示已提取借款；LIMIT表示信贷限额；CCF代表信用转化系数，使用线性回归方法或回归树方法进行估算，是一个介于0~1的参数估计，常使用业内公认的平均水平值。当这些指标都计算出来后，就可以代入巴塞尔协议的资本需求计算公式计算出意外损失所需要的资本准备金。

7.5.3 欺诈智慧检测模型

互联网金融易遭遇欺诈风险，欺诈已造成近7成的信贷损失，让本金不能收回，只有近3成的逾期或违约贷款能收回。社会上的征信机构主要为客户智慧识别灰名单、识别欺诈交易、评定客户信用等，而利用黑名单和灰名单可及时抓取到互联网消费金融中的欺诈行为。识别欺诈交易的首要环节是借助黑名单，部分黑名单来自征信机构，P2P网贷、民间借贷、信用卡机构、小贷公司等处长期积累下很多违约名单，一些机构甚至有1 000万条左右，有一定的参考意义。还有部分黑名单来自催收公司，因为只有部分违约贷款能催收成功，催收失败的借款人被列入黑名单。识别欺诈的第二环节是借助灰名单，灰名单是逾期少于3个月但并未违约的客户名单，可能存在借款人多个平台分别借款的行为。虽然黑名单和灰名单能降低欺诈风险，但毕竟数量有限，很多互联网金融企业为控制风险得同时对接多家征信机构，加重了风控成本。并且，部分进入黑名单或灰名单的客户不再借贷，所以实际价值有限。虽然中国人民银行同上海经信委欲建立统一黑名单平台，但很多互联网金融企业不愿将黑名单拱手让出，一是因为黑名单是用金钱换来的教训，二是不希望黑名单数量影响企业声誉，被投资者怀疑其风控能力。

互联网金融可通过判断借款人身份识别欺诈交易。身份信息有姓名、住址、联系电话、身份证号、银行卡号，其中运营商能识别其客户的前四个信息，银行可识别其客户的所有信息。但是，由于欺诈客户可买到身份信息，所以可让客户提供刷卡记录或学历证明，或是借助人脸、指静脉、指纹、虹膜等识别技术判断客户身份，或是根据借款人提交的信息或行为信息来识别欺诈。欺诈用户通常会先准备好用户资料，在多家网络平台同时申请，希望获得更多贷款。互联网金融企业可抓取用户在阅读条款、填写信息等环节的时间，若有异于正常客户的时间，则可能存在欺诈。比如，在深夜申请贷款的客户欺诈比例和违约比例较高，可能存在欺诈。

互联网金融可借助移动设备数据识别欺诈交易。移动设备的定位数据不仅可识别用户工作生活地点的真实性，还能直接识别欺诈，因为欺诈用户容易将多个设备同时聚在某一区域，用于申请贷款。并且，应用活跃可识别借款人是否在多个网络平台借贷。另外，欺诈用户往往只安装贷款相关的手机应用软件，或是安装密码破解软件，而不涉及生活或工具类软件；欺诈用户容易频繁更换手机或用户识别卡（SIM 卡）来申请更多贷款，因此可借助手机号码绑定时间的长短和频率来初步识别欺诈。

有监督学习、无监督学习和社交网络学习都可以用于消费信贷的欺诈检测建模。由于绝大多数互联网消费金融的借款行为都是在线上进行的，借款人的欺诈行为极易在网上留痕，这给采用社交网络学习进行欺诈检测提供了很好的条件，所以这里只对运用社交网络分析（SNA）技术进行欺诈检测建模做介绍。通常情况下，欺诈往往并不是独立现象，而是一种精心策划和有组织的犯罪，这些关系信息对揭示犯罪行为模式和活动非常有效。图 7-4 为一个欺诈网络的示例，其中深黑色节点为欺诈节点，浅灰色节点为合法节点。由图可以看出，合法节点间的连接相对稀疏，欺诈节点间的连接则比较紧密，形成蜘蛛结构（spider structure）。利用蜘蛛结构就可以计算出欺诈度（fraudulent degree）、三角形（triangle）和圈子（cliques）等指标。在欺诈检测中，第 1 度是指与欺诈节点直接相连的节点数，第 n 度是从观测节点到被调查的欺诈可疑节点之间最迟路径所包含的节点数。三角形是指网络中三个节点两两直接相连，在欺诈检测实践中，如果已确知有两个节点属于欺诈节点，则三角形中的第三个节点亦为欺诈节点的可能性就比较大了。圈子则是三角形的扩大，指一个节点只与另两个节点直接相连的多个节点形成的闭环，如果在圈子上发现了一些欺诈节点，则其余节点是欺诈节点的概率就比较大。欺诈度、三角形和圈子不但是有效的潜在欺诈检测器，也可以转换为描述单个节点特征的衍生变量，是丰富前面信用评分模型的大数据结构。

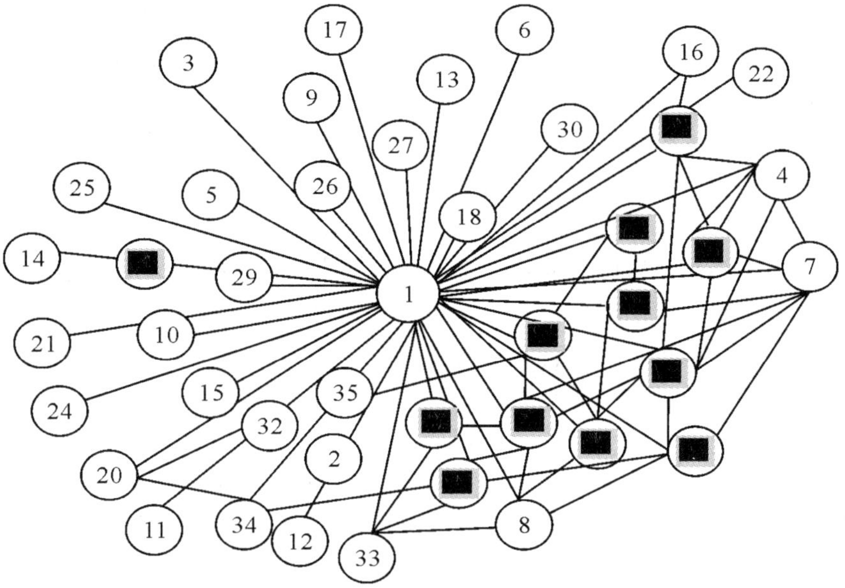

图 7-4　互联网消费金融借款人欺诈行为网络示例

7.5.4　风险管控措施

大数据的使用为互联网消费金融增添了新的风险管控手段，实现与中国人民银行、公安、工商、大数据征信机构等的横向联网，自动抓取申请人信息，确保信息的真实性以及资料录入的快捷性。抓取用户的基础属性信息、购买行为与偏好、资金流、物流信息、历史浏览信息、社交网络信息等数据，这些数据在不同维度相互校验，形成用以甄别金融风险的大数据集市（见图 7-5）。基于数据集市，完善用户画像，建立全方位的智能评分模型，比如申请评分模型、行为评分模型、催收评分模型、套现交易识别模型、经营账号识别模型、虚假交易识别模型等，从而可形成基于数据模型的互联网消费金融风险控制体系，构建起用户的底层信用生态。

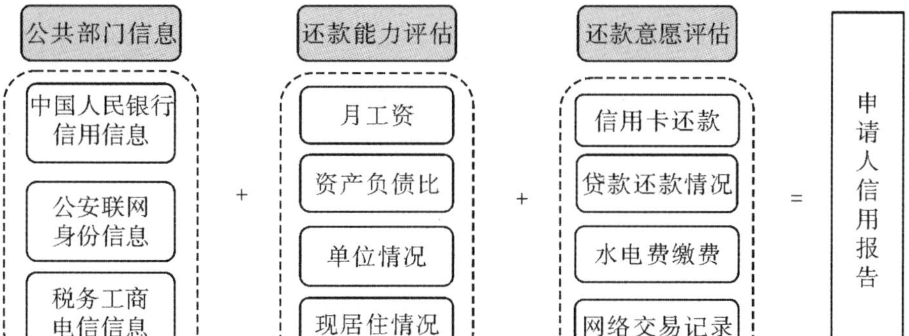

图 7-5　互联网消费金融大数据风控的业务流程

应当指出的是，从本质上讲，互联网消费金融的大数据风控与传统消费金融的风控一样，都是挖掘借款人关联信息以辨别其还款能力和还款意愿。传统消费金融依托的是中国人民银行的征信系统，对监管工作收入证明、学历等其他数据进行审核。因为是以中国人民银行征信为基础，债性关联度高，所以风险低，只是对于在中国人民银行系统没有信用记录的借款人来说，中国人民银行的征信不能对其信用给出有效评判，这正是大数据能够发挥作用的地方。由于线上主要人群的中国人民银行征信覆盖率不高，所以还要将大量第三方非结构化数据作为信用评分的输出项，比如电商购物记录、电话缴费账单、网络行为轨迹等，同时还有大量技术手段进行欺诈防范，比如人脸识别、语音识别等生物识别技术。因此，互联网消费金融的风险管理应坚持传统金融风控的基本做法，做好消费前阶段、消费阶段、贷款阶段和贷后管理阶段的风险控制（见表 7-7）。

表 7-7　互联网消费金融的全程风险控制

时间节点	智慧风控办法
消费前阶段	（1）基本信息审核：深度分析借贷用户提交的个人基本信息，包括身份证、手机号、常驻地、邮箱等格式异常和既存风险 （2）不良记录审查：对申请人的身份证号码、手机号、邮箱、QQ 等全方位匹配，甄别借款人是否曾经在公安机关、法院、银行、运营商、学校、信贷机构、消费金融等出现过不良信用记录 （3）多头借贷风险审核：建立跨行联防联控机制，甄别一些在多个平台提出借贷申请或已借款的高风险人群 （4）骗贷行为识别：通过设备指纹技术、地址匹配技术及动态欺诈模型，从大量借贷申请材料中挖掘分析，找出存在骗贷风险的机构团伙，降低黑中介或恶意骗贷团伙造成经济损失的可能性
消费阶段	（1）贷中的实时跟踪，可获得借款人继借款申请之后新增的不良信用记录和多平台负债信息，与此同时通过线上动态反欺诈模型，再识别团伙欺诈、机构代办等风险，及时规避风险，减少资金损失 （2）挖掘补充客户需求数据、严控坏账损失、追踪审核多头借贷风险
贷款阶段	（1）通过消费记录、配送信息、退货信息、购物评价等多维度大数据，建立信用评估模型，在线实时评估客户信用等级 （2）在业务设计、团队构成、模型监控等多个方面，贯彻全流程的风险管理体制 （3）根据用户过往的信用记录，实施差异化的利率政策，对信用好的用户给予优惠利率，降低用户违约风险
贷后管理阶段	（1）贷后风险扫描：其他平台逾期、常用地址变动、法院失信记录、工作地址变动、手机号停用、其他异常 （2）贷后管理：还款提醒（到期未还款，通过电话、信函或其他联系人等渠道找到借款人，提醒其还款；若贷后扫描到风险，可提前进行催账或还款提醒）

7.6　互联网公司金融的风险控制

7.6.1　信用风险防范

首先，由于中小微企业在资产总额、营业收入等方面均偏低，因此宏观经济政策对其运营影响很大，抗风险能力较弱，因此互联网公司金融面临很大的信用风险。其次，由于互联网公司金融才刚刚兴起，并未经过国家经济政策的考验，且互联网金融中信贷业务中的不良贷款数据不完备，因此基于大数据的互联网公司金融风控体系是否仍能维持较低不良贷款率还有待检验。最后，互联网公司金融主要是无抵押无担保的信用贷款，一旦违约将给各方带来严重损失，而且这种信用风险会随信贷规模的扩大被不断放大。因此，要控制信用风险，互联网公司金融需建立与信贷产品和借款公司相适应的信用模型，并创新还款方式，让中小微企业有更多选择余地，更适合中小微企业发展。

7.6.2　法律风险防范

虽然互联网公司金融可借助P2P网贷、众筹融资等方式融资，国家也对部分互联网金融模式给出了指导意见或管理办法，但并未形成完善的监管体系和法律体系。因此，国家监管部门一定会陆续出台相应的监管政策和法律条文，让互联网金融合规化、有序发展，其中的互联网公司金融必然面临法律风险。目前，很多互联网金融平台通过网络获取信息和数据，因此信息的真实性和有效性有待检验，因为存在很多网络诈骗、洗钱、非法集资等违法行为。基于此，互联网需要适时做部分线下调查等保障工作，以此来降低法律风险。不过要想从根本上控制违法违规行为，还需全国建立完善的监管体系和法律体系，引导互联网金融合法合规地发展。

7.6.3　流动性风险防范

大多数互联网金融平台无银行牌照，故不具备吸收存款的资格。面对庞大的资金需求，其可贷资金明显不足，互联网金融从业机构的公司金融业务面临较为突出的资金“瓶颈”。资金短缺几乎是所有互联网公司金融平台都会面临的问题，为了缓解信贷资金压力问题，互联网公司金融平台可以通过股东增加注册资本金，通过资产证券化或理财产品创新等方式募集资金，也可优化贷款结构，增加信贷资金流动性，或通过IPO募集资金。此外，金融主管部门也应及时将金融牌照（主要是非银行类金融机构牌照）授予优质的互联网公司金融平台，以便降低资金成本，获得更广泛的资金来源。

7.6.4 技术风险防范

互联网公司金融在充分展示其发展潜力和价值的同时，大数据等信息技术的掌握与运用逐渐被人们关注。借款公司在享受互联网公司金融便捷的同时，也出现很多诸如账号被盗、财产受损、欺诈交易、信息泄露等事故，这些事故在很大程度上是由于互联网公司金融平台技术不到位引发的技术风险。如何保障录入信息的安全与可靠，如何保障信息不被泄漏或篡改，如何防范黑客攻击等问题是互联网公司金融平台必须面对的问题。基于此，互联网公司金融平台应当提高自身网络融资的信息技术水平，在互联网公司金融平台上设置安全访问，并采取身份验证的方式登录，避免出现黑客非法登录盗取客户信息的现象。同时，互联网公司金融平台还需加大网络系统中安全技术方面的投入，真正提升技术水平以防范黑客等的攻击。

7.6.5 操作风险防范

互联网公司金融平台常常还面临着比较突出的操作风险，主要表现为平台的业务流程、网络系统和人员因素。业务流程方面，互联网公司金融平台成立的时间普遍较短，对如何建立一套既符合自身业务操作规程又能防止和避免因流程不完善给平台带来损失的业务流程仍然任重而道远。网络系统方面，利用信息技术对数据进行充分挖掘是互联网公司金融平台的业务重心，但是仅依靠线上和云计算会让互联网公司金融平台面临较高的网络系统风险。人员因素方面，尽管互联网公司金融平台普遍实现了网络化、无纸化操作，然而有些操作仍然需要人工操作，因此需要避免出现因员工能力不足或错误操作带来的损失，并且网络犯罪的隐蔽性和损失破坏的广泛性也极易给心术不正的操作人员实施网络诈骗提供可乘之机。因此，网络平台应实时更新网络技术，健全内控体系，培养操作风险文化，防止和避免操作风险。

7.7 互联网供应链金融的风险控制

7.7.1 大数据防控信用风险

互联网的应用使得金融机构能够比较容易地获得供应链中的信息流，掌握供应链上广大中小微企业的存货商品价值、库存变动、销售前景等第一手资料并汇成大数据，在一定程度上缓解了供应链金融供需方的信息不对称，降低了供应链金融信用风险。纵观其数据来源，涵盖了电商平台交易数据、ERP 云平台交易信息、仓储物流数据、财税数据、O2O 贸易交叉数据、深度分销平台线下终端数据等，这些数据的便捷获得与高效使用都直接或间接受益于互联网技术与应用的蓬勃发展。

传统金融由于供应链条各节点间形成多重委托代理链关系，信息不对称，因而金融风险较高。设供应链共有 m 个交易主体，从而形成 m-1 个连续的委托代理关系。在传统金融模式中，设 π 为可观测的委托代理目的，是供应链上各交易主体的共同知识；$s_j(.)$ 是第 j 个交易主体根据自身的冯·诺依曼-摩根斯坦效用函数制定的制约条件，用 $s_j[s_{j-1}(.)]$ 表示第 j 个交易主体对第 $j+1$ 个交易主体的制约是建立在第 $j-1$ 个交易主体对自己的制约基础之上，于是有 $s_j[s_{j-1}(\cdot)]$，$j=2, 3, \cdots, m-1$；$s_1(\pi)$，$j=1$。定义不确定条件下的效用函数 $u_j(j=1, 2, \cdots, m)$ 服从边际效用递减规律，$u_j' > 0$，$u_j'' \leqslant 0$，即供应链上的各交易主体都是风险中性或风险规避者，$\bar{u}_j$ 为其保留效用；交易成本函数 $c_j(j=1, 2, \cdots, m)$ c_j 满足 $c_j' > 0$、$c_j'' > 0$ 的边际递增；第 j 个交易主体的努力水平为 $a_j(j=1, 2, \cdots, m)$，$0 \leqslant a_j \leqslant 1$；密度函数 $f(\pi; a_2, a_3, \cdots, a_m)$，密度函数对 a_j 的偏导数记为 $f_{a_j}(\pi; a_2, a_3, \cdots, a_m)$。

在没有充分利用互联网的情况下，供应链信息不对称，供应链上一个交易主体的努力程度降低，纵使供应链上其他交易主体的努力程度不变，整条供应链运行效率也会降低。为了深入研究，先假定供应链上各交易主体间信息完全对称，于是整条供应链的委托代理关系可表述为

$$\begin{cases} \underset{S_1(\pi)}{Max}\int u_1[\pi - s_1(\pi)] \cdot f(\pi; a_2, a_3, \cdots, a_m)d\pi \\ s.\ t.\ (IC)\int u_j[s_{j-1}(s_{j-2})].\ f(\pi; a_2, a_2, \cdots, a_m)d\pi - c_j(a_j) \geqslant \overline{u_j};\ j = m \\ \int u_j[s_{j-1}(s_{j-2}) - s_j(s_{j-1})].\ f(\pi; a_2, a_2, \cdots, a_m)d\pi - c_j(a_j) \geqslant \overline{u_j};\ j = 2, 3, \cdots, m-1 \\ (IR)\int u_j[s_{j-1}(s_{j-2})].\ f_{a_j}(\pi; a_j, a_{j+1}, \cdots, a_m)d\pi = c_j'(a_j);\ j = m \\ \int u_j[s_{j-1}(s_{j-2}) - s_j(s_{j-1})].\ fa_j(\pi; a_j, a_{j+1}, \cdots, a_m)d\pi = c_j'(a_j);\ j = 2, 3, \cdots, m-1 \end{cases}$$

式（7-10）

将式（7-10）分解，分别是最初环节、中间环节和最终环境的委托代理，即

$$\begin{cases} \underset{S_1(\pi)}{Max}\int u_1[\pi - s_1(\pi)] \cdot f(\pi; a_2, a_3, \cdots, a_m)d\pi \\ s.\ t.\ (IC)\int u_2[s_2(\pi) - s_2(s_1)].\ f(\pi; a_1, a_2, \cdots, a_m)d\pi - c_2(a_2) \geqslant \overline{u_2} \\ (IR)\int u_2[s_1(\pi) - s_2(s_1)].\ f_{a_2}(\pi; a_1, a_2, \cdots, a_m)d\pi = c_2'(a_2) \end{cases}$$

式（7-11）

$$\begin{cases} \underset{S_j(S_{j-1})}{Max}\int u_1[s_{j-1}(s_{j-2}) - s_j(s_{j-1})].\ f(\pi; a_2, a_3, \cdots, a_m)d\pi \\ s.\ t.\ (IC)\int u_{j+1}[s_{j-1}(s_{j-2}) - s_j(s_{j-1})].\ f(\pi; a_2, \cdots, a_m)d\pi - c_{j+1}(a_{j+1}) \geqslant \overline{u_{j+1}}, \\ j = 2, 3, \cdots, m-1 \\ (IR)\int u_{j+1}[s_{j-1}(s_{j-2}) - s_j(s_{j-1})].\ f_{a_{j+1}}(\pi; a_2, \cdots, a_m)d\pi = c_{j+1}'(a_{j+1}) \end{cases}$$

式（7-12）

$$\begin{cases} \underset{S_m(S_{m-1})}{Max} \int u_m[s_{m-1}(s_{m-2}) - s_m(s_{m-1})].\ f(\pi;\ a_2,\ a_3,\ \cdots,\ a_m)d\pi \\ s.\ t.\ (IC)\int u_m[s_{m-1}(s_{m-2})].\ f(\pi;\ a_2,\ \cdots,\ a_m)d\pi - c_m(a_m) \geqslant \overline{u_m} \\ (IR)\int u_m[s_{m-1}(s_{m-2})].\ f(\pi;\ a_2,\ \cdots,\ a_m)d\pi = c_m^{'}(a_m) \end{cases}$$ 式（7-13）

假设信息对称，即所有被委托人都能获知代理人的努力程度 $a_j(j=2, 3, \cdots, m)$，且全部交易者均无私人信息，则最初环节、中间环节和最终环节的委托代理都能实现各自的帕累托最优，即最有利于委托人的业绩就是代理人的最优行为。因此式（7-11）至式（7-13）可解除激励兼容约束条件，得

$$\begin{cases} \underset{S_1(\pi)}{Max} \int u_1[\pi - s_1(\pi)].\ f(\pi;\ a_2,\ a_3,\ \cdots,\ a_m)d\pi \\ s.\ t.\ (IC)\int u_2[s_1(\pi) - s_2(s_1)].\ f(\pi;\ a_1,\ a_2,\ \cdots,\ a_m)d\pi - c_2(a_2) \geqslant \overline{u_2} \end{cases}$$

式（7-14）

$$\begin{cases} \underset{S_j(S_{j-1})}{Max} \int u_j[s_j - 1(s_{j-2}) - s_j(s_{j-1})].\ f(\pi;\ a_2,\ a_3,\ \cdots,\ a_m)d\pi \\ s.\ t.\ (IC)\int u_{j+1}[s_{j-1}(s_{j-2}) - s_j(s_{j-1})].\ f(\pi;\ a_2,\ \cdots,\ a_m)d\pi - c_{j+1}(a_{j+1}) \geqslant \overline{u_{j+1}} \end{cases},$$

$j=2, 3, \cdots, m-1$ 式（7-15）

$$\begin{cases} \underset{S_m(S_{m-1})}{Max} \int u_m[s_{m-1}(s_{m-2}) - s_m(s_{m-1})].\ f(\pi;\ a_2,\ a_3,\ \cdots,\ a_m)d\pi \\ s.\ t.\ (IC)\int u_m[s_{m-1}(s_{m-2})].\ f(\pi;\ a_2,\ \cdots,\ a_m)d\pi - c_m(a_m) \geqslant \overline{u_m} \end{cases}$$ 式（7-16）

对式（7-13）运用拉格朗日函数求最优化一阶条件，即

$$\mathrm{Max}L(s_1) = \int u_1[\pi - s_1(\pi)] \cdot f(\pi;\ a_2,\ a_3,\ \cdots,\ a_m)d\pi$$
$$+ \lambda_1\{\int u_2[s_1(\pi) - s_2(s_1)] \cdot f(\pi;\ a_1,\ a_2,\ \cdots,\ a_m)d\pi - \pi;\ a_2,\ a_3,\ \cdots,\ a_m)d\pi - c_2(a_2) - \bar{u}_2\}$$

可得

$$\lambda_1 = \frac{u_1^{'}[\pi - s_1(\pi)]}{u_2(s_1 - s_2)} = \frac{u_1^{'}}{u_2^{'}}$$ 式（7-17）

同理对式（7-15）和式（7-16）运用拉格朗日函数求最优化一阶条件，得

$$\lambda_j = \frac{u_j^{'}[s_{j-1} - s_j]}{u_{j+1}^{'}(s_j - s_{j+1})} = \frac{u_j^{'}}{u_{j+1}^{'}},\ j=2,\ 3,\ \cdots,\ m-1$$ 式（7-18）

$$\lambda_m = \frac{u_{m-1}^{'}[s_{m-2} - s_{m-1}]}{u_m^{'}[s_{m-1}]} = \frac{u_{m-1}^{'}}{u_m^{'}}$$ 式（7-19）

将式（7-16）至式（7-19）合并，得

$$\lambda_j = \frac{u_j^{'}}{u_{j+1}^{'}},\ j = 1,\ 2,\ \cdots,\ m-1 \qquad \text{式 (7-20)}$$

由式（7-20）可以看出，当相邻交易主体的边际替代率相同时，委托代理链达到帕累托最优。但现实情况是供应链中间环节多存在信息不对称。但由式（7-20）递推，可得

$$u_j = \lambda_j \lambda_{j+1} \cdots \lambda_{j+k} u_{j+k+1} = \prod_{l=0}^{k} \lambda_{j+l} u_{j+k+1}^{'},\ k = 1,\ 2,\ \cdots,\ m-j-1 \qquad \text{式 (7-21)}$$

式（7-21）表明，信息对称时多个彼此相邻的交易主体合并，其委托代理链仍是帕累托最优，即当经济体与外界交易成本太高时可采取内部合并，降低交易成本，这正是互联网的优势所在。基于互联网的各类电商、第三方供应链金融平台，以及拥有大量供应链上下游交易数据的核心企业可借助自己对供应链情况的准确掌握，通过大数据分析构筑信息渠道的卡位优势，在一定程度上减少了应收账款造价以及仓单重复质押等传统线下模式中常见的漏洞，从而较好地防范了供应链金融的信用风险。

7.7.2　抵押物防范道德风险

当前中国的征信体系并不完善，大数据可在一定程度上掌握借款人的信用状况，但无法防范其道德风险，因此虚实结合是现阶段更有效的风控模式。所谓虚实结合的风控模式，指的是借款人抵押物价值或违约损失要超过贷款额度。排除房、车等不动产，供应链金融的质押品还可以是预付账款、应收账款、存货以及店铺经营权等，最大限度降低借款人的道德风险。

在供应链金融中，资金提供方可以通过第三方对中小微企业的动产进行控制，以此来控制风险（见表 7-8）。理论上讲，动产质押的坏账率较低，是因为供应链融资具有高频、小额的特点，还可及时提供实时监控经营数据以发现问题，而实际结果正好与理论上相符。但是，高频、小额的贷款业务要求很流畅的业务操作，故非常依赖互联网技术。调查显示，我国中小微企业更偏向于供应链融资的贷款抵押，也就是对应收与存货等的融资。

表 7-8　供应链主要节点的金融风险控制

业务节点	控制措施
应收账款质押业务	在应收账款质押登记公示系统内登记，避免重复质押
保理业务	买卖双方的贸易背景的真实性
保兑仓业务	销售商无力持续销售，导致该笔贷款停滞
先款后贷	销售商无力持续销售，导致该笔贷款停滞

表7-8(续)

业务节点	控制措施
静态抵质押授信	抵质押商品的市场容量和流动性
动态抵质押授信	静态抵质押授信的风险要点
标准仓单质押融资	防止客户将授信资金用于投机炒作
普通仓单质押融资	建立区别于动产质押的仓单质押操作流程和风险管理体系

当商户对线上（或线下）市场形成依赖，则店铺经营权成为隐性抵押物。而放眼线上渠道，各大电商在经营过程中通过数据的积累和放款模型的优化，基本都能实现对商户快速融资到账的金融服务。虽然很多人认为电商平台的自动放款是无抵押的信用贷款，实际是存在抵押店铺的贷款。因为积累了一定信誉和人气的店铺就拥有一定价值，可在二级市场转让，比如淘宝商铺获得不同的信用等级能在二级市场上按不同价格转让，而阿里微商贷都是依据淘宝店铺价值来提供相应额度的贷款，若商户贷款违约则会失去店铺经营权，违约成本很高，商户违约的动机不足。

第 8 章
互联网金融监管

【学习目标】

理解互联网金融需要监管的原因，了解我国互联网金融的监管现状及国际借鉴，掌握我国互联网金融的监管措施。

8.1　互联网金融需要监管

8.1.1　互联网金融市场与监管

如果一种市场处于完全有效状态，则这个市场完全可以通过市场的自我调节机制健康发展，自我实现帕累托最优，无须政府监管，或者政府可以少监管。而有效市场的很多核心条件中，比如信息对称、自由竞争、参与人理性等，互联网金融市场均不具备，处于市场失灵状态，因此需要监管。

（1）信息不对称。阿克洛夫（Akerlof，1970）阐述了著名的柠檬市场理论，克洛斯曼和斯蒂格利茨（Grossmann Stiglitz，1976）也论证了信息不完全和不对称是造成市场失灵的主要原因。从理论角度看，由于价格中包含了市场决策需要的所有信息，所以市场就能优化配置资源；从实践角度看，若存在信息不对称，则会出现交易活动的非市场化，因为信息不对称会造成信息优势一方获得“信息寻租”，利益分配失衡，无法充分反映出市场交易中收益与成本的关系，造成市场不公。互联网金融市场存在信息不对称：一是因为互联网金融具有的互联网“开放、平等、协作、分享”等特质提高了金融业务的透明度，但只是降低而非完全消除金融业务中的信息不对称；二是因为互联网金融本身同时具备互联网和金融的属性，而两个领域都比较复杂且专业性很强，两者融合后领域边界变得模糊，部分互联网金融产品又再度模糊边界，从而产生新的信息不对称；三是因为互联网金融市场时时刻刻产生的各种数据信息被各种从业机构掌握着，而数据信息种类、来源、大小等各方面均会有很大差异，必然存在信息不对称。

（2）市场垄断。互联网金融市场存在马太效应，即强者愈强，弱者愈弱。近些年互联网金融竞争如火如荼，经过角逐后马太效应已经凸显。比如第三方支付行业，获批第三方支付牌照的公司多达270家，而支付宝和财付通在2019年移动支付的交易规模分别占53.8%和39.8%，其他支付机构只占6.3%[①]。最终占据市场的要么具备海量流量优势，要么有良好的应用场景优势，要么前期就已积累大量用户并占据先发优势，而这类互联网金融从业机构只在少数，其余从业机构或者倒闭破产，或者被兼并收购。比如东方财富在经纪业务、财富管理等方面具有先发优势，自身又有流量优势，先后收购宝华世纪证券获香港证券牌照，入股易真网络科技获第三方支付牌照，收购西藏同信证券获券商牌照，经历了2015年基金网销爆发式的增长，已经成为行业巨头。市场发展需要竞争驱动，企业创新也需要竞争驱动，而互联网金融行业中部分领域已经形成了一家独大的寡头垄断状态，垄断企业几乎已经占领了其领域内的全部市场。这样，一些中小企业虽然很有潜力，却在市场中刚出现就被扼杀，各种不当竞争和恶性竞争出现。并且，处于垄断地位的从业机构还容易通过价格垄断、价格欺诈等获取最大化收益。另外，处于垄断地位的互联网金融从业机构交易量大，受众面广，一旦出现问题则后果严重，影响巨大。因此，存在马太效应的互联网金融市场需要政府监管。

（3）市场主体非理性。很多经济学分析都有一个重要假设，即人是理性的，但事实上人的行为更多时候表现出了非理性，甚至是极端的。若没有任何有效措施约束人的非理性行为，则会造成市场紊乱，甚至可能出现金融危机。在互联网金融市场里，既存在参与者的非理性行为，也存在互联网金融从业机构的非理性行为。与传统金融服务占据人群数量20%的高净值客户不同的是，互联网金融主要服务于剩余80%的长尾人群，这类人群数量更多，同时专业知识更欠缺，抗风险能力较差。比如，早期的P2P网贷行业因其高收益率吸引了很多投资者，但是部分投资者只关注投资收益而忽略投资背后的风险，一旦出现倒闭跑路现象，造成损失又无法承受损失，还有部分借款人利用网贷平台相互之间信息不互通而在多个网贷平台恶意借贷却并不偿还。再比如，互联网消费金融中部分消费者只考虑贷款消费后商品的获取，并不考虑自己的还款能力和存在的风险，所以出现“裸条”等恶性事件。另一方面，互联网金融从业机构也存在非理性行为，比如由于监管空白，早期部分P2P网贷平台成立的目的就是圈钱，所以跑路现象频繁发生。

8.1.2 互联网金融问题与监管

我国互联网金融兴起的时间较短，互联网金融监管也处于摸索阶段。早期整个互联网金融行业处于监管空白状态，既无明确的监管机构，又无明确的法律法规政策，所以行业杂草丛生、野蛮生长，各种问题层出不穷。虽然随着互联网金融的发展，各监管主体也逐渐明确，监管规章也逐渐出台，但是该行业中很多旧问题尚未完全解决又出现很多新问题，仍然需要监管。

---

① 数据来源：新浪财经2019年12月2日新闻《支付宝、微信支付双雄寡占条码支付市场　云闪付日活用户百分比不足5%》。

（1）行业准入与退出问题。互联网加剧了互联网金融的道德风险与逆向选择，遵守规则的公司发展缓慢而不遵守规则的公司却快速成长，因此行业准入可规避“劣币驱逐良币”现象。若没有准入门槛，随便几个人花点钱建个网站就可以做互联网金融了，这类平台本身没有任何风控能力，从业人员也缺乏专业素养，容易出现资金链断裂，导致倒闭破产，且无须备案，而且部分平台就是诈骗，给市场参与者造成损失，也给整个行业带来负面影响。比如网贷平台“恒元-创投”，上线运营仅 1 天，平台老板就携投资人的 30 万元潜逃。有了准入门槛，可将部分如诈骗等经营目的不良的企业限制在外，也可以将那些不具备专业的风控能力和金融运营能力的人尽早排除在外，从源头遏制互联网金融行业乱象。而准入门槛的设置，可以包括如注册资本等的硬性约束指标，也可以包括如风险控制能力和从业人员专业素养等软性约束指标，平台取得牌照或资格证明后方可从事相关业务。同时，还需要建立一定的退出机制，让部分无法继续运营下去的互联网金融平台在解散或破产时能平稳有序地退出，保护市场参与者的合法权益。

（2）集资诈骗问题。虽然植入了互联网金融的外壳，但集资诈骗的非法本性仍不可改变，比如 e 租宝案件中 11 人涉嫌 500 多亿集资诈骗罪，融信宝以投资理财为名骗取 400 多人的 8 223 万元。集资诈骗通常会使用诈骗的方法获取投资者资金，甚至成立互联网金融平台的目的就是占有投资者资金。目前来看主要有几种类型的集资诈骗，一是设计具体的项目以众筹的形式吸引人们投资；二是许诺高收益的互联网理财诈骗；三是充当证券和期货的经纪商诈骗。比如证券类诈骗，不法分子先以各种优惠条件吸引投资者开户，然后所谓的分析师会给投资者分析行情并模拟操作，同时会通过人工操作的交易软件虚构交易，人为操纵涨跌，让投资者在开始赚钱并大量投入后再制造亏损假象套取投资者资金。随着时间的推移，不法分子的诈骗手段会层出不穷，因此需要监管部门介入控制。

（3）消费者保护问题。在互联网金融生态里，消费者理应处于核心地位，互联网金融从业机构需要充分听取消费者意见，并围绕消费者需求提供互联网金融服务。但实际上，互联网金融消费者遭受损害的事件却屡禁不止，因此需要政府监管。一方面，互联网金融从业机构的违法和投机行为会给消费者造成损失，需要政府通过制度构建有效打击违法犯罪活动和投机行为，约束不规范行为；另一方面，当互联网金融消费者遭受损失后，维权意识不强，即使维权也有很多环节，维权成本高且举证困难，需要政府为互联网金融消费者建立并完善权益保护的投诉机制和调解纠纷的仲裁机制。当然，对于互联网金融消费者的非理性行为，需要进行投资者教育，让投资者自担风险。

（4）信息泄露问题。2015 年 12 月，铜掌柜被披露打包泄露 60 多万用户的姓名、手机号、银行卡及密码。信息泄露可能是由于从业机构网络平台在系统安全方面投入不够而存在安全漏洞，可能是平台遭到黑客的恶意攻击造成的，可能是部分平台为了谋利随意变卖用户信息造成的，也可能是互联网金融客户自身的不当行为造成的。针对这些情形，政府有必要加强监管，防止或减少信息泄露事件的发生。比如，政府可以立法明确从业机构的平台安全指标，明确平台在客户信息泄露后应该承担的责任，以帮助信息泄露的个人在维权时有法可依，也可促进从业机构对系统安全的重视，更可减少信息交易事件的发生。

（5）监管套利问题。相对于传统金融行业的从严监管，互联网金融行业的准入门槛较低，监管政策相对宽松，因此一些不良互联网金融机构混迹其中，钻监管空子、打传统监管与互联网金融监管的擦边球，并以此套利。比如 P2P 网贷监管条款出台前，一些 P2P 网贷平台在实际的资金融通中起着类似银行的信用中介作用，却脱离了银行的注册资本金、信息披露、风险准备金等监管约束，而当 2016 年 8 月 P2P 网贷的监管细则出台，部分平台又变身为金融科技公司，或是将业务包装成个人对企业的互联网融资服务平台（P2B）或嫁接民间资金与政府信用介入项目的互联网金融服务平台（P2G），企图以此躲过监管。为避免监管套利，互联网金融行业需要监管，且相同的金融业务应采取统一的监管标准。比如针对前述 P2P 网贷平台变身金融科技公司，可明确规定金融科技公司不能直接从事金融业务，只能与接受监管的持牌平台合作。

8.1.3 互联网金融风险与监管

互联网金融本质上具有金融属性，而金融业务与风险并行，因此很多传统金融业务虽然通过互联网渠道开展，风险却依然存在，比如信用风险、市场风险、操作风险、流动性风险等，这些风险因互联网渠道而呈现出与传统金融风险不同的特征和形式，并且比传统金融风险的传染性更强更快，风险发生的受众面更广。同时，互联网的复杂性使得互联网金融风险更复杂，表现出传统金融所不具备的新的风险，比如技术风险、信息安全风险等。

互联网金融的从业机构主要有两类，互联网企业和传统金融机构，但无论是哪一类，在从事互联网金融业务时都存在风险防范不足的现象。传统金融机构长期从事金融业务已经形成一套严谨的风控措施，但是这些风控措施却仅限于传统金融业务，而互联网金融在融入互联网特性后风险更加复杂，传统风控措施有待改善。很多企业的互联网金融风控意识不强，也没有明确具体的风控措施。因此，需要政府借助国家权力对金融市场参与者的风险行为进行约束和限制。

8.1.4 互联网金融创新与监管

创新是互联网金融的一大特点，这主要源于互联网“自由”的特性。正如第一章所述，从金融压抑、技术进步、客户改变等角度来看，互联网金融具备创新的驱动力。互联网金融创新需要监管，原因有三点。一是互联网金融从业机构可能创新出新业务、新产品或新服务，需要监管部门跟上创新的步伐，及时提出有效的监管措施，避免出现监管套利。二是部分互联网金融平台以创新为幌子从事违法活动，使投资者遭受损失，需要监管部门仔细辨别、及早发现，并进一步约束限制违法行为，避免造成更大的不良影响。三是部分互联网金融平台以创新为名，突破监管底线，扰乱互联网金融市场秩序，需要监管部门进行必要的引导，要求其树立底线思维，对其提出警示。因此，互联网金融创新的行业监管既能为互联网金融创新提供良好的环境秩序，又能促进互联网金融建立良好的创新秩序。只是若过度监管，必然会抑制创新，因此需要监管部门把控创新与监管之间的尺度。

8.2　互联网金融监管现状

互联网金融是一种金融创新，过早的政府监管可能会扼杀金融创新。而且，与传统金融业务相比，互联网金融虚拟化、跨界跨国、高技术等特征使得互联网金融的风险监管非常复杂，难度很大。所以早期的互联网金融长期处于无准入门槛、无行业规则、无监管机构的状态，经历了“野蛮生长”的阶段，爆发出一系列如跑路、提现困难等问题。随着监管主体的明确，监管政策的逐渐出台，自律组织也逐渐发挥着作用，行业洗牌现象明显，互联网金融迎来了合规发展阶段（部分监管政策见表 8-1）。

表 8-1　中国互联网金融监管路径

时间	监管部门	监管法规	主要内容
2015 年 7 月	十部委	《关于促进互联网金融健康发展的指导意见》	明确 P2P 信息中介性质，提出互联网金融总的要求，明确各种业态的职责边界
2015 年 8 月	最高法	《最高人民法院关于审理民间借贷案件适用法律若干问题的规定》	划定了 24%的民间借贷利率红线的同时，明确 P2P 平台的“媒介身份”。指出 P2P 平台作为提供媒介服务的中介平台，无须履行担保责任，这被视为 P2P 行业未来去担保化的重要开端
2015 年 12 月	中国人民银行	《非银行支付机构网络支付业务管理办法》	明确支付账户与银行账户的差别，规定支付账户转账和充值的单日限额，明确第三方支付机构在个人信息保护方面的责任
2016 年 2 月	中国人民银行	《非银行支付机构风险评估实施办法》	支付机构评分等级有五个等级，从高到低分别是 A、A-、B、B-和 C
2016 年 8 月	银监会	《网络借贷信息中介机构业务活动管理暂行办法》	平台不得吸收公众存款，不得自己担保，可引入第三方；禁发金融理财产品；以小额业务为主；客户资金由银行存管；不得以资产证券化等形式转让债权

表8-1(续)

时间	监管部门	监管法规	主要内容
2017 年 8 月	中国人民银行支付结算司	《关于将非银行支付机构网络支付业务由直连模式迁移至网联平台处理的通知》	自 2018 年 6 月 30 日起，支付机构受理的涉及银行账户的网络支付业务全部通过网联平台处理，各银行和支付机构应于 2017 年 10 月 15 日前完成接入网联平台和业务迁移相关准备工作
2018 年 8 月	网贷整治办	《关于开展 P2P 网络借贷机构合规检查工作的通知》	为深化 P2P 网贷专项整治工作，分类指导、精准施策，督促网贷机构合规经营，加强风险管控，回归信息中介本质定位，同时，通过合规检查，正本清源、市场出清，稳妥有序化解存量风险，引导行业良性退出，保护出借人和借款人合法权益
2018 年 12 月	证监会	《股权众筹试点管理办法》	正在制定完善，准备先行开展股权众筹的试点
2018 年 12 月	互金办、网贷办	《关于做好网贷机构分类处置和风险防范工作的意见》	对网贷机构的分类处置和风险防范工作做了部署

我国目前的互联网金融监管体系是在传统金融监管体系基础上形成的，而传统金融监管体系中的监管主体包括中国人民银行、银保监会和证监会，其中中国人民银行主要负责防范和化解金融风险以维护金融稳定，制定并执行货币政策；银保监会负责监管银行、信托投资公司、资产管理公司和其他存款类金融机构、保险业以保障保险市场参与者的权益；证监会负责监管证券市场和从事证券业务的金融机构以维护市场秩序稳定。也就是说，我国金融业实行的是分业经营、分业监管，沿着这一思路，互联网金融监管体系逐渐形成。根据 2015 年十部委的《关于促进互联网金融健康发展的指导意见》，传统金融机构的互联网金融业务仍由原来金融机构的监管部门监管，其他的业务模式，包括 P2P 网络借贷、互联网保险、众筹、互联网基金、第三方支付分别由原银监会、原保监会、证监会和中国人民银行监管。

目前的互联网金融监管存在一系列问题和难点：第一，分类监管与混业经营存在矛盾。互联网金融的创新加快了金融业务的交叉与融合，不同性质的金融机构已经逐渐开始从事相同性质的金融业务，互联网金融已经逐渐步入混业经营。比如属于互联网行业的腾讯集团获得金融牌照后建立了微众银行这一金融机构，也有属于金融行业的工商银行利用互联网平台开展融 e 购、融 e 联等互联网金融业务，互联网机构——蚂蚁金服收购金融机构——德邦证券后由互联网机构控股，也有金融机构——中信银行与互联网机构——百度合作后由金融机构控股的，互联网金融的行业交叉性、业务混合性比传统金融机构复杂很多。分类监管的重复监管、监管缺失和监管套利的状况，也会导致各监管部门间在沟通不畅时出现政策冲突或信息传递迟缓等问题，都会影响监管效果，引发监管风险。第二，存在多方的不协调。网络银行等银行主导的网络融资监管较多而P2P等非银行机构主导的网络融资监管过少，《关于促进互联网金融健康发展的指导意见》下发一年多仍存在信息中介定位、资金银行存管、披露资金流向等要求并未落到实处，因为现行的监管制度存在监管主体、互联网金融模式、金融功能和互联网金融风险之间的不协调。第三，监管力度难以把握。无论是传统金融还是互联网金融，通过规则制度都能约束从业机构行为，使金融市场更加稳定健康地运行，政府监管发挥着重要作用。但是，究竟应该采取多大的监管力度，应该给互联网金融多大的发展空间，如何把握监管与创新的力度，如何把握市场健康运行与交易机制高效之间的尺度，如何找到鼓励发展与金融风险之间的平衡点是互联网金融监管的一大难题。监管过度，必然会压抑创新，从而发展受阻，这又必然会反作用于经济发展。第四，监管难以跟上创新的步伐。互联网金融的业务范围、业务种类不断发生着动态变化，导致监管部门的监管范围刚被界定，又不得不在出现了新业务后马上修改、更新现有法律规章，否则容易因法律更新与互联网金融创新发展的步伐差距太大而阻碍发展和创新，甚至会影响到互联网金融体系的稳定性和安全性。并且，要监管互联网金融业务是否合规，需要收集并审核大量交易数据，但是数据难以收集且部分数据存在被篡改的现象，而有效的审核方法有待进一步思考。

8.3　互联网金融监管国际借鉴

由于互联网金融在世界范围都属于发展阶段，所以其监管水平还处于探索阶段，互联网金融仍然缺乏充分的法律监管实践。但是，比较而言，无论从互联网金融的发展程度看，还是从互联网金融的监管举措看，英美两国的互联网金融监管体系和互联网金融法律体系都较为完善，值得借鉴。

8.3.1　美国的监管模式

在美国，虽然互联网技术被广泛运用于金融领域，但并无“互联网金融”的说法，而是被称作technology finance/fintech，实行的是双重多头的伞状监管模式，并与行业自律相结合。“双重”是指联邦政府和州政府两级分权监管；“多头”是指两级政府的银行监管者、证券监管者以及州保险委员分别负责银行业务、证券业务和保险业务。金融稳定监督委员会（FSOC）负责监控系统性风险，识别系统重要性金融机构；美联储负责监管系统重要性金融机构，并制定严格的监管标准，还与联邦存款保险公司一起处置系统性风险；美联邦通信委员会（FCC）和贸易委员会（FTC）监管非金融机构的金融业务。互联网金融的监管体系呈现出纵横交错的格局，联邦政府和州政府都会对各种互联网金融业务进行联合监管，并发挥行业自律协会的作用；监管重点在监管互联网金融从业机构和从业人员，充分保护消费者权益；网络银行会受到美联储、货币监管署、联邦存款保险公司等多个机构的严格监管，又会在对消费者开展金融业务时受到消费者金融保护局的监管；证券交易委员会注重保护投资者，会出台反欺诈条款等（具体见如表 8-2）。

表 8-2　美国互联网金融监管

业务类型	监管主体	监管思路及内容	备注
网络银行	美联储、货币监理署和联邦存款保险公司、消费者金融保护局	宽松审慎； 保证安全，但不过分干预网络银行发展； 依据传统银行监管法律法规及补充法律	
第三方支付	联邦以及州监管层面、联邦存款保险公司	功能监管； 重点监管交易过程而非交易机构； 联邦政府监管第三方支付的托管资金，规范第三方支付中的消费者信用，反洗钱监管；州政府监管第三方支付机构，要求其具备支付牌照和经营许可证，要求其业务合规	第三方支付被定性为非银行机构，只从事货币转移
P2P 网贷	主要是美国证监会（SEC），还包括州一级证券监管部门、美国联邦贸易委员会（FTC）、联邦存款保险公司（FDIC）、美国消费者金融保护局（CFPB）等	主要从投资者保护角度监管； 规定网贷平台发行和出售收益凭证属证券行为； 州政府监管网贷平台准入，确保其登记注册并凭证发行，监管其业务准入与信息披露；FTC 监管网贷平台行为；FDIC 监管信息披露及消费者信心保护；CFPB 监管 P2P 借贷市场和借贷行为，保护消费者	主要参考《中华人民共和国证券法》和《中华人民共和国证券交易法》
众筹	SEC	规定众筹平台需有豁免权，并取得 SEC 牌照； 众筹发行人的限制；众筹融资平台的限制；明确平台禁止行为	主要参考《JOBS 法案》
服务平台	联邦政府和州政府	注重消费者保护； 制定准入门槛，监管行业运行和信用评级体系等	指互联网理财服务、互联网金融服务门户网站等，无专门监管法律

最值得借鉴的是美国的功能监管。因为功能监管的重点是金融业务的类型而不是金融机构的类型，所以不同金融机构在开展同一类型金融业务时会受到同样的监管。但是，随着金融科技和金融创新的发展，金融中介机构和金融交易机构逐渐融合，容易出现某一金融机构同时开展了银行、证券、保险等各种类型的业务，所以业务边界逐渐模糊，功能监管容易出现监管漏洞，无法监控系统性风险，所以 2008 年金融危机之后美国政府实行了以目标监管为主的金融监管体制改革。为实现稳定

市场、审慎监管和规范金融市场商业行为三大监管目标，分别由美联储、新设立的审慎金融监管局（PFRA）和商业行为监管局来执行监管职能。除此之外，还有其他几个方面值得借鉴：①监管宽松审慎。美国对互联网金融的监管相对比较宽松，在安全范围内不干涉互联网金融相应机构的发展。②注重立法监管。美国的法律体系非常庞杂，联邦政府和州政府都可以立法监管，且每次改革都先立法，所以互联网金融的监管有法可依。当传统金融的监管政策不能满足时，相关部门会以传统金融政策为基础，制定新的监管制度。比如，第三方支付、众筹和 P2P，都有明确的准入条件。③注重消费者保护。美联储下独立的消费者金融保护署（CFPA），有强制收购和强制执行等权利，专门维护消费者和投资者的权益。④政府监管与行业自律相结合。美国在政府监管的同时，充分发挥行业自律组织在金融监管当局与被监管者之间的中介作用和交流沟通作用，是互联网金融的有效补充。

8.3.2　英国的监管模式

英国将互联网金融描述为 alternative finance，其主要由政府和行业自律协会合作监管。英格兰银行在英国的金融监管中处于核心地位，负责全面监管并制定货币政策；英格兰银行下设的金融政策委员会（FPC）负责宏观审慎监管，监控系统性风险以维护金融系统的稳定；英格兰银行下设的审慎监管局（PRA）和财政部旗下的金融行为监管局（FCA）共同负责微观审慎监管，前者监督管理银行、保险公司、证券公司、信托公司等金融机构，后者监管 PRA 以外的金融机构、批发市场和零售市场，以维护市场公平竞争并保护消费者权益。英国的“一行双峰”金融监管既满足现代的宏观审慎监管要求，又实现了功能监管与综合监管的相互渗透（具体见图 8-1）。英国的行业自律性非常强，监督管理效果非常好，一般在行业自律组织发挥作用后政府再进行监管，P2P 行业协会和众筹协会两个自律组织会制定一些行业规则和标准，引导行业规范发展。金融行为监管局也发布了《关于网络众筹和通过其他方式发行不易变现证券的监管规则》，明确了最低资本金、客户资金、信息披露等 P2P 网贷平台的监管要求，还在金融行为监管局关于投资型众筹的监管规定基础上补充了投资者投资条件和投资额度的规定。

与美国的“伞状”监管框架相比，英国的“一行双峰”监管框架非常简单，这有助于提高监管效率，监管政策能被快速传达。同时，英国的这种统一监管模式，避免了美国多头监管中可能出现的因监管标准不一而造成的被监管机构无所适从，也降低了可能出现的因各监管部门的沟通协调而产生的大额监管成本。从长远来看，金融具有混业经营的发展趋势，因此这种统一监管模式会更适合。

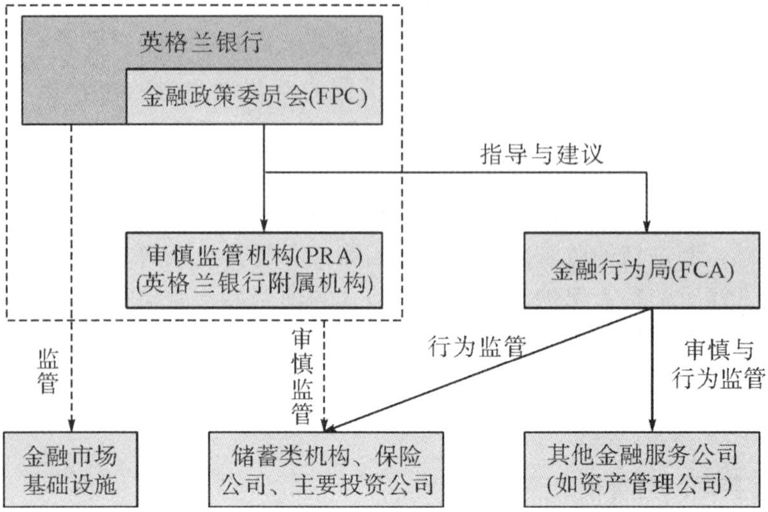

图 8-1　英国金融监管体系

资料来源：平安证券研究所。

8.4　我国互联网金融监管措施

8.4.1　思路：宏观审慎+功能监管+行为监管

宏观上的审慎监管可以有效减缓互联网金融系统性风险的积累，以维护金融体系的稳定和安全；微观上的功能监管是依据业务功能来划分监管范围的，与互联网金融中金融业务交叉融合的混业经营特点相符，避免了监管套利等问题。但是，如果只依靠政府行政监管，则监管成本过大，为了能充分发挥市场约束机制的作用，将每个消费者和投资者变成金融市场的监督者，可引入行为监管理念。因此，互联网金融监管的监管理念包括传统的宏观审慎监管、功能监管以及行为监管。

（1）宏观审慎监管。宏观审慎监管（macroprudential supervision）一词是 1986 年由国际清算银行提出来的，指的是以维护金融系统的稳定和安全为目的，通过比率监管的模式，内部控制的方法，以风险水平高低为评估标准的一种监管理念。之前的金融监管思路是微观审慎，认为只要单个金融机构能够审慎经营、防范风险，则系统性风险就不会发生。但是，金融风险具有内生性，机构共同风险暴露的相关性非常重要，因此提出宏观审慎监管。互联网金融仍属于金融，仍需要在宏观上采取审慎监管的理念。宏观审慎监管从宏观视角出发，通过定性分析和定量分析，可探知互联网金融中的不稳定性因素，及时发出系统性风险和风险敞口的预警，监管部门采取相应的金融稳定政策，可提高金融体系的抗风险能力，抑制系统性风险，降低金融系统不稳定时造成的损失。①监管目标。如何减缓互联网金融体系中系统性风险的积累，如何有效防护系统性金融风险在金融体系内外传染以保障金融系统的稳定是宏观审慎监管的目标。②监管必要性。互联网金融既有因金融属性导致的一般性风险，又有因互联网因素导致的特殊性风险，因此风险种类繁多，从业机构庞杂，监管更复杂，更容易产生系统性风险，借助宏观审慎监管理念可以很好地控制系统性风险。③监管维度。其一是时间维度，考虑系统性风险随时间推移的累积过程，即系统性风险是如何在金融体系和实体经济之间被逐步放大形成的；另一维度是跨行业维度，考虑系统性风险在特定金融体系中是如何分布的。由于风险暴露既可能是直接风险暴露，即金融机构间相同或相似资产类别导致，也可能是间接风险暴露，即金融机构间业务交叉导致，跨行业维度使得监管机构能够对引起系统性风险的行为采取更加严格的监管措施。④监管工具。由于互联网金融具有金融属性，因此传统的宏观审慎监管的预警指标和避险指标基本都能适用于互联网金融监管，比如预警指标宏观审慎指标、压力测试和早期预警指标等，压力测试可评估互联网金融从业机构在遭遇系统性风险时的抵抗能力。

（2）功能监管。功能监管（functional of financial regulation）是由美国 Merrton 等人提出的，建立在两个假设上：一是金融功能的变化比金融机构的变化要小，因此金融功能更加稳定；二是金融机构的功能非常重要，可根据功能来确定制度，找出金融功能更有效率的实现方式是金融体系变化的动力。与传统的机构监管相比，功能监管更适合金融创新不断打破金融业务界限、金融业务相互交叉融合的当今金融体系，因此混业经营特点显著的互联网金融在微观上需要功能监管。①含义。功能监管是指针对互联网金融的业务功能进行监管，监管权限划分的依据是金融体系的功能。通过功能监管，不同的互联网金融从业机构提供同样功能的金融服务，则应该受到标准统一的金融监管，有效避免监管套利。比如 P2P 网络借贷，无论是银行系 P2P，电商系 P2P，还是上市系 P2P，或民营系，既然都从事了相同的网络借贷业务，就会产生一样的风险，因此受到的监管也一样。若某一互联网金融从业机构提供多种类型的金融服务，则需要不同的监管部门进行监管。②优势。监管一致性，因为监管标准是统一的，减少了监管套利的可能性；监管灵活性，因为它能预测到未来是实现某种功能的机构组织结构，并根据预测灵活设置监管政策和监管方案；监管稳定性，因为金融功能相对稳定，虽然业务界限被打破后各种金融产品的种类繁多，因此只需根据稳定的功能执行相对稳定的监管。③劣势。一是产品功能的划分存在难度，因为金融工程及互联网金融的金融创新创造出了大量边缘化的金融产品，很难准确划分类别。二是难以实现审慎监管目标，因为功能监管主要关注金融产品和金融业务，而忽视对金融机构的风险进行监管，没有从整体上考虑金融机构的整体风险状况和抗风险能力。因此在实际监管中，还需要与宏观审慎监管相结合。④措施。首先，要以立法监管为主，法律明确各个监管部门的职责，各个监管部门依据法律执行监管任务。虽然立法监管能明确权限，但缺乏监管弹性，因此有必要与行业自律组织和金融机构内部控制相结合。其次，可按“双峰”模式分配监管权责，确定监管机构，一是成立宏观审慎监管部门，防御系统性风险，二是成立功能监管部门进行专业化监管，相互之间协调沟通。最后，做好协调工作。一是协调各监管部门，采取共享机制，避免出现因信息不对称而导致的监管；二是协调金融产品和业务，以避免出现功能相似但划分归属不一的金融产品和服务面临的监管标准差距太大。

（3）行为监管。行为监管最早出现在 20 世纪 70 年代，由美国国家保险协会提出的“市场行为监管”（market conduct regulation）一词而来，指的是金融消费者保护部门为保障消费者的各种合法权益而制定出各种规则制度，并要求从业机构遵循。①必要性。互联网金融的出现拓宽了民众的投资渠道，越来越多的民众愿意参与到互联网消费金融、P2P 网贷、众筹等互联网金融业态中进行消费和投资，也逐渐习惯了利用支付宝等第三方支付工具支付商品，但是互联网金融领域存在跑路、非法集资等问题，严重损害了金融消费者的合法权益；并且，互联网金融主要为长尾客户服务，容易出现“长尾”风险，甚至引发系统性风险，因此有必要从行为监管的角度出发，建立消费者保护机制。自 2008 年金融危机之后，各国都进行了较大的金融监管改革，而进入消费者保护是金融监管改革的重要组成部分。②适用性。由于互联网金融市场的参与者广泛，主要是传统金融没有服务到的长尾人群，其金融知识的掌握和金融风险的承受状况都参差不齐，而行为监管是既要保护金融消费者，又要根据金融消费者利益对互联网金融从业机构进行监管，这种监管正好契合了互联网金融市场长尾人群的特点。目前已经出台的各种规章制度对互联网金融从业机构的监管，如网贷平台资金的银行存管、风险准备金等要求，都属于从金融消费者保护角度出发的行为监管。③措施。一是通过立法来建立金融消费者保护的法律框架，既可分散在各互联网金融的各种法律法规中，也可直接单独立法。二是借助合适的监管工具实施监管，比如现场调查，监测互联网金融从业机构的网站或公告，或是通过从业机构获取金融消费者的投诉数据，也可设置投诉电话，或通过约谈、暗访等形式监督从业机构的产品和服务。三是协同功能监管与审慎监管。根据泰勒（1995）的“双峰”理论，系统稳定和消费者权益保障是金融监管的两大目标，正好可以通过审慎监管与功能监管实现。审慎监管主要关注金融体系的稳定和金融机构的稳健经营，行为监管关注的是金融市场的有序竞争和公平竞争，是从金融消费者保护的角度进行监管，考虑信息披露质量，两者协同更有利于金融市场的健康运行。

8.4.2 格局：中央银行+审慎部门+行为部门

根据宏观审慎、功能监管和行为监管的互联网金融监管理念，互联网金融的监管格局可由中央银行、审慎部门和行为部门组成，其中中国人民银行负责承担货币市场等部分的金融监管工作，宏观审慎管理局负责宏观审慎监管以防止系统性风险，并且可成立行为监管局负责从微观上对金融机构的产品和服务进行行为监管。这种监管格局既符合泰勒（Taylor，1995）的“双峰”理论，又符合功能监管理念中监管权限在“双峰”监管部门的分配。这种监管格局既避免了传统的机构监管中出现的监管套利，又避免了美国“伞状”监管中出现的重复监管。

（1）中央银行。作为一国的中央银行，其主要任务仍然是制定和执行货币政策，并对宏观经济调控。除此之外，还需承担部分金融监管职能，比如负责重要性金融机构、重要性金融基础设施和金融控股公司的监管，还需负责金融行业的综合统计，负责货币市场、外汇市场等的监管。

（2）审慎监管部门。审慎监管部门主要是负责宏观审慎监管，因此会从宏观上对互联网金融进行监督管理，一旦发现可能对金融系统的安全和稳定造成危害的系统性风险，将有权要求互联网金融从业机构报送相关数据，审慎监管部门再利用大数据技术分析挖掘获取的大数据，及早发现系统性风险，提出风险预警，并制定相应的防范措施。

（3）行为监管部门。由于审慎监管与行为监管要分离开来，因此行为监管部门是独立的，这与英国监管模式比较类似。行为监管部门主要负责从金融消费者保护的角度出发，对互联网金融市场的行为进行监管，并对互联网金融从业机构的产品和服务行为进行监管，以实现互联网金融市场有序、公平的竞争，同时实现对金融消费者合法权益的保护。

8.4.3　体系：政府监管+行业自律+中介辅助

互联网金融风险需要政府部门和行业自律组织共同监管，中介机构辅助监管，以实现两个监管目的：一是为了金融体系能够稳定健康的运行，防止出现系统性危机和市场崩溃的局面；二是为了维护社会公众的利益，保护他们的合法权益。政府监管，主要由官方机构承担，即中央政府和地方政府，通过制定法律制度对互联网金融领域进行直接制度约束，强制实施，对保证行业健康发展起着根本性作用。行业自律组织是互联网金融管理的民间组织，通过制定一些行为规范让组织成员自我约束、自我规范、自我监督，以维护行业的稳定和良好的声誉，是沟通政府、市场和企业的桥梁和纽带，也是实现行业自律、规范行业行为、开展行业服务、保障公平竞争的关键。行业自律与政府监管各行其志，但是一旦潜在风险过度累积并爆发，监管部门就需要采取更加严格的监管理念和措施来控制风险，行业自律组织也应加强企业自律。中介机构起着辅助监督作用，由会计师事务所等构成。互联网金融监管客体是互联网金融的从业机构，如银行机构、证券机构、保险机构、P2P 网贷平台、众筹平台、第三方支付机构、互联网基金网销公司、互联网分期消费平台、互联网金融服务机构等，通过不断创新推动着整个行业不断向前发展，是行业增长的主要动力。互联网金融行业正在形成政府监管加行业引导的互联网金融风险监管框架和格局，合力走向规范发展。

（1）政府监管。政府监管是互联网金融行业防范风险、规范市场的重要组成部分，特别是在我国行业自律意识不强的情况下，政府监管在互联网金融监管中居主导地位。①作用。一方面，政府监管能降低互联网金融风险产生的危害。如前所述，互联网金融除了包含传统金融所具有的信用风险、市场风险、操作风险等，还具有自身领域内的风险，如技术风险、信息安全风险等。一旦风险发生，存在于局部的风险可能发展成整体的系统性风险，不仅危及互联网金融市场的参与者，甚至可能引发行业恐慌，造成巨大损失。因此，若政府加大监管力度，在宏观上采取审慎的监管态度，微观上对互联网金融市场和参与者行为进行有效监管，可防范风险的发生，降低风险损失。另一方面，政府适度的有效监管是实现互联网金融市场稳定的基础和前提。当互联网金融处于"三无"状态时，互联网金融野蛮生长，平台跑路、参与者信息泄露、账户资金被盗等一系列问题出现，严重影响了互联网金融的发展和参与者对市场的信心。若政府对互联网金融从业机构的违规行为严格管控，同时又对其日常行为进行合规性监督，则互联网金融市场的稳定性和安全性将被极大提高。②措施。第一，加快互联网金融监管体系改革。要改变当前机构监管与行业经营不相适应的局面，必须要改革目前的监管格局。明确各监管部门的监管权限，依据法律监督、管控互联网金融市场。第二，完善征信体系，增强信息透明度。我国征信体系要采取以政府为主市场为辅的发展模式，中国人民银行监管征信体系，金融机构提交与征信相关的信息，由中国征信中心和各种征信机构共同收集和处理信息，使得我国征信体系逐步完善。第三，引入适度的准入制度，完善退出机制。互联网金融本质上是金融业务，因此必须要设置一定的准入门槛。不同的互联网金融模式有不同的运营特征，可采取差异化措施，有针对性地制定准入制度，比如设立审批制或注册制，加入资本金和从业者资格等限制条件，或者考察其风险控制能力等，必要时可发放金融牌照。同时，对于不合格的互联网金融从业机构，应该建立负面清单，并引入退出机制。第四，注重保护金融消费者。互联网金融服务几乎已经渗透到了金融消费者的各个方面，为其带来了极大的便利，但是大大集团、e租宝等事件的发生却给消费者的合法权益带来了较大损害。虽然2016年8月国家工商总局公布了《消费者权益保护法实施条例（征求意见稿）》，对消费者权利和经营者义务等方面做了明确规定，也有针对性地规范了消费者反映的个人信息保护、缺陷产品召回、预付卡、网络购物无理由退货等问题，但是对金融消费者，特别是互联网金融领域的金融消费者的权益问题影响不大，针对性不强。政府监管时应从金融消费者保护的角度出发，约束和规范互联网金融从业机构的行为。第五，加大互联网金融对供给侧改革的推动力度。互联网金融连接资产端和负债端，唤醒了两端沉睡中的资金，所以无论是实体经济，还是中央提出的供给侧改革，互联网金融都起到了非常重要的推动作用。监管部门可加大供给侧结构性改革的力度，为互联网金融提供发展机遇，规范其发展行为。

（2）行业自律。互联网金融协会等行业自律组织也会对互联网金融进行自律监管，是互联网金融监管重要的组成部分。自律组织是一种行业性的自我管理组织，由互联网金融从业机构主动申请加入，但是需要具备自律组织的加入条件方可成功，而一旦加入则必须自觉遵守自律组织制定的公约和准则，否则仍可能被踢出自律组织。①作用。一是制定多方面的行业规则和准则，比如互联网金融行业的信息披露制度、行业竞争规则、金融业务的运行规范、从业人员的职业道德规范等，形成互联网金融从业的底线思维，坚决不触碰非法集资、资金池、自融自保等业务红线，从外部来指导和监督互联网金融从业机构的风险控制，也有利于互联网金融机构从自身角度提高风险管理意识；二是监测互联网金融自律组织成员的个体风险和行业风险，一旦发现及时采取应对措施；三是帮助互联网金融从业机构提高风险防范能力，通过为其培养风控人才和为其引入先进的风控方法和工具来实现；四是派出成员代表与政府监管部门交流沟通，对政府部门不宜实施的监管代为执行，并根据行业实际状况对政府监管部门提出监管建议、上报重大问题、反映行业合理诉求等。因此，互联网金融行业自律组织不仅能降低行业整体发生系统性风险的概率，还能充分发挥引导示范作用，让行业规范发展，所以对整个互联网金融行业的未来发展起着非常重要的作用。②国际借鉴。在英美国家，行业自律组织有助于互联网金融行业的良性竞争和规范运营，对消费者权益保护和诚信生态环境建设有很好的促进作用。英国的互联网金融起步较早，其行业自律组织的自律性很强，能有效监督和管理行业中的从业机构，是国家金融监管的有效补充。英国有 P2P 行业协会和众筹协会，负责制定行业统一的规则和标准，引导行业发展。美国的行业自律组织是介于美国监管当局和被监管者之间的中介组织，通过该组织实现监管当局与被监管者之间的交流沟通，消除了双方的信息不对称，从而监管者能及时获取被监管者的心声诉求，被监管者也能正确理解监管者意图，避免出现监管当局出台的政策文件被行业从业机构曲解而造成损失的局面。③示例。中国互联网金融协会是 2016 年 3 月成立的全国性自律组织，由中国人民银行会同银监会、证监会等部委共同组建。主要从信息披露、互联网金融统计方面展开工作，并于 7 月连发《中国互联网金融协会章程》等 5 项文件，推出互联网金融行业的经验管理规则和行业标准，明确要求各会员单位防范资金账户安全风险，防范洗钱和恐怖融资风险，并会对违规会员给予 7 种惩罚机制以提高标准和规则的约束力。④总结。互联网金融协会的“软性立法”是政府监管“硬性约束”的有效补充，有助于约束会员机构诚实守信合法经营，有助于帮助行业树立正面形象，营造诚信经营的良好氛围，有助于推动从业的会员机构之间交流业务和共享信息，有助于降低监管成本，提高监管效率，有助于协调金融监管与金融创新。但是与英美等国相比，我国的行业自律意识较弱，自律组织地位较低，导致很多本可通过自律组织解决的企业问题只能交给政府。因此互联网金融自律组织，无论是地方性的还是全国性的，无论是互联网金融行业的还是某一特定领域的，从机构建设到制度建设，到真正产生影响力和号召力，依然任重道远。

（3）中介辅助。中介机构，如会计师事务所、律师事务所、审计事务所和外部评级机构都能对互联网金融从业机构起到一定的监督作用，因此可以辅助互联网金融监管。①监管内容。一是信息鉴定证明，互联网金融行业的开业申请人需要先向审计事务所或会计师事务所提供相关信息，并由其鉴定真伪后出具信息真实性报告；二是法定审计，互联网金融从业机构需要将财务报表交由审计事务所审计，然后再递交给金融监管部门，否则可能受到处罚；三是监管审计，审计事务所会根据金融监管部门的要求对金融机构进行审计检查，并出具报告，而检查对象及检查范围等都由金融监管部门确定。②监管作用。中介机构的审计工作能有效避免作假现象，提高了金融监管的公正客观性，还能减轻政府监管部门的工作量使其能有针对性地监管。外部评级机构对互联网金融从业机构的评级结果被监管部门直接利用后可快速获知机构状况。③监管资质。中介机构要想辅助互联网金融监管部门监管，需要得到监管部门的资格认可，而该资格认可需要具备一定的条件，比如是注册会计师，并具备金融业务知识，参与过金融审计，声誉良好，并积极配合监管部门等。

8.4.4 方式：传统监管+数据监管+创新监管

（1）传统监管。传统的金融监管方法，如现场监管、非现场监管对互联网金融监管同样适用，其中非现场监管是互联网金融主要采用的监管方法。①方法比较。现场监管是指监管部门需要到互联网金融（互金）企业现场去核查会计凭证、资料文件等来检查、鉴别互金企业的合规状况、运营能力等。非现场检查是指由互金企业报送相关检查资料给监管部门审查。比较而言，现场监管能掌握第一手真实资料，容易及时发现隐蔽性问题，但监管成本高，且受时间空间限制。②方法选择。需要通过互联网在线上开展金融业务，互金企业无须上交纸质材料给监管部门，直接通过网络传递信息即可，所以现场方式与非现场方式在材料获取方面区别不大，互联网金融监管以非现场监管为主。③独特优势。与传统监管的非现场监管不同的是，互联网金融的非现场监管几乎可实现实时监控，因为互联网信息的传播速度快、变化也快，互联网金融监管部门只要与互金企业进行网络对接，就可实时掌握互金企业动态，实时监督管制互金企业。

（2）数据监管。借助大数据技术监管，互联网金融有三大优势：一是利用互联网技术和大数据技术，使监管平台24小时对监管部门开放，探索出适合日常监管的新方法，还可节约监管资源；二是可以使监管部门更主观、更准确、更全面、更高效地了解到互联网金融的状况；三是便于各监管部门协同监管，实现社会共治。首先，强化大数据监管的宏观效能。让监管部门全方位掌控互金企业的信息数据，及时准确把控互金企业的动向，实现宏观审慎监管的高效执行。并且，利用大数据量化系统性风险，提升互联网金融风险预警水平，有效防范和化解金融风险，维护金融稳定。其次，强化大数据监管微观动态。实时掌握互金企业动向并及早发现异常，利用综合指标体系直观审核互金企业的健康度，利用日常报告有针对性地查阅互金企业的运作情况，利用数据工具进行明细查询及检测核验。最后，建立社会信用体系。打破数据信息孤岛的局面，利用大数据建立多维度、全覆盖的大数据征信平台，为经济高效运行提供全面准确的基础信用信息服务。

（3）创新监管。互联网金融在提升金融服务效率的同时也加剧了金融风险，挑战着监管机构的监管能力，因此监管机构只有进行监管创新才能跟上互联网金融发展的步伐。①监管内容创新。传统的金融监管主要检查被监管者的会计凭证、账簿、报表、文字资料等，以考察被监管者是否合规，希望及早发现问题。互联网时代获取的信息具有多样性，很多传统检查内容以外的信息也能为监管者提供线索，比如日交易量变化大，或者参与者数量变化大，或资金转移频繁且额度较大等，则可能有异常情况出现，监管部门可利用大数据深度剖析，大数据监管已经成了互联网时代金融监管的重要内容。②监管渠道创新。传统金融的信息获取主要来自被监管者主动上交的材料和监管者亲临现场获取的材料，监管信息的获取渠道相对单一。除此之外，互联网金融监管部门可通过互联网金融网站的运行状况、资讯网站的相关报道、互联网金融市场参与者的评论等，多渠道获取信息，并根据异常状况及早发出预警。③监管技术创新。大数据技术、云计算技术、区块链技术、互联网技术等技术创新不仅带来了互联网金融业务的创新，还带来了互联网金融监管的创新。比如，监管部门在处理获取的大量信息时，可借助大数据技术进行欺诈检测，并将其运用于反洗钱、偷税漏税等具体的应用场景中。

参考文献

[1] AGRAWAL A, CATALINI C, GOLDFARB A. The simple economics of crowdfunding [J]. Policy and economy, 2013, 14: 18-26.

[2] AKERLOF G A. The market for lemons: quality uncertainty and the market mechanism [J]. Quarterly journal of economics, 1970, 84 (3): 488-500.

[3] ALSAJJAN B, DENNIS C. Internet banking acceptance model: cross-market examination [J]. Journal of business research, 2010, 63 (9): 957-963.

[4] ANDERSON C. The long tail [J]. Long tail - business book summaries, 2004, 11 (1): 1-20.

[5] ANSARI A, MELA C F, NESLIN S A. Customer channel migration [J]. Journal of marketing research, 2008, 45 (1): 60-76.

[6] BECK T, DEMIRGüC-KUNT A, LEVINE R. Finance, inequality and the poor [J]. Journal of economic growth, 2007, 12 (1): 27-49.

[7] BELLEFLAMME P, LAMBERT T, SCHWIENBACHER A. Crowdfunding: tapping the right crowd [J]. Journal of business venturing, 2014, 1 (29): 585-609.

[8] BELLEFLAMME P, OMRANI N, PEITZ M. The economics of crowdfunding platforms [J]. Information economics and policy, 2015, 33: 11-28.

[9] BODIE Z, MERTON R C. Finance [M]. Upper Saddle River: Prentice Hall International, 2000.

[10] BRUNNERMEIER M, CROCKETT A, GOODHART C, et al. The fundamental principles of financial regulation [C]. Geneva papers on the world economy, 2009, 11.

[11] CADBURY A. Report of the committee on the financial aspects of corporate governance: the code of best practice [J]. Stomatologiia, 1992, 1 (3): 34-38.

[12] CARUANA J. Systemic risk: how to deal with it? [R]. Bank for International Settlements, 2010.

[13] CHANG H L, ZHAO J L, HASSNA G. Government-incentivized crowdfunding for one-belt, one-road enterprises: design and research issues [J]. Financial Innovation, 2016, 2 (1): 1-14.

[14] CHANG V. Towards a big data system disaster recovery in a private cloud [J]. Ad hoc networks, 2015, 35: 65-82.

[15] CHRIS W, RAMACHANDRAN V. Crowdfunding the next hit: microfunding online experinence goods [J]. Computational social science, 2010 (1): 1-5.

[16] CLEMONS E K, MADHANI N. Regulation of digital businesses with natural monopolies or third-party payment business models: antitrust lessons from the analysis of google [J]. Journal of management information systems, 2010, 27 (3): 43-80.

[17] DAVIES S R, HORST M. Responsible Innovation in the US, UK and denmark: governance landscapes [J]. Responsible innovation 2, 2015 (5): 37-56.

[18] GHAZAWNEH A, HENFRIDSSON O. Balancing platform control and external contribution in third - party development: the boundary resources model [J]. Information systems journal, 2013, 23 (2): 173-192.

[19] GRABNER-KRäUTER S, FAULLANT R. Consumer acceptance of internet banking: the influence of internet trust [J]. International journal of bank marketing, 2008, 26 (7): 483-504.

[20] GURLEY J G, SHAW E S. Financial aspects of economic development [J]. American economic review, 1955, 45 (4): 515-538.

[21] HASHEM I, YAQOOB I, ANUAR N B, et al. The rise of big data on cloud computing: review and open research issues [J]. Information systems, 2015, 47: 98-115.

[22] HERNáNDEZ B, JIMéNEZ J, JOSé MARTíN M. Age, gender and income: do they really moderate online shopping behaviour? [J]. Online information review, 2011, 35 (1): 113-133.

[23] HESTER D D. Financial disintermediation and policy [J]. Journal of money credit & banking, 1969, 1 (3): 600-617.

[24] HICKS K, WATKINS T A. Evaluating microfinance program innovation with randomized controlled trials: examples from business training and group versus individual liability [J]. Contemporary studies in economic & financial analysis, 2009, 92: 215-249.

[25] HSINCHUN C, CHIANG R, STOREY V. Business intelligence and analytics: from big data to big impact [J]. MIS quarterly, 2012, 36 (4): 1165-1188.

[26] JIE S, CHEN H. Internet finance innovation and traditional bank transformation based on big data [J]. Finance & economics, 2015, 1 (2): 34-59.

[27] KANE E J. Interaction of financial and regulatory innovation. [J]. American economic review, 1988, 78 (2): 328-34.

[28] LAI V S, LI H. Technology acceptance model for internet banking: an invari-

ance analysis [J]. Information & management, 2005, 42 (2): 373-386.

[29] LEE M C. Factors influencing the adoption of internet banking: an integration of tam and tpb with perceived risk and perceived benefit [J]. Electronic commerce research and applications, 2009, 8 (3): 130-141.

[30] LEYSHON A, THRIFT N. Geographies of financial exclusion: financial abandonment in Britain and the United States [J]. Transactions of the institute of british geographers, 1995, 20 (3): 312-341.

[31] LIAO Z, CHEUNG M T. Internet-based E-shopping and consumer attitudes: an empirical study [J]. Information & management, 2001, 38 (5): 299-306.

[32] LOHSE G, BELLMAN S, JOHNSON E J. Consumer buying behavior on the Internet: findings from panel data [J]. Journal of interactive marketing, 2000, 14 (1): 15-29.

[33] MAYER-SCHöNBERGER V, CUKIER K. Big data: a revolution that will transform how we live work and think [M]. Boston: Houghton Mifflin Harcourt, 2013.

[34] MERTON R C, BODIE Z. Deposit insurance reform: a functional approach [C]. Carnegie-Rochester conference series on public policy, 1993, 183: 1-34.

[35] MILLON M H, THAKOR A V. Moral hazard and information sharing: a model of financial information gathering agencies [J]. Journal of finance, 1985, 40 (5): 1403-1422.

[36] MISHKIN F S, STRAHAN P E. What will technology do to financial structure? [J]. Nber working papers, 1999, 5.

[37] MOLLICK E. The dynamics of crowdfunding: an exploratory study [J]. Journal of business venturing, 2013, 29 (1): 1-16.

[38] POPPE C. Money machines: electronic financial technologies, distancing, and responsibility in global finance [J]. Information communication & society, 2016 (6): 1729-1733.

[39] RUBIN R. The theory of peasant economy [M]. Madison: University of Wisconsin Press, 1986.

[40] SANFORD J, GROSSMAN, JOSEPH E. Stiglitz. Information and competitive price systems [J]. American economic review, 1976, 66 (2): 246-53.

[41] SCHUMPE J A. Theory of economic development [M]. Cambridge Mass: Harvard University Press, 1934.

[42] SILBER W L. The process of financial innovation [J]. American economic review, 1983, 73 (2): 89-95.

[43] TUFANO P. Financial innovation [J]. Handbook of the economics of finance, 2003, 1 (3): 307-335.

[44] WUTTKE D A, BLOME C, FOERSTL K, et al. Managing the innovation adoption of supply chain finance-empirical evidence from six european case studies [J]. Journal of business logistics, 2013, 34 (2): 148-166.

[45] 程柳松. 创新农村互联网金融发展的举措及制约因素——以防城港为例 [J]. 区域金融研究, 2016 (1): 65-67.

[46] 胡世良. 互联网金融模式与创新 [M]. 北京: 人民邮电出版社, 2015.

[47] 贾小艳. 论农村互联网金融的创新发展 [J]. 时代报告 (学术版), 2016 (3): 175-176.

[48] 李文启. 互联网金融破解中小企业融资困境研究 [J]. 经济理论与实践, 2014, 8: 51-54.

[49] 李雪静. 众筹融资模式的发展探析 [J]. 上海金融学院学报, 2013, 6: 73-79.

[50] 廖理, 李梦然, 王正位. 观察中学习: P2P 网络投资中信息传递与羊群行为 [J]. 清华大学学报, 2015, 1 (30): 156-184.

[51] 廖理, 钱婧. 互联网银行 2.0: 典型案例与思考 [J]. 清华金融评论, 2016, 4: 16-25.

[52] 零壹财经. 中国 P2P 借贷服务行业白皮书 2014 [M]. 北京: 中国经济出版社, 2014.

[53] 吕伟伟. 资金约束下供应链成员企业的融资决策研究 [D]. 邯郸: 河北工程大学, 2014.

[54] 谢平, 邹传伟, 刘海二. 互联网金融的基础理论 [J]. 金融研究, 2015, 8: 1-12.

[55] 谢平, 邹传伟, 刘海二. 互联网金融监管的必要性与核心原则 [J]. 国际金融研究, 2014, 8: 3-9.

[56] 谢平, 邹传伟, 刘海二. 互联网金融手册 [M]. 北京: 中国人民大学出版社, 2014.

[57] 谢平, 邹传伟. 互联网金融模式研究 [J]. 金融研究, 2012, 12: 11-22.

[58] 杨娜娜. 供应链金融模式分析 [J]. 金融经济, 2016, 6 (12): 79-82.

[59] 张小明. 互联网金融的运作模式与发展策略研究 [D]. 太原: 山西财经大学, 2015.

[60] 张晓朴. 互联网金融监管的原则: 探索新金融监管范式 [J]. 金融监管研究, 2014, 2 (26): 6-17.